(IM)PERMEÁVEIS FRONTEIRAS

Blucher

(IM)PERMEÁVEIS FRONTEIRAS

V Bienal de Psicanálise e Cultura da Sociedade Brasileira de Psicanálise de Ribeirão Preto

Este livro é uma iniciativa da
Comissão Curadora das Bienais da SBPRP

Organizadores

Lia Fátima Christovão Falsarella

Cybelli Morello Labate

Guiomar Papa de Morais

Josimara Magro Fernandez de Souza

Julio Cesar Tadeu Chavasco Labate

Maria Aparecida Garcia Galiote Brossi Pelissari

Maria Bernadete Figueiró de Oliveira

(Im)permeáveis fronteiras: V Bienal de Psicanálise e Cultura da Sociedade Brasileira de Psicanálise de Ribeirão Preto

Publisher Edgard Blücher
Editor Eduardo Blücher
Coordenador editorial Rafael Fulanetti
Coordenação de produção Andressa Lira
Produção editorial Ariana Corrêa
Preparação de texto Bárbara Waida
Diagramação Guilherme Salvador
Revisão de texto Maurício Katayama
Capa Laércio Flenic
Imagem da capa André Bonani

Blucher

Rua Pedroso Alvarenga, 1245, 4º andar
04531-934 – São Paulo – SP – Brasil
Tel.: 55 11 3078-5366
contato@blucher.com.br
www.blucher.com.br

Segundo o Novo Acordo Ortográfico, conforme 6. ed. do *Vocabulário Ortográfico da Língua Portuguesa*, Academia Brasileira de Letras, julho de 2021.

Dados Internacionais de Catalogação na Publicação (CIP)
Angélica Ilacqua CRB-8/7057

(Im)permeáveis fronteiras : V Bienal de psicanálise e cultura da Sociedade Brasileira de Psicanálise de Ribeirão Preto / organizado por Lia F. Christovão Falsarella...[et al] – São Paulo : Blucher, 2024.
304 p. : il.

Bibliografia
ISBN 978-85-212-2443-3

1. Psicanálise I. Falsarella, Lia F. Christovão II. Bienal de psicanálise e cultura

24-2024 CDD 150.195

Índice para catálogo sistemático:
1. Psicanálise

Conteúdo

Parte III

Refugiados dentro do próprio país: catástrofes ambientais, sociais e psíquicas

Ideias para adiar o fim do mundo

Parte IV

Diálogos poéticos nas fronteiras: a potência da arte

Prefácio

Lia F. Christovão Falsarella

Cybelli Morello Labate

Julio Cesar Tadeu Chavasco Labate

> *Perceber no escuro do presente essa luz que procura nos alcançar mas não pode fazê-lo, isso significa ser contemporâneo. Por isso os contemporâneos são raros. E por isso ser contemporâneo é, antes de tudo, uma questão de coragem: porque significa ser capaz não apenas de manter fixo o olhar no escuro da época, mas também de perceber nesse escuro uma luz que, dirigida para nós, distancia-se infinitamente de nós.*
>
> Agamben (2006/2009, p. 65)

Na obra de Freud encontramos abundantes referências e modelos extraídos de outras áreas da cultura, das ciências e das artes – exemplo magno vemos no uso que fez do mito de Édipo, recontado na tragédia de Sófocles. Podemos vê-lo, frequentemente, se debruçando sobre obras literárias, como a *Gradiva* de W. Jensen, ou sobre biografias, como a de Leonardo da Vinci, ou em ativa correspondência com personalidades de sua época, como as cartas de 1932 entre ele e Einstein sobre o porquê da guerra, antecedendo a invasão nazista na Áustria. Vale ainda mencionar aqueles textos agudos, críticos, originais e sempre atualíssimos, mesmo quando controversos, que compõem um conjunto referido, geralmente, como as obras culturais de Freud – *O mal-estar na civilização* (1930-1936) é um desses clássicos que podemos citar. Temos, portanto, uma farta herança nesse sentido.

Freud referiu-se, em muitas oportunidades, a começar pelo *Projeto para uma psicologia científica* (1895/1950), ao fato de o homem dever sua civilização, sua cultura e seu desenvolvimento como ser ético a sua prolongada infância, conclusão referendada por muitos outros autores. Somos seres culturais, inclusive por nossa natureza física e pela do mundo que nos rodeia, essa condição que nos colocou dependentes de amor e cuidados por uma longa infância.

A esse "animal symbolicum" – como fomos nomeados por Cassirer, em seu *Ensaio sobre o homem* (1944) – urge se comunicar. Impossível é concebermos qualquer produto dessa cultura, ciência ou arte que caminhe isoladamente. Acontece com a psicanálise, como com qualquer outra área, que as teorizações não evoluem isoladas das tendências que orientam as ideias prevalentes num determinado momento cultural.

Freud falava aos e com os de sua época, muitas vezes polêmico, revolucionário, ou simplesmente provocando repúdios, mas em fértil contemporaneidade. Desde então, a história da psicanálise vem sendo marcada por períodos de maior ou menor permeabilidade em suas fronteiras.

Trilhar um caminho isolado tem seus riscos. Um deles é ter de si mesmo uma ideia acabada, quando, então, as premissas beiram os dogmas. Outro risco é encontrar-se tão aderido aos valores circundantes que, não oferecendo nenhuma resistência, ou não encontrando nenhuma resistência, tem-se uma falsa convicção quanto ao grau de liberdade, autonomia ou emancipação.

Foi em meio à efervescência científica e cultural em que vivia nosso país nas décadas de 1910 e 1920 que a psicanálise chegou ao Brasil para ter seu papel naquele momento histórico. Para citar uns poucos, sem nos estendermos muito, podemos lembrar o eminente psiquiatra Juliano Moreira, homem negro, de vasta cultura, que dominava várias línguas, entre elas o alemão, o que lhe permitiu ter acesso às obras de Freud no original. Juliano Moreira promulgava explícita discordância da ideia de degeneração relacionada à mestiçagem, que impregnava algumas teorias da época. Resenhou o livro de Franco da Rocha – *O pansexualismo na obra de Freud*, de 1920. Francisco Franco da Rocha e Durval Marcondes são outros expoentes desse momento histórico no começo do século XX. Fundaram, em 1927, a Sociedade Brasileira de Psicanálise, empreendimento que teve vida breve, mas assinala o vigor da época.

A psicanálise também fez sua contribuição, naquele momento, na busca do novo paradigma para o homem brasileiro, com a significativa penetração da obra de Freud – em particular *Totem e tabu*, de 1913 – entre os modernistas. Foi um período de intensa circulação de ideias e, ainda que nem sempre tenhamos vivido uma tal pujança, temos visto nos últimos tempos movimentos importantes nessa direção. Podemos dizer que é a psicanálise se abrindo para algo de sua vocação mais genuína, já que a psicanálise é das fronteiras, se dá nas fronteiras. Partimos daquele campo que se estabelece *entre dois* e o diálogo possível nessa interferência mútua é nosso instrumental básico.

Em 2020, comemoramos o centenário de "Além do princípio do prazer", obra transformadora de Freud que amplia radicalmente as bases da psicanálise e que vem se desdobrando ao longo de todas essas décadas em novos conceitos, aparelhando a psicanálise para a contemporaneidade que lhe é exigida. Também há aproximadamente um século, a psicanálise chegava ao nosso país e, agora, como naquele momento, mais uma vez experimentamos os movimentos convulsivos de uma época. Vemos, a cada dia, o aflorar de novos paradigmas, alguns nas próprias fundações de nossa estrutura social. Vivemos o oximoro da desestabilização cotidiana. São tempos desafiadores – tempos promissores e ameaçadores a uma só vez –, pois estão em pauta questões que atinam inclusive à sobrevivência de nossa espécie no planeta.

A psicanálise transborda os limites de sua clínica a portas fechadas. Volta-se para questões sociais, ambientais, políticas, com as quais está, naturalmente, implicada – muitas dessas questões trazidas nessa V Bienal, "(im)permeáveis fronteiras".

As Bienais de Psicanálise e Cultura da Sociedade Brasileira de Psicanálise de Ribeirão Preto (SBPRP) tiveram início em 2008, inspiradas inicialmente nas fabulosas bienais que aconteciam na Sociedade Brasileira de Psicanálise de São Paulo (SBPSP) na década de 1990, com a coordenação de Luiz Carlos Junqueira Filho. Não tínhamos, a princípio, um objetivo a perseguir, mas estávamos imbuídos da intuição de algo que se fazia desejável e necessário – a construção desses espaços de relação. Desde então, muito se transformou ao longo dessas cinco edições.

Aproximando-se dos modelos estéticos, a psicanálise – ainda nos desdobramentos de 1920 – tende a migrar do lugar de observação para o lugar do *ser com*; surgem, por outro lado, os apelos contundentes das questões que emergem do social, de outras áreas da cultura e, ainda, de outras culturas. Passamos a falar também de uma psicanálise implicada. Implicada no sentido de comprometer-se e no sentido de transformar-se. E transformar-se foi o que experimentamos.

Nossa V Bienal já estava pronta quando fomos atravessados pelo surgimento da covid-19. Planejada para acontecer em maio de 2020, estávamos às vésperas de sua abertura quando, em 11 de março, foi decretada a pandemia pela Organização Mundial de Saúde. Medidas sanitárias drásticas precisaram ser tomadas e a maioria, se não a totalidade, dos eventos foi sendo suspensa no país. Por um momento, todo o nosso projeto ficou ameaçado de não se realizar. Em meio à frustração de ver naufragar cerca de dois anos de trabalho, vivíamos a tristeza espalhada no mundo. Precisávamos resistir como os refugiados e lutar, buscando força na criatividade e na adaptação. Fomos elaborando nosso luto. Aquele evento, que originalmente fora pensado para ser apresentado em três dias consecutivos e de forma presencial – a única utilizada até então – precisou ser todo reformulado, num trabalho hercúleo, para uma apresentação online, e o que seria realizado em três dias foi dividido em pequenas partes apresentadas no decorrer de alguns meses.

Podemos pensar que todas as transformações com vistas à sobrevivência desse evento – entre elas a formatação para apresentação online, uma experiência inédita –, somadas aos impactos incontornáveis de todos esses desastres em nossas vidas – a convivência diária com a escalada no número de mortes para centenas, milhares, por exemplo –, tenham formado uma conjunção da qual se originou uma linguagem potente.

O desdobramento do evento em pequenos encontros ao longo de meses nos colocou numa perspectiva temporal e nos ajudou, por um lado, a conter mais suficientemente o absoluto e o aterrador daquele presente e, por outro, a alimentar graus de perplexidade e estrangeiridade necessários a reflexões mais elaboradas ou, ainda, a introduzir o tempo para a inconscientização apropriada ao pensar, enfim, uma conjunção que nos trouxe para mais perto da contemporaneidade ativa que se deseja de um evento de psicanálise e cultura. Essa continuidade dos encontros nos levou a uma inserção no acontecer da própria vida, um ir sendo que tornou esse evento um acontecimento em si – objeto de reflexão. Um fato provocador porque engajado e reflexivo a um só tempo.

Temos a pretensão de que essa versão gráfica da V Bienal de Psicanálise e Cultura da SBPRP traduza a beleza, a verdade e algo do calor de que usufruímos nesses encontros, nesses espaços de *con-viver*. Agradecemos, mais uma vez, aos nossos ilustres convidados que aqui se fazem presentes com seus textos e imagens.

Referências

Agamben, G. (2009). O que é o contemporâneo? In *O que é o contemporâneo? e outros ensaios* (V. N. HonesKo, Trad.). Argos.

Cassirer, E. (2001). *Ensaio sobre o homem: introdução da filosofia da cultura humana* (2a ed.). WMF Martins Fontes.

Freud, S. (1990). Projeto para uma psicologia científica. In *Obras Completas*. (Vol. I, 3a ed.). Imago.

Introdução

Josimara Magro F. de Souza

Guiomar Papa de Morais

Em meados de 2018, o mundo assistia a um fluxo impressionante de migrações, principalmente nas rotas do Mediterrâneo, de grupos vindos da África e do Oriente Médio tentando entrar na Europa, muitas vezes em embarcações precárias e viagens desastrosas. À medida que esse fluxo aumentava, as fronteiras se enrijeciam, num movimento assustado e hostil contra o estrangeiro – esse estrangeiro tornado inimigo e ameaça. O grupo de psicanalistas reunido com o objetivo de organizar a V Bienal de Psicanálise e Cultura da Sociedade Brasileira de Psicanálise de Ribeirão Preto (SBPRP) tinha esse cenário como fundo.

O ano de 2020 se aproximava e, com ele, o centenário de um dos mais importantes textos freudianos, "Além do princípio do prazer" (1920/2020a). O título desse artigo já anuncia novas fronteiras para a teorização psicanalítica. Freud nos avisa, logo no início, que seu texto será "pura especulação", e o vemos ali se aventurar por indagações filosóficas buscando saber quando e como se inicia a vida e, mais radicalmente, interrogando-se sobre o que vem ser a vida afinal, a vida sempre ladeada pela morte. Nesse artigo, os confins da teoria psicanalítica se expandem e surge o conceito de pulsão de morte – a morte colocada ali, no surgimento da vida. Onde estariam as fronteiras entre a vida e a morte?

Imersos no clima de grandes migrações e nas reflexões sobre o estrangeiro que nos habita e assombra e navegando nas inspirações de um grande trabalho teórico como "Além do princípio do prazer", o tema das (im)permeáveis fronteiras foi, aos poucos, se configurando e se impondo.

Seriam indispensáveis as fronteiras?

De um lado, temos a noção de que nossa existência só faz sentido no coletivo, no encontro com o outro, com a alteridade, pois o "um" só se descobre na relação com o outro e só existe se for "com". De outro, a visão de que é na fronteira do espaço privado e íntimo que o indivíduo se constitui e sua experiência de ser "um" se funda, tornando-se um ser singular. Mas as relações humanas não se constituem facilmente.

Em outro texto seminal, "O mal-estar na cultura" (1930/2020b), Freud coloca que esse tensionamento inevitável entre o individual e o coletivo gera um permanente mal-estar a ser enfrentado pelo ser humano e pelas sociedades humanas. É nesse texto que ele traz o conceito de "narcisismo das pequenas diferenças", descrevendo a humana necessidade de ser especial e superior a outros e a consequente hostilidade de uns contra outros. Assim, Freud foi desenvolvendo sua aguda observação das dores humanas, vividas intimamente, nas instituições e na cultura. E identificou que, para além de forças amorosas e construtivas, os homens podem se aniquilar com a própria destrutividade. Reconheceu ainda que na vida pessoal e grupal o traumático que não é representado é repetido, nos alertando, dessa forma, para a importância da tomada de consciência de nossa história e da lembrança e elaboração das experiências traumáticas, libertando escolhas criativas e construtivas.

Nosso grupo se aprofundou nessas reflexões e viveu uma experiência de debates acalorados, de encontros e desencontros nas diferenças de opiniões e vértices, em que foram possíveis o consenso e o dissenso. Desse trabalho, e do desdobramento da questão das fronteiras em diversos temas, um rico programa foi elaborado. Maio de 2020 se aproximava e tudo estava organizado para um evento presencial, onde se entremeariam apresentações artísticas, estímulos audiovisuais e palestras de pensadores de diversas áreas.

E eis que o mundo foi surpreendido pela pandemia do novo coronavírus: fomos todos convocados a nos recolhermos e todos os eventos foram adiados ou cancelados. Um mundo globalizado e com facilidades de deslocamento das pessoas de um lugar a outro espalhava o vírus rapidamente e tornava imperioso que nos isolássemos uns dos outros para que as cadeias de transmissão fossem interrompidas. Um vírus altamente contagioso parecia não encontrar barreiras para sua disseminação: muitos países fecharam suas fronteiras, voos foram suspensos, barreiras sanitárias se ergueram entre as cidades, escolas e instituições tiveram suas portas cerradas e até as janelas e as portas das residências trancaram-se à chegada do outro – cada ser humano poderia ser o portador indesejado do novo coronavírus.

Enquanto a V Bienal era forçosamente adiada, seu tema se impunha assustadoramente: tentávamos erguer barreiras de proteção (qual seria, por exemplo, a máscara mais eficiente?) e, ao mesmo tempo, aprendíamos a transpor barreiras e resistências contra a realização de encontros, reuniões e atendimentos online. E então, após um intervalo silencioso, em que todos seguiam recolhidos em suas casas, acompanhando atônitos os acontecimentos, as reuniões do grupo organizador foram retomadas e todo o programa, transformado e adaptado para um evento online (dividido em quatro partes ao longo de meses, como organizado neste livro).

Nem em nossos piores pesadelos teríamos imaginado que acompanharíamos a tragédia sanitária que se instalou no planeta, e em especial em nosso país, e que expôs nossa grave desigualdade social e as precárias redes de proteção de que dispúnhamos. A tragédia de que éramos testemunhas mostrava, como que em uma fratura exposta, nossa fragilidade diante da natureza e o quanto dependemos uns dos outros. A tragédia escancarava que não só frágeis diante da natureza, temos sido também arrogantes e vorazes, como se fôssemos donos dos recursos terrestres e pudéssemos consumi-los descuidadamente, sem reflexão e sem limites – a relação natureza-cultura precisava ser urgentemente questionada e recolocada e o ser humano necessitava sair desse lugar de suposta superioridade.

Em meio à pandemia da covid-19, um acontecimento nos Estados Unidos agitaria ainda mais as pessoas: em maio de 2020, George Floyd, um cidadão negro, foi brutalmente assassinado por um policial, fato que gerou indignação em escala mundial e foi o mote para cerca de 7,7 mil manifestações associadas ao movimento Black Lives Matter. Inspirados por esse contexto, em 22 de agosto de 2020, realizamos o evento Pré-Bienal com o tema "Colonialidade e racismo". Nessa data, o mundo já registrava mais de 800 mil mortes pela covid-19 e a média móvel de mortes no Brasil superava 980 por dia. A tragédia sanitária escalou até números devastadores: na última semana de março de 2021, o Brasil chegou a registrar quase 4 mil mortes em um único dia. Encerramos a Bienal em abril de 2021, quando a vacinação caminhava lentamente e já contávamos cerca de 350 mil mortes.

É na experiência que alguns conceitos podem se realizar ou não. Na geografia, o conceito de limite difere do conceito de fronteira. O limite é a linha divisória que demarca espaços e territórios e é criado para controlar e regular atividades e interações (representado, nos mapas, pelo tracejado). Já a fronteira é entendida como área ou lugar de contato e de integração, onde ocorrem trocas entre as duas partes, sendo então um espaço de construção social. E em todo o processo vivido pelo grupo organizador, ao planejar, adiar e replanejar a V Bienal, experimentamos esse espaço de fronteira: fronteira entre os mundos pré e pós-pandemia, entre um evento presencial e um evento online, entre estarmos juntos virtualmente e, ao mesmo tempo, separados.

O livro que o leitor tem em mãos procura ser um registro dessa intensa experiência. Ele foi organizado respeitando a forma como o evento foi realizado.

Iniciamos com o texto de Ignácio A. Paim Filho sobre o centenário de "Além do princípio do prazer", que nos conduz a um passeio pela obra freudiana e à inflexão provocada pelo artigo de 1920, e uma entrevista com esse autor. Essa conferência inicial foi acompanhada pela apresentação online da orquestra Mundana Refugi, composta por músicos de várias partes do mundo, prova viva da possibilidade de convivência e criatividade nas diferenças. Depois, no artigo "O que a ausência de pensamento tem a ver com o mal", Douglas Garcia Alves Júnior tece reflexões importantes a partir da obra de Hannah Arendt. A psicanalista Silvia Bracco então nos apresenta "O perigo mora ao lado? Algumas reflexões sobre o tema do preconceito", em que discorre sobre seu trabalho na escola Acaia, na cidade de São Paulo, que atende moradores de favelas no entorno do Ceagesp, na cidade de São Paulo. Acompanhando os textos de Douglas e Silvia temos as fotos da apresentação "Chiaroscuro", do grupo de dança Plêiade, representação visual sobre o tema da banalidade do mal.

O documentário *A linguagem do coração* abriu a segunda parte da V Bienal, trazendo a experiência de refugiados na cidade de São Paulo, tema também do artigo "A xenofobia, o estrangeiro e o *Unheimliche*: elucidações entre o político e o psicanalítico", dos psicanalistas Diego Amaral Penha e Miriam Debieux Rosa. O músico e poeta Rogério Miranda introduziu a questão do racismo com seu poema e apresentação audiovisual, sendo seguido pelas reflexões de Lia Vainer Schucman no artigo "Branquitude e subjetividade" e pela entrevista com a psicanalista Wania Cidade. Lia e Wania nos convocam a encarar nosso racismo estrutural e nossa branquitude e a refletir sobre o quanto as instituições brasileiras produzem e reproduzem as desigualdades raciais.

Em março de 2021, quando foi realizada a terceira parte do evento, o drama da pandemia caminhava para números assustadores e uma nota de pesar foi lida antes das apresentações. Essa nota foi reproduzida neste livro, por ser uma expressão do horror que vinha sendo vivido por todos. Abordando também o momento, publicamos a carta aberta lida no evento pelo psicanalista Miguel Marques, então presidente da SBPRP, testemunho de tempos sombrios. Nesse dia, o tema dos refugiados em seu próprio país foi aberto por um sensível documentário de André Pingo, cujas imagens acompanham o texto elaborado por Mônica Guimarães Teixeira do Amaral. Magda Pucci, com seu documentário *Rupestres sonoros* e seu texto "Aproximações com as musicalidades indígenas", vem acompanhada de Ailton Krenak e seu artigo "Vamos nos encantar com a vida na Terra". O psicanalista Sergio Lewkowicz enriquece essa discussão com o artigo "Ideias e sonhos para adiar o fim do mundo subjetivo".

Finalmente, chegamos à Parte IV da V Bienal: a potência da arte nas fronteiras. Marina Zema selecionou fotos de grafites que retratam a arte nas ruas do Grajaú, periferia da cidade de São Paulo, expressões vivas da criatividade e da sensibilidade de artistas que buscam trazer algo de humano à paisagem urbana, retrato da dura realidade vivida na periferia. Ana Cláudia Almeida e Alessandra Stocche nos apresentam a intersecção entre arte-sonhar-brincar e psicanálise vivida no contato com dona Jacyra e com Maria Vilani, filósofa, poeta e escritora que produziu "Todas as vozes ecoam em nós", expressão da sua arte. O ensaio de fotos (das quais reproduzimos duas neste livro) com o nome "Pipas, meninos e muros" abriu a conversa com três psicanalistas que trazem aqui seus textos: Magda Khouri, com o texto "Gesto político e clínica psicanalítica", Sergio Eduardo Nick e um artigo denominado "Soltando pipas nas fronteiras entre as comunidades e o infantil" e, finalmente, Silvana Rea e o trabalho "Além das fronteiras: territórios erodidos".

Que a leitura deste livro valha a pena enquanto uma experiência também nas fronteiras – fronteira entre os diversos saberes e entre as palavras e as imagens. E que seja um testemunho desses tempos tão inquietantes.

Referências

Freud, S. (2020a). *Além do princípio de prazer*. Autêntica. (Trabalho original publicado em 1920)

Freud, S. (2020b). O mal-estar na cultura. In S. Freud, *Obras incompletas de Sigmund Freud* (Cultura, Sociedade, Religião: O mal-estar na cultura e outros escritos). Autêntica. (Trabalho original publicado em 1930)

PARTE I

100 anos do
"Além do princípio de prazer"

1. Apresentação – Orquestra Mundana Refugi

Marta Dominguez Sotelino

> *A origem e o sentido da Orquestra estão, justamente, nessa ideia de romper fronteiras. A humanidade é nômade por natureza. Muita gente trata a Orquestra como se fosse algo exótico, justamente por trabalhar com a diversidade, com as não fronteiras, com o rompimento das fronteiras, quando a Orquestra deveria ser algo completamente natural. A Orquestra mostra a situação em que vivemos, o que é natural passa a ser exótico.*
>
> *A diversidade é um elemento intrínseco ao ser humano. Somos seres diversos por natureza. As fronteiras foram criadas, justamente, para interromper esse fluxo que é natural. Então, na verdade, a Orquestra está sempre na contramão da história. Talvez, a arte esteja na contramão da história. Talvez, o sentido artístico e cultural da vida esteja sempre em conflito com o que há e, ao mesmo tempo, apontando para o novo.*
>
> Carlinhos Antunes, diretor artístico e musical da Orquestra Mundana Refugi

A Orquestra Mundana Refugi, que celebra a universalidade da música, reúne profissionais da área musical de vários cantos do Brasil e do mundo, trazendo a sonoridade de pessoas estranhas entre si e estrangeiras, num repertório formado por vários sotaques e inúmeras histórias. Pessoas que seguiram o "chamado da música", possibilitando, assim, um maior contato interno e elaborativo com as próprias emoções, bem como com aqueles que buscam ser "tocados" emocionalmente. É a arte criando uma língua comum entre os povos, restabelecendo a importância étnica e a reconstrução da identidade do refugiado na sociedade brasileira.

A inicialmente chamada Orquestra Mundana, criada pelo compositor e multi-instrumentalista Carlinhos Antunes, realizou centenas de concertos no Brasil e no exterior, com composições humanas variadas: artistas da Índia, do Japão, do Leste Europeu, de países africanos, do continente americano e de inúmeras partes de nosso país. Com isso, a cultura brasileira se uniu a tantas outras, revisitou suas raízes mais profundas, se aperfeiçoou, ganhou novos conceitos, influenciou outros povos e marcou presença no mundo. No seu aniversário de 15 anos, foi rebatizada, acrescentando-se mais um nome ao anterior: Orquestra Mundana Refugi, nome este que conjuga e modaliza a matéria-prima de sua composição, dando maior visibilidade ao que poderia ficar nos bastidores de nossa compreensão sobre aqueles que entoam sons advindos e pausados nas dores de separação da terra-mãe.

Esse projeto busca contribuir para a diminuição de barreiras do preconceito, gerar possibilidades de conhecimento, promover encontros e trocas de experiências entre pessoas. O repertório apresentado, indo na mesma direção, contempla a diversidade cultural: composições de Carlinhos Antunes, temas tradicionais de Palestina, Irã, Guiné, Congo e Brasil, com orquestrações criadas especialmente para a formação desta. Cantos tradicionais árabes e persas são trazidos para arranjos que comportam também o canto brasileiro. O divino se manifesta pelas vozes e pelos sons de instrumentos como *kanun*, acordeom, piano, violino, cítara chinesa, *bouzouki* e tantos outros. As apresentações da Orquestra têm confirmado que, se há uma forma de comunicação que ultrapassa qualquer fronteira e cria um lugar comum a todos, essa é, sem dúvida, a música.

O encontro entre essa proposta e o tema da V Bienal foi perfeito E o encontro com o estrangeiro veio também com a pandemia: o estrangeiro do vírus, o estrangeiro dos encontros online, e a Mundana-Refugi chegou a todos pelas telas de seus computadores e celulares. Do insólito e da fatalidade, surgiram a criatividade, a invenção e uma apresentação muito emocionante na abertura da V Bienal. Vários membros da orquestra estiveram conosco ao vivo, no momento do evento, prestando depoimentos e contando um pouco das suas histórias nessa incrível experiência de conviver além das fronteiras. A fronteira do isolamento, imposta pela pandemia, também pôde ser transposta.

Figura 1.1 Orquestra Mundana Refugi.

Crédito: Daniel Kersys.

Figura 1.2 Orquestra Mundana Refugi.

Crédito: Daniel Kersys.

Figura 1.3 Carlinhos Antunes, diretor artístico e musical da Orquestra Mundana Refugi.

Crédito: Daniel Kersys.

2. Inconfidência de Vinte: pulsão de morte, o incontornável de nossas origens[1]

Ignácio A. Paim Filho

A inconfidência de vinte, tendo como indicador uma estética do assombro, que transpõe as bordas restritivas do belo . . ., sintetiza de forma paradigmática a postura freudiana do não se deixar acomodar, o não ficar submetido ao poder exercido pelo saber vigente.

Paim Filho (2019a, p. 82)

Se realmente o esforço por reestabelecer um estado anterior for um caráter universal das pulsões, não devemos nos surpreender de que haja na vida psíquica tantos processos ocorrendo à revelia do princípio do prazer.

Freud (1920/2006b, p. 180)

Viena, março de 1919. Freud começa a rascunhar "Além do princípio do prazer". Entretanto, vai se passar mais de um ano para que esse rascunho venha a adquirir sua forma definitiva: setembro de 1920 vem à luz. Tempo de espera, tempo de maturação, tempo de ousar ser inconfidente? Tempo de retornar a navegar pelas águas turvas do

1 Conferência de abertura da V Bienal da SBPRP.

Aqueronte, ampliando as fronteiras das origens. O incontornável do pulsional tresmalhado – *ocorrendo à revelia do princípio do prazer* – se faz presente. O palco que albergará as cenas de uma nova tópica com uma metapsicologia expandida começa a ser esboçado.

Trabalho denso e tenso que revela uma nova dualidade pulsional – pulsão de morte *vs.* pulsão de vida. A supremacia do princípio do prazer, calcado nos destinos da pulsão sexual, com sua força desejante delimitada pela força interditora do recalque, é desalojada em prol de algo "mais arcaico, mais elementar e mais pulsional" (Freud, 1920/2006b, p. 148) – o desgarrado da pulsão de morte. O demoníaco, o infernal, impondo-se e recriando a concepção que o humano tem de si – "a inegável existência do mal" (Freud, 1930/2020, p. 373).

Freud, o inconfidente,[2] se faz confidente de um original saber. A destrutividade humana adquire novos contornos – o mal radical habita-nos. O "Conquistador" (Freud, 1900/2019, p. 399) de novos territórios da alma vai ampliando o até então conhecido, estruturando um pensar, altamente subversivo, no decorrer das décadas de 1920 e 1930. No descortinar desse tempo, o conceito de pulsão de morte se faz agente de turbulências nas proposições vigentes – flexibilizando fronteiras –, possibilidade de dar narrabilidade para uma memória sem futuro, que a "compulsão de destino" (Freud, 1920/2006b, p. 148) comporta. O irrepresentável, o traumático sem tradução, sai dos bastidores e passa a ocupar um lugar inédito no palco psíquico, a verdade material se reatualiza e convoca-nos no sentido de criar ferramentas para transformá-la em verdade histórica: começam a se desenhar as fronteiras de um novo território – o do mais além.

Nesse cenário, surge de forma contundente uma problemática que transpõe as fronteiras do século XX e adentra, com todo o vigor, no

2 Essa proposição tem como indicador a ideia de que o ser inconfidente carrega consigo o princípio da ruptura e do movimento em direção a novas possibilidades que o prefixo "in" contém – fonte para a produção de estranhos pensamentos (Paim Filho, 2019a).

século XXI, registro da perenidade desse texto centenário: a inter-relação entre o representável e o não representável, entre o sexual desejante e o sexual sem desejo, entre o inconsciente recalcado e o não recalcado, ou ainda, entre o filicídio e o parricídio: "Mas, se existir um 'além do princípio do prazer', deduz-se que logicamente também devemos supor que exista um período anterior a essa realização de desejo" (Freud, 1920/2006b, p. 156).

É o princípio de nirvana realocando o seu lugar na economia psíquica – silenciar a "febre chamada viver" (Freud, 1926/1990, p. 121) – com sua perigosa pretensão de eliminar tensões. É a morte do desejo – repetição sem recordação. Contexto condizente com as ideias do filósofo Byung-Chul Han (2010/2017) sobre a *sociedade do mero viver*? Entendo que sim. Esta compreendida como um excesso de positividade, em uma busca desmedida pelo desempenho, onde a dor do não saber – o anúncio do complexo de castração – é vista com desvalia. Com essa configuração, o saber da morte é sentido como pura catástrofe: "Sem a negatividade da morte, a vida enrijece em morte. A negatividade é a força vital da vida" (Han, 2010/2017, p. 117). Seguindo nesse caminho, encontramos em seu pensar subsídios para exemplificar o potencial criativo da pulsão de morte enquanto agente de ruptura das verdades absolutas, estabelecidas por meio da crença narcísica da imortalidade. Marca expressiva de uma contemporaneidade marcada por um "Eros agonizante" (Han, 2010/2017).

Nesse processo de inconfidências, vai se redesenhando uma nova cartografia da psique, dos limites precisos da tópica de 1900 para os limites imprecisos da tópica de 1923: "Não podemos fazer justiça às características da mente por esquemas lineares como os desenhos de uma pintura primitiva, mas de preferência por meio de áreas coloridas, fundindo-se umas com as outras" (Freud, 1933[1932]/1969b, p. 101). Esta traz consigo a possibilidade de significar e ressignificar conceitos, à luz da psique tripartida em sua relação com a realidade externa.

Diante desse panorama, no parágrafo inicial de *O eu e o id*, diz-nos de sua ambição de trabalhar o tema da pulsão de morte mais além da biologia: "Agora, contudo, estamos em outro momento e as hipóteses deverão ser relacionadas a fatos estritamente derivados da observação psicanalítica" (Freud, 1923/2007a, p. 27) – conjunção propícia para delimitar fronteiras entre a vida/morte biológica e a morte/vida psíquica. É a subjetividade sobrepujando a força ofuscante da objetividade, delineando novos caminhos, na dialética entre o ser e o ter: convocatória para uma reflexão estética sobre o que somos, o mais além dos nossos neurônios – "Delírio na teoria ou verdade no delírio" (Freud, 1911/1969a, p. 104)? Parece-me que temos com esses avanços especulativos a presença de uma verdade metafórica na teoria, forjada pela subjetividade da realidade simbólica, que desafia a lógica do delírio arquitetado na crença irrestrita da materialidade perceptiva dos órgãos dos sentidos – "A redução da vida a processos biológicos, vitais, deixa a vida desnuda, despe-a de toda a narratividade" (Han, 2010/2017, p. 107).

Essa nova era se faz confidente de forma explícita, em 1924, com a concepção de um masoquismo primário, ponto de inflexão de seu pensar metapsicológico: condição de permeabilidade na impermeabilidade sinistra que o conhecido advoga. Essa concepção fará aberturas para se edificar um pensamento metapsicológico/clínico para a pulsão de morte, em seus descaminhos traçados pela libido. Nesse percurso, a pulsão vai além da fronteira entre o somático e o psíquico. Com essa verdadeira revolução intelectual, os objetos primários afirmam o seu protagonismo, reiterando as ideias esboçadas nos textos "À guisa de introdução ao narcisismo" (1914/2004) e "Luto e melancolia" (1917[1915]/2006a) sobre o seu lugar na estruturação do sujeito, atravessado pela dinâmica do recordar na repetição. O universo das identificações primárias e seus desdobramentos nas identificações secundárias firmam seu lugar na composição do eu – a passividade primária torna-se condição para instauração da vida psíquica, cenário condizente com a *disposição feminina originária* (Paim Filho, 2014).

A trama articulada em torno da pulsão de morte, com sua origem no soma, e da pulsão sexual, com sua provável ou, ainda, improvável fonte no objeto, cria condições para pensar o masoquismo como matriz fundante da psique, quinto destino das pulsões (Paim Filho & Terra Machado, 2021). Mudança paradigmática que faz do masoquismo origem e do sadismo destino. Assim, estamos destinados a nascer, crescer e morrer inseridos na dor, mas em busca do amor?

Parece-me que sim, principalmente se corroboramos a afirmativa freudiana: "O objetivo de toda a vida é a morte" (Freud, 1920/2006b, p. 161). Crueldade e compaixão – deter-se diante da dor do outro – marcando destinos. Convite a especular a interação sinistra entre masoquismo e narcisismo, mediados pelo trabalho elaborativo do luto *vs.* o trabalho insano da melancolia. O masoquismo, em seu duplo vértice protetor e narcotizante, faz-se agente do acontecer psíquico. Seguindo os rastros do pensamento freudiano, sentimo-nos autorizados a especular sobre essas proposições que materializam sua assertiva, que faz do problema solução: "o que se constituiu uma pedra no caminho de uma teoria, torna-se a pedra angular da teoria que a substitui" (Freud, 1933[1932]/1969c, p. 130).

A pulsão de morte vai desacomodando o saber instituído, de Freud ao nosso tempo, em seu duplo vértice como destrutividade tanática e/ou destrutividade criativa: o assombrosamente belo (Paim Filho, 2019b) – nuances de uma estética do espanto que o mal-estar na cultura desvela. Com tal roteiro como indicador, no texto "A negativa" (1925/2007c) encontramos um fértil celeiro para refletirmos sobre o trabalho em prol da vida na negatividade, diante do império tanático da violência da positividade. O não do recalque – inscrição da alteridade, abastecida pela força disruptiva da pulsão de destruição – é uma amostra do seu caráter gerador de trabalho psíquico: o desejo recalcado se faz conhecer pela negação. É a lei, paradoxalmente, delimitando fronteiras e alimentando alargamentos éticos para a realização do desejo.

A sublimação, agora das pulsões, em sua íntima relação com a criação e seu endereçamento ao outro, exige novas teorizações, com o advento da dualidade Eros *vs.* Tânatos: jogo fecundo entre desconstrução, construção e reconstrução. O poder disjuntivo da pulsão de morte produz fendas sobre o estabelecido, com potencialidade de instigar o trabalho da libido para conceber novas configurações para o desejo. Essas paragens, que abrigam sombra e luz – o inferno de Virgílio –, se fazem fonte de invenção no caldeirão pulsional freudiano.

Por via dessa breve narrativa sobre o pulsional, com suas congruências e incongruências, com seus desdobramentos psíquicos e na ordem social, a partir da inconfidência de vinte, convidamos todos a exercitarem um pensar a respeito da enigmática problemática que se estabelece entre a força conjuntiva de Eros e a força disjuntiva da pulsão de destruição. Estas pretendem ser ponto de abertura, visando a transformações, para dialogarmos com as fronteiras impermeáveis e permeáveis de nossa vida cotidiana.

Direcionando-me para a finalização deste ensaio, delimitando e pretendendo ampliar fronteiras, com o intuito de provocar estranhamentos que contribuam para a transformação dos aspectos letais – a força implacável da compulsão à repetição no individual e no coletivo – do nosso tempo, deixo registrada a inquietante proposição freudiana, a partir da *Eneida* de Virgílio: "Flectere se nequeos superos Acheronta movebo" – se não posso dobrar os poderes celestiais, agitarei o Inferno (Freud, 1900/2019).

Referências

Freud, S. (1969a). Notas psicanalíticas sobre um relato autobiográfico de um caso de paranoia. In S. Freud, *Edição standard brasileira das obras psicológicas completas de Sigmund Freud* (Vol. 12). Imago. (Trabalho original publicado em 1911)

Freud, S. (1969b). Novas conferências introdutórias sobre psicanálise. XXXI – A dissecção da personalidade psíquica. In S. Freud, *Edição standard brasileira das obras psicológicas completas de Sigmund Freud* (Vol. 22). Imago. (Trabalho original publicado em 1933[1932])

Freud, S. (1969c). Novas conferências introdutórias sobre psicanálise. XXXII – Ansiedade e vida pulsional. In S. Freud, *Edição standard brasileira das obras psicológicas completas de Sigmund Freud* (Vol. 22). Imago. (Trabalho original publicado em 1933[1932])

Freud, S. (1986). Carta de Freud a Fliess – 01/02/1900. In S. Freud, *A correspondência completa de Sigmund Freud para Wilhelm Fliess – 1887/1904*. Imago.

Freud, S. (1990). O valor da vida: uma entrevista rara de Freud/George S. Viereck. In P. C. Souza (Org.), *Sigmund Freud e o gabinete do dr. Lacan*. Brasiliense. (Trabalho original publicado em 1926)

Freud, S. (2004). À guisa de introdução ao narcisismo. In S. Freud, *Escritos da psicologia do inconsciente* (Vol. 1). Imago. (Trabalho original publicado em 1914)

Freud, S. (2006a). Luto e melancolia. In S. Freud, *Escritos da psicologia do inconsciente* (Vol. 2). Imago. (Trabalho original publicado em 1917[1915])

Freud, S. (2006b). O além do princípio do prazer. In S. Freud, *Escritos sobre a psicologia do inconsciente* (Vol. 2). Imago. (Trabalho original publicado em 1920)

Freud, S. (2007a). O eu e o id. In S. Freud, *Escritos sobre a psicologia do inconsciente* (Vol. 3). Imago (Trabalho original publicado em 1923)

Freud, S. (2007b). O problema econômico do masoquismo. In S. Freud, *Escritos sobre a psicologia do inconsciente* (Vol. 3). Imago (Trabalho original publicado em 1924)

Freud, S. (2007c) A negativa. In S. Freud, *Escritos sobre a psicologia do inconsciente* (Vol. 3). Imago (Trabalho original publicado em 1925)

Freud, S. (2019). A interpretação dos sonhos. In S. Freud, *Obras psicológicas completas de Sigmund Freud* (Vol. 4). Companhia das Letras. (Trabalho original publicado em 1900)

Freud, S. (2020). *Cultura, sociedade, religião: O mal-estar na cultura e outros escritos*. Autêntica. (Trabalho original publicado em 1930)

Han, B.-C. (2017). *Sociedade do cansaço*. Vozes. (Trabalho original publicado em 2010)

Paim Filho, I. A. (2014). A guerra e o repúdio ao feminino: Troia como paradigma (uma releitura da disposição feminina originária). In I. A. Paim Filho, *Metapsicologia: um olhar à luz da pulsão de morte*. Movimento.

Paim Filho, I. A. (2019a). Freud, o inconfidente, e seus estranhos pensamentos... *Sig: Revista de Psicanálise*, *8*(15), 77-86.

Paim Filho, I. A. (2019b). Pulsão de morte: o assombrosamente belo. In I. A. Paim Filho, *Inconfidências metapsicológicas: Das Unheimliche*. Sulina.

Paim Filho, I. A., & Terra Machado, A. P. (2021). Masoquismo: destino das pulsões – origens do sujeito. In *Pulsão de morte: a inegável existência do mal*. CEPdePA.

3. Entrevista com Ignácio A. Paim Filho

Guiomar Papa de Morais

Josimara Magro F. de Souza

Maria Aparecida G. G. Brossi Pelissari

Maria Bernadete Figueiró de Oliveira

Ignácio A. Paim Filho fez a conferência de abertura "Inconfidência de Vinte: pulsão de morte, o incontornável de nossas origens" em uma noite vibrante, 6 de novembro de 2020, antecedida pela apresentação da Orquestra Refugi. Em um momento mais intimista, já em janeiro de 2022, em uma plataforma online, pudemos ouvi-lo um pouco mais, com todo o seu entusiasmo e profundo conhecimento, sobre essa obra magistral de Freud, entre outros temas, como o racismo, que Ignácio vem estudando e publicando. Participaram deste encontro Guiomar Papa de Morais, Josimara Magro Fernandez de Souza, Maria Aparecida Garcia Galiote Brossi Pelissari e Maria Bernadete Figueiró de Oliveira.

Guiomar: Em primeiro lugar, Ignácio, nós gostaríamos de agradecer sua presença, por você ter nos acompanhado nessa jornada tão longa que foi a V Bienal, sempre muito presente, muito participativo, pela conferência tão distinta que você apresentou na abertura e agora, neste momento, por aceitar nosso convite para nos conceder esta entrevista, que será publicada no livro da V Bienal. Nós queríamos externar nosso agradecimento por tudo e por estar neste momento com a gente! A nossa proposta é fazermos uma conversa a respeito do "Além do princípio do prazer", dos livros que você publicou e dos estudos que você tem feito, no sentido de podermos dialogar um pouco mais, esclarecer e expandir a compreensão de alguns conceitos e estimular novos estudos. Eu vou iniciar fazendo uma pergunta a respeito do "Além do princípio do prazer", que foi o artigo considerado fundamental ao desenvolvimento de outros conceitos da psicanálise. Você poderia contextualizá-lo para entendermos um pouco mais sobre sua importância para a psicanálise e a teoria freudiana?

Ignácio: Em primeiro lugar gostaria de agradecer a todas vocês, Guiomar, Josi, Bernadete, Gal, por esse espaço, e antes de mais nada pelo convite para fazer a conferência de abertura desta Bienal, que foi importante em vários sentidos. Ela tem um papel importante na própria história da psicanálise brasileira, mas em especial nesses momentos difíceis que vivemos e esperamos que agora estejam em um processo regressivo. Ela foi reinventada por vocês e teve todo aquele trabalho exemplar, uma abertura fantástica, em todas as atividades. Mas eu me refiro à abertura em especial porque foi todo um trabalho de poder juntar arte, psicanálise, os colegas, os artistas que nos brindaram com um show espetacular via online, o que nos dava uma ideia de que estávamos junto com eles no que seria um anfiteatro, então queria parabenizar vocês.

Para me direcionar à pergunta que Guiomar faz do "Além do princípio do prazer", esse texto que, em função do centenário, foi mais uma convocação para que a gente pudesse se debruçar sobre ele, o "Além do princípio do prazer" marca a obra freudiana, todos nós conhecemos a célebre questão da famosa virada de vinte, essa virada está posta, todos os pensadores vão retomá-la porque indiscutivelmente o pensamento psicanalítico freudiano, e por tabela a psicanálise, tem um antes e um depois. Esse antes, quando a gente chega em 1920, são pelo menos vinte e cinco anos de psicanálise, se nós tivermos como ponto de partida o "Projeto...", ou quase trinta anos, se a gente pegar o texto sobre a afasia, que eu particularmente julgo embrionário, um texto seminal, um texto onde Freud já começa a se debruçar sobre coisas importantes. Depois de vinte e cinco ou trinta anos, Freud vai se propor a trabalhar esse texto, que não é um texto, nós podemos falar que o "Além do princípio do prazer" é um livro, onde ele vai recapitular várias coisas, até então hegemônicas, principalmente toda a preponderância do princípio do prazer.

Esta era a lógica trabalhada por Freud e pelos pioneiros da psicanálise: até 1920 temos a problemática do desejo e da proibição, do recalque como grande organizador da vida psíquica. Questão importante e significativa do pensamento freudiano, tanto que Freud em algum momento no texto "A história do movimento psicanalítico", em 1914, diz que o recalque é a pedra angular que sustenta o edifício da psicanálise. Nesse sentido a importância dele como organizador, interditor desse universo regido pelo princípio do prazer – o ser humano é um ser extremamente hedonista –, da busca do prazer a qualquer preço. O recalque servindo como mediador nos permite viver como um ser individual e um sujeito inserido no meio cultural do qual fazemos parte. Viver é transitar entre a renúncia ao prazer pleno e a satisfação possível.

Toda essa concepção também é compatível com todo o momento histórico onde a psicanálise nasce, final do século XIX, início do século XX, quando nós temos uma ruptura com o que chamamos de um impedimento ao livre pensar da era vitoriana, onde a questão da sexualidade, do desejo, sofre uma pressão muito intensa, de o sujeito não poder saber da verdade do seu inconsciente, tanto que eu sempre cito que o texto central da obra freudiana antes de 1920, que vai tratar do mal-estar na cultura, que tem a ver com desejo e proibição, é "Moral sexual civilizada e doença nervosa moderna", de 1908. É um texto que caracteriza e problematiza essa era. Nele Freud vai trabalhar essas questões, como a cultura, a sexualidade, como os homens e as mulheres vão administrar esses desejos proibidos, sobre o qual nada podem saber.

Quando Freud vai se aproximando dos anos 1920, vai havendo mudanças significativas, a psicanálise tinha avançado muito, tínhamos elaborado uma compreensão da importância do inconsciente, do desejo recalcado, e não é que essas coisas não vão seguir sendo pensadas por Freud depois dos anos 1920, mas essa temporalidade é um divisor de águas, Freud vai ocupar-se de algumas coisas importantes, que são condizentes também com o que os anos 1920 representam na história da humanidade, na história do nosso tempo, na história da modernidade e, como diríamos depois, da pós-modernidade, usando modernidade e pós-modernidade de forma bastante livre, mas além da complexidade com que os filósofos falam desse conceito. Então Freud, em 1920, estava diante desses cenários, dos desdobramentos de uma primeira grande guerra, cenário de mortes somáticas e psíquicas, sendo o continente europeu o palco dessa destrutividade em massa, coletiva e importante, toda a questão da privação, do sofrimento, que vai culminar nas famosas neuroses de guerra, neuroses traumáticas. E ele vai rediscutir as questões dos sonhos traumáticos.

Então, sobre a questão traumática, que até então estava muito mais relegada ao trauma, calcado na relação com a pulsão, como nosso mundo fantasmático, com o advento da virada de 1920, Freud passa a lançar um olhar muito mais pontual e muito mais fidedigno, analisando a questão do traumático no encontro com o mundo externo. O trauma, que está enredado numa verdade material não passível de metabolização, o mais aquém da verdade histórica, é então reatualizado, ele retorna à cena freudiana e passamos a cuidar da questão traumática desde um outro lugar. A virada de 1920 é produto de tudo isso, ela é extremamente importante, e principalmente porque vai vir à cena não só um desejo que eu não posso viver na sua plenitude, com seu decorrente mal-estar, mas o famoso mal-estar da destrutividade humana. Então a partir dos anos 1920 Freud vai dizer: somos seres destrutivos por excelência, deixar de ser destrutivo é um trabalho que tem a ver comigo e com o outro, então é necessário um árduo trabalho entre o sujeito e a cultura para mitigar essa destrutividade que nos habita. Tanto que o conceito de pulsão de morte, também conhecido como pulsão de destruição, cria elementos fundamentais para o pensar, o refletir sobre a problemática da destrutividade humana, na sua inter-relação com Eros.

Lembramos que o conceito nasce em 1920, de forma explícita, mas ele vai levar no mínimo dez anos para ter todo o seu significado metapsicológico. Provável tempo para maturar essa enigmática e sinistra proposição. Assim, podemos conceber 1920 como ponto de partida e 1930, com o texto "O mal-estar na cultura", como ponto de chegada. Este texto é fundamental para se entender o conceito de pulsão de morte em toda a sua complexidade: o mal radical em Freud. A narrativa exposta no "O mal-estar na cultura" também se aproxima dos problemas da guerra que está para emergir, sabemos de todas essas questões, todas essas complexidades, que vão desaguar, ainda nos anos 1930, 1940, na Segunda Guerra Mundial.

Freud, como bom pensador da cultura, está conectado com essas questões importantes. A ideia da destrutividade nos faz lançar um novo olhar para os nossos cenários, tanto do processo analítico individual, suas ressonâncias dentro do *setting*, quanto em relação à ordem cultural. Com esse contexto construído, começamos a ter uma outra configuração para pensar a inter-relação, tão importante, entre sujeito e ordem cultural. A Bienal sempre teve essa proposição, desde a minha leitura, evidentemente, de como nos encontramos enquanto sujeitos, e sujeito inserido em um contexto social, com as suas mais variadas roupagens, formas de apresentação, formas de complexização.

Só queria fazer uma breve consideração, que eu acho importante fazer: nós falamos da destrutividade, no seu caráter tanático, no seu caráter destrutivo, da cultura e do sujeito, e temos a destrutividade que é desestabilizar questões que precisam ser desestabilizadas, a serem transformadas, aquela máxima que todos nós conhecemos – não existe transformação sem destruição, no sentido metafórico de desestabilizar para que o novo contexto possa surgir, tanto que a virada de 1920, nós podemos dizer que ela é a marca da questão da destrutividade bem instrumentalizada, porque Freud teve que rearranjar, desacomodar várias coisas, para criar nova teoria, novos movimentos e novas possibilidades.

Guiomar: Puxa, que aula! E tem uma questão que fica em torno do que você fala da destrutividade. No seu livro *Inconfidências metapsicológicas: Das Unheimliche*, em diferentes momentos você se refere ao ser humano como "bicho homem". Nós entendemos que você está se referindo à teoria pulsional de Freud, das pulsões, e agora você está trazendo à conversa a pulsão de destrutividade. Se por um lado a teoria freudiana nos abre a possibilidade de compreensão desse ser tão complexo, por outro você não acha que evoca uma desesperança, no sentido de que: o homem será sempre o "bicho homem"?

Ignácio: Essas são as perguntas para as quais não temos respostas absolutas, temos possibilidades, teorizações, porém antes de tudo destaco que não vejo um Freud pessimista, desesperançoso. Alguns autores advogam que Freud foi se tornando pessimista no decorrer de sua obra e da sua história, muitas vezes associando isso ao seu câncer de mandíbula, com seus desdobramentos. Câncer que vai acompanhá-lo desde 1923 até a sua morte em 1939. Mas eu não encontro na minha leitura e no que eu posso dialogar com Freud esse Freud pessimista. Claro, nós estávamos falando há pouco do "Além do princípio do prazer", da questão da destrutividade, acho que daí advém sua pergunta, mas a questão importante é que Freud vai trabalhar com a dualidade pulsional, a pulsão de destruição *vs.* Eros, ou ainda a pulsão de vida, então ele vai falar de interjogo e desse intrincamento pulsional, que vai dizer: nós vivemos nesse jogo entre algo que rompe, a pulsão de morte, que desestabiliza, fazendo o psiquismo e a cultura trabalharem, e Eros como representante da libido, que vai buscando formas de dar novos destinos a isso que se desorganizou. Nós poderíamos ter na ideia o quanto Eros, nesse jogo com a pulsão de morte, é um pouco a saída para que a gente possa reconhecer tudo que a cultura avançou. Nós não vamos ser pessimistas e dizer apenas que vivemos em tempos extremamente difíceis, a história da humanidade é repleta disso, mas nós temos que reconhecer outros espaços, outros lugares, dentro desse espírito que Freud chama de pensamento científico, no sentido de um pensamento que está sempre indo em busca de novas alternativas para o sofrimento psíquico.

A própria psicanálise vai ter avanços extremamente importantes nesse processo de tomar a si o que ela compreende, o que ela consegue problematizar, o que ela consegue elaborar, como também o que ela não consegue elaborar, em um processo de um constante interrogar-se. Nesse sentido o desacomodar deve sempre estar na ordem do dia: nós nos desacomodamos quando vamos discutir as novas configurações da sexualidade, as novas configurações de composições familiares etc. A partir desse desacomodar, dessa angústia que produz em nós, seguimos pensando, buscando novas alternativas, para que a libido, que Freud faz questão de chamar de Eros, possa cumprir sua função de viabilizar novas formas de arranjos e rearranjos para as nossas demandas pulsionais com suas representâncias. Recordemos que o Eros grego é agente de ligação, esse agente que dá contorno, esse agente que dá possibilidade de exercitar o pensar e, nesse processo de pensar, a possibilidade de elaborarmos novas formas de dar destino à nossa destrutividade.

Talvez o grande problema seja essa destrutividade desgarrada, um dos exemplos clássicos no nosso tempo, essa destrutividade indomável, em que a libido não consegue fazer sua força de captura a seu favor, é o fenômeno que chamamos hoje de negacionismo, que nem é uma palavra essencialmente psicanalítica, mas tem muito de psicanalítico. Os negacionismos que permeiam as culturas, o negacionismo da ciência, por exemplo, trazido para o pensar freudiano, que sempre teve a preocupação de que a psicanálise tivesse o escopo de uma ciência, que se pensa, se interroga, que tem limites, que se propõe a transpor seus limites, criando novos instrumentos tanto para a questão do *setting* analítico *stricto sensu* como quando vamos conversar com a cultura. Esse fenômeno negacionista é a prova maior de uma pulsão de morte desgarrada, que não encontra a contenção libidinal que permita um trabalho de transformação. Pois sabemos que a palavra, a palavra investida, é um ótimo recurso para que nós possamos modular nossos afetos. Estes, quando não modulados, são descarregados de uma forma extremamente destrutiva. Nós temos meios, eu acredito que o ser humano tem essa potencialidade, de trabalhar para elaborar seus aspectos destrutivos, tanáticos. Condição que nos habilita o convívio com outro de uma maneira menos letal.

Podemos pegar outro exemplo do nosso tempo, nada mais contundente, inclusive a nossa Bienal foi nos moldes que foi em função de uma pandemia que envolveu todo o globo terrestre, sem exceções, com suas, evidentemente, letalidades variáveis de acordo com as populações na qual está inserida. Diante desse cenário de destrutividade nos reencontramos, de forma mais intensa, retomando uma expressão freudiana, com o trabalho do luto *vs.* o trabalho da melancolia. O primeiro libertador, que na resolução do seu processo permite avançar percorrendo novos caminhos; quanto ao segundo temos a vigência de um aprisionamento, que nos leva à eterna repetição do mesmo, sem perspectiva de futuro. No sentido do trabalho do luto, com o desenrolar das privações impostas pela pandemia para o exercício do nosso ofício, tivemos a necessidade de reinventar uma série de coisas, tivemos que adentrar o universo das plataformas virtuais, algo que a grande maioria dos psicanalistas desconhecia, e passamos a trabalhar com uma outra estrutura, visando romper com a inércia que o labor da melancolia aciona. Entendo que esse contexto pode ser um bom exemplo do sobreviver a partir do caos, o quanto fomos libidinizando o desgarrado da pulsão de destruição, para tornar viável – reconhecendo os limites desse processo, os limites do encontro virtual – o fazer da análise.

Seguindo essa melodia pulsional, entre a força disjuntiva da pulsão morte e força conjuntiva da pulsão de vida, podemos lançar um olhar sobre a Bienal. Se esta ocorresse ao vivo e a cores, nos teatros, nas salas para as quais fora elaborada, teria um impacto afetivo muito maior do que o vivido exclusivamente via online. Contudo, fizemos coisas fantásticas – isso é a prova libidinal, condição de ir além da destrutividade, de uma pandemia que adentrou em todas as nossas casas: nós queríamos algo melhor, muito mais intenso, mas não foi possível, e entre não fazer e fazer o possível nós escolhemos fazer o possível. Isso é o trabalho do luto de reconhecer os limites do humano diante das forças da natureza, que indiscutivelmente esse vírus nos denuncia. A outra alternativa é ficarmos presos a uma ferida narcísica – se não é assim eu não brinco, se não posso fazer do jeito que acho que é o melhor, do jeito que eu quero, eu não vou brincar – com isso eu vou deixar de fazer o que é factível, aí nós estamos, sim, no auge de uma destrutividade, do que impossibilita buscar alternativas: o interminável e demoníaco trabalho da melancolia.

Na clínica oferecemos aos nossos pacientes a possibilidade de seguir investindo – agora, pela via online –, fizemos trabalhos sociais importantes, quase todas as sociedades fizeram, oferecendo uma saída possível de uma escuta via online, com todas as limitações do processo. Temos aqui Eros dizendo que o humano tem potencialidades, de oferecer ao outro e oferecer a nós mesmos novas rotas para o nosso desejo. Percebemos nesse momento da pandemia algo extremamente destrutivo e anárquico como o negacionismo, inclusive com a questão das vacinas, de um lado, e do outro nós temos o investimento de cientistas que trabalharam exaustivamente criando a vacina possível. Eu concordo plenamente que ela deve ter vários problemas decorrentes da emergência que se estabeleceu para conseguir dar algum tipo de contorno ao que não tinha contorno, então nós não fizemos a vacina ideal, a vacina ideal talvez demorasse dez anos para ficar pronta, eu estou sendo aleatório, mas é a vacina viável. Tal configuração me faz evocar o destino pulsional da sublimação, na sua interação com os ideais da ordem cultural, propulsora da criação. Criação, trânsito profícuo entre tradição e inovação, elemento que permite ao humano sobrepujar o trágico da verdade material em prol da verdade histórica com suas múltiplas versões.

Guiomar: Dentro dessa questão, quando você fala do desgarrado, ainda me referindo ao "Além do princípio do prazer", esse desgarrado seria o não representável, o não representado? Vou acrescentar uma pergunta que veio da nossa comissão, da Lia Falsarella: "poderia nos dizer um pouco mais da importância dessa obra de Freud para essa inter-relação entre o representável e o não representável, dominante na psicanálise do século XXI"?

Ignácio: Essa é uma questão importante, que permite ir além da questão central do texto, que é a pulsão de morte. Nós estamos falando dos desdobramentos da criação desse conceito, do qual surgem duas grandes coisas, duas é modo de falar, surgem várias, duas a partir daquilo que me perguntam. Mas outro fator fundamental, quando se fala na virada de 1920, refere-se à questão da problemática da passividade originária, que passa a ter uma outra contextualização extremamente importante na dialética do representável e do irrepresentável. Até os anos 1920, todo o pensamento freudiano, de alguma forma, está sendo construído sob a lógica do desejo e da proibição, tendo como organizador da vida psíquica o complexo de castração. Essa concepção do psíquico tem nas representações de coisa, de palavra e de objeto sua fundamentação. Tal mundo representacional é decorrente dos encontros e desencontros entre a pulsão sexual e os objetos. Partindo da nossa conhecida história mítica – o encontro do bebê com o seio materno – vai criando marcas psíquicas, essas marcas na nossa história vão se complexando, sendo reducionista, em torno da sexualidade infantil, que tem no complexo de Édipo seu paradigma por excelência. Então o complexo de Édipo vai se estruturar em cima do mundo representacional, do qual vai emergir via a questão do desejo, o desejo incestuoso e o desejo parricida.

Essa lógica fará Freud dizer, em *A interpretação dos sonhos*, de forma magistral, que o desejo é a mola, é a mola propulsora do aparato psíquico. Essa frase é belíssima, é em nome do desejo que o sujeito avança, é em nome do desejo que nós sonhamos, é em nome do desejo que a gente efetiva as grandes realizações. Nesse contexto temos o desejo como a única mola propulsora para o aparato psíquico. Este, em seu dinamismo, revela o que temos e, ao mesmo tempo, o que não podemos realizar plenamente, cujo destino é a contenção, que eu transformo, que aparece nos sonhos, no sintoma, no ato falho, nos chistes, na transferência. Então, por exemplo, os atos falhos, que são quase algo do domínio da cultura hoje, todos nós quando nos enganamos em um nome, dizemos não querendo dizer sim, não precisamos ser psicanalistas para dizer que é um ato falho, o sujeito queria dizer uma coisa e disse outra, mesmo as pessoas não psicanalistas sabem que aquilo está falando de algo que a pessoa pensa do próprio sujeito, tem tudo ver com esse mundo representacional se pondo em cena, sendo encenado, nos sonhos e nas nossas vidas diárias. O sujeito freudiano desse tempo é um sujeito por excelência representacional, ou seja, à medida que vamos lendo a obra freudiana, descobrimos que construir representações é algo extremamente sofisticado, construir representações é construir a nossa subjetividade, é como nos constituímos como sujeitos, como vamos enxergar o mundo, como o mundo vai nos enxergar. Mas quando Freud chega nos anos 1920 vai ampliar o universo conhecido até então. Ele vai dizer que tem coisas que se representam e que estão sob a lógica do princípio do prazer, e diz que existe também um além. Um território mais arcaico, mais primitivo, que não é governado pela lógica do princípio do prazer. Quando diz isso, ele traz para a cena a hipótese de uma nova topografia, que traz consigo a possibilidade metapsicológica de se pensar em marcas psíquicas não representacionais: tempo de reolhar para os traumas oriundos das intensidades não metabolizáveis do mundo externo.

Nesse momento é necessário fazer uma ligação entre o "Além do princípio do prazer" e as origens da psicanálise. Com essa meta em mente, vamos conversar com uma carta inaugural do pensamento freudiano, a carta que eu sempre repito, que alguns colegas dizem que é a única que eu sei, mas eu acho que isso é intriga, eu sei outras também, mas a famosa carta 52, de dezembro de 1896. Essa carta é paradigmática por vários motivos, um dos motivos é que Freud vai usar ali uma metáfora que nós analistas até hoje usamos e da qual gostamos muito, a metáfora do aparelho psíquico se constituindo como um modo de escritura, como um modo de inscrições psíquicas. Então a maioria de nós hoje, quando vai falar sobre o pensamento freudiano, ou sobre nossas construções, usa essa metáfora de um aparato psíquico se constituindo ao modo de uma escritura. Diante dessa constatação retomamos a carta 52, e a partir dela vamos teorizar algumas questões que remetem para além do mundo representacional clássico. Neste vamos deparar com as representâncias que se fazem por impressões e traços, são marcas mais precoces, mais arcaicas, que em função do traumático na história do encontro com o outro não puderam galgar ao status de representação, e seguem no psiquismo produzindo uma série de sofrimentos com maior grau de letalidade para o sujeito, bem como a ordem social na qual se encontra inserido. Quanto mais precoces são as vivências traumáticas, mais danoso e mais destrutivo, menos trabalho de ligação, mais nos encontramos com o desligado, ou ainda, na expressão que citou do meu livro, com o desgarrado da pulsão de morte, porque a função da libido é tentar domar a força indomável da pulsão de morte e tomá-la a seu favor, nos tornar mais potentes. Uma boa ligadura entre a libido e a pulsão de morte, em uma fala como essa nossa de hoje, é importante para que eu mantenha vocês acordadas. Como é que eu vou manter vocês conectadas? Muitas vezes mudando o tom da voz, dando uma inflexão, uma exclamação mais contundente, isso é um exemplo da minha libido tomando a pulsão de morte para si, para que a potencialidade desta, com a força disruptiva da pulsão de morte, induza ao trabalho de interconexão entre nós. A pulsão de morte, digamos assim, é uma força centrífuga e a libido, uma força centrípeta, então a libido vem para ligar, segurar, domesticar, dar um outro destino.

O irrepresentável é uma predominância do desligado, do desgarrado da pulsão de morte, que por uma vivência traumática com os objetos primários não pôde ter as transformações das impressões em traços;

e dos traços em representação. Destaco que o irrepresentável é ausência de representação, mas não ausência de inscrição psíquica. Nesse sentido o Freud dos anos 1920 e de antes dos anos 1920 tinha na neurose o seu grande paradigma clínico e na psicose o seu contraponto, ambas no mundo representacional. Depois dos anos 1920 ele abre as portas para um pensar metapsicológico para o além. Entretanto, apesar de trazer para a cena analítica essa problemática, que também nos constitui como sujeito, Freud não vai trabalhar clinicamente com as ditas patologias do mais além do princípio de prazer. Mas é indiscutível que os fundamentos para o trabalhar hoje, com o que a gente chama, genericamente, de casos limítrofes, trabalhar os transtornos alimentares, a psicossomática, todas essas questões, nós vamos nos remeter a esse universo do irrepresentável esboçado por Freud. Esse algo enigmático que, por não ter contenção psíquica, transborda no corpo do sujeito, ou no meio cultural. Isso está associado com todas essas questões sobre as quais os autores contemporâneos têm se debruçado, que assinalam a importância dos traumas precoces. Traumas que estão nesse território do mais além, regido pelo princípio de nirvana.

Falando em territórios, outra questão se torna proeminente: o modelo de aparelho psíquico. A tópica de 1900 até então vigente, calcada em cima do inconsciente recalcado, que contém o desejo, exige ser revisitada. Ele chega nos anos 1920 com os interrogantes que vinham sendo gestados desde 1914 – o lugar do eu, a instância crítica, o inconsciente não recalcado, o sexual não desejante e as inquietações sobre a realidade externa –, mas agora estes se tornam mais explícitos: os fatores econômicos, topográficos e dinâmicos clamam por uma nova visão. Esses são gatilhos importantes para o advir da tópica de 1923 – o id, o eu e o supereu. Essa nova configuração da psique é produto não só da virada de 1920, evidentemente, mas a virada vai estar presente desacomodando os princípios correntes.

Bernadete: Muito bom. Você de alguma forma já foi trazendo alguns aspectos que se referem às minhas questões, estão dentro da questão pulsional e deste entrelaçamento entre as pulsões. Acho que a pergunta vai encaminhar para algum desdobramento disso. Tem a ver com a questão do racismo. No seu livro sobre o racismo, você retrata o conceito de pulsão de destruição como um aspecto primordial para a compreensão desses fenômenos coletivos de caráter cruel, disruptivos, que acabam desintegrando a humanidade, estabelecendo, por exemplo, relações de poder, de opressor/oprimido, colonizador/colonizado. Então, como pensar, dentro dessa hipótese que você apresenta, o racismo como um fenômeno estrutural?

Ignácio: A pergunta da Bernadete é daquelas que a gente levaria alguns dias para responder, pela complexidade do tema do racismo estrutural para o universo psicanalítico. O racismo estrutural é um conceito antropológico, sociológico, filosófico, que tem uma longa tradição. Cada vez que utilizamos esse termo remontamos ao Silvio Almeida, intelectual negro que não é o criador, mas seguramente vai contribuir de forma marcante para a sua fundamentação. Mas, advirto, é um grande desafio para a psicanálise a entrada nesse território. Território desconhecido, que nos convoca a refletir sobre a questão do racismo estrutural na constituição do sujeito e da cultura em termos psicanalíticos, evidentemente fazendo esse recorte.

Quando nos debruçamos sobre essa temática surge uma série de dificuldades, primeiramente porque é um tema extremamente recente no universo psicanalítico. Em *stricto sensu*, nós há muito pouco tempo passamos a trabalhá-lo, visando estruturar teorias e formas de argumentar, formas de instrumentalizar, formas de intervir nas questões raciais. Sabemos o quanto fomos omissos. Sempre é importante ressaltar que, quando falamos do racismo, evidentemente o racismo que eu vou me ocupar é o racismo com o povo negro, mas a questão de racializar o outro é uma questão ampla e Freud sabia disso. Sabia disso porque ele mesmo é produto de uma racialização que também foi feita com o povo judeu, era uma racialização em que o povo judeu também era colocado como um povo de segunda linha, como um povo humano, sim, mas de segunda linha, e Freud vai ter as suas experiências, vai nos relatar algumas coisas.

Mas é aquilo que eu tenho dito em alguns momentos: acredito que Freud sempre esteve preocupado que a psicanálise não fosse considerada uma ciência judaica, e vocês sabem que nas suas origens ela é eminentemente judaica. Os pioneiros – que vão se filiar ao movimento freudiano desde que Freud publicou *Estudos sobre a histeria*, mas principalmente a partir de *A interpretação dos sonhos* – em sua grande maioria, senão na totalidade, eram judeus, e a sua clínica era uma clínica advinda eminentemente desse universo judaico. Assim, acredito que seu temor de que a psicanálise se tornasse uma ciência judaica foi um dos motivos pelo qual ele nunca trabalhou a questão racial. Então essa temática do racismo no universo psicanalítico, estruturando o sujeito e a cultura, requer estudos, requer investimentos.

Evidentemente, eu me atrevi no livro a lançar algumas ideias, alguns esboços sobre isso, e fazendo um recorte bem pontual sobre a questão da pulsão de destruição e sua participação na gênese do racismo. A partir desse vértice pulsional temos a destrutividade não domada do povo branco, que cria o negro, fazendo deste o depositário da sua inegável existência do mal: a branquitude como exercício de poder violento. Freud esboçou esse cenário mortífero em "O mal-estar na cultura", quando o outro é considerado um não semelhante, portanto, alguém que posso coisificar. A forma como o continente africano vem sendo tratado desde o século XV pelos colonizadores é uma das provas da destrutividade oriunda do racismo, criado pelo homem branco europeu contra o povo negro. Povo que só vai ser considerado humano, mesmo que de segunda linha, pensando na história da cultura brasileira, depois da abolição da escravatura. Esse acontecimento que significou liberdade, porém sem reparação dos danos econômicos, sociais, políticos e em nossa subjetividade durante aproximadamente quatrocentos anos. Decorrente desse novo cenário a população negra passa a ser um problema para as elites brancas, que passam a governar a república não democrática brasileira, que desejavam um Brasil de brancos para brancos. Assim começa o projeto de branqueamento, assentado no mito da democracia racial.

Toda essa questão nos convoca a pensar como essa problemática racial, na sua inter-relação entre o individual e o coletivo, vai se inscrever no psiquismo. Um dos caminhos nos leva a refletir que essa destrutividade – inerente a todos nós, mas com especificidades carregadas de requintes de crueldade no exercício da branquitude, com seu pacto narcísico – encontra na criação das raças, com sua hierarquização (lembrar que criar raças é uma criação cultural), um escoador privilegiado da sua letalidade, em prol da manutenção de seu poder fálico. Nesse sentido recordo Lélia Gonzalez, com a expressão "O lixo vai falar": fazer o outro, o povo negro, de lixo. Acredito que o conceito kleiniano de identificação projetiva pode ser um bom auxiliar para especularmos esse jogo sádico de fazer do outro depositário do lixo de uma história marcada pela desapropriação constante e ininterrupta do seu semelhante. Compreendo que nesse conceito Klein conseguiu juntar a força da projeção, conceito freudiano, à da identificação. Nessa sequência sublinho que não projetamos em qualquer lugar, ou em qualquer um: quando projetamos o fazemos sobre aquele objeto que tenha uma peculiar aptidão para dar conta de nossas demandas. Freud diz em "Pulsões e destino das pulsões" que o objeto que eu invisto pela morte, ou pelo amor, não é qualquer objeto, ele tem que satisfazer nossos anseios e desejos. Então, o povo branco, ao criar o negro – ele é uma invenção do povo branco –, encontrou uma forma de colocar nele todo esse lixo psíquico de que não consegue dar conta dentro de si, fazendo os mecanismos psíquicos mais primitivos, que Freud chama de transformação no contrário e retorno em si mesmo; esses dois mecanismos são os mais primitivos na constituição de todos nós, ele os chama de destinos pulsionais narcísicos.

A habilidade da branquitude em fazer isso é tão intensa e tão eficaz que encontramos vários exemplos dessa engrenagem maquiavélica na vida cotidiana. Se formos convidados para pensar em alguém violento, um estuprador, a maioria de nós vai pensar em um homem negro, é a primeira imagem que vai surgir. Por outro lado, se formos pensar no exemplo de alguém bem-sucedido, jamais vamos pensar em um homem negro: vamos pensar em um homem branco. A problemática de como isso é estruturado – as questões do subalterno, de colocar o negro nesse lugar de desvalia, ou de um humano de segunda linha – tem a ver com esses mecanismos.

Quando eu lembrava dessa ideia, pensei que é só voltarmos à história, quem foram os grandes estupradores da história do Brasil? Foram os grandes senhores dos grandes engenhos e cafezais, eles estupravam corriqueiramente as mulheres negras. Eu estou relendo, como um dia desses eu falava com a Josi, o livro *Um defeito de cor*, de Ana Maria Gonçalves. Este é de uma intensidade assustadora, que exige uma leitura atenta e com tempo para a sua metabolização. Eu o considero um documentário em forma de ficção, é uma realidade, que a autora vai transformando e vai nos trazendo os dados que caracterizam a violação da lama e dos corpos negros. A violência no mundo é gerada por todo esse contexto capitalista, neoliberal, cujos grandes protagonistas são os homens brancos. Entretanto, paradoxalmente, falamos da violência do povo negro. Seguindo esse pensar, recordo Freud no texto sobre *A questão da análise leiga* (1926), quando diz que o feminino é tão desconhecido no pensamento europeu quanto o continente negro. Esta impossibilidade, no passado como no presente, de conhecer o continente negro, mais além da visão do colonizador, segue vigente. Tal perspectiva, por exemplo, faz com que vejamos a África como se fosse um único país, e não um continente com vários países e várias culturas.

A destrutividade que eu também quero destacar é aquela que tem poder de desestabilizar o poder letal da branquitude. Encontramos uma amostra dessa destrutividade pró-vida no trabalho da negritude, no resgate do poder negro, dos nossos talentos, da nossa história, do nosso legado, que nos coloca em outro lugar: no lugar de sujeitos com autonomia que podem instrumentalizar com maior maestria o universo do desejo. Se hoje eu sou um negro que consigo ser ouvido em vários segmentos do mundo psicanalítico, isso tem a ver com minha capacidade de tensionar e produzir desacomodações, herança individual – que tem a ver com o intergeracional da minha história familiar – e herança coletiva, com a força dos movimentos negros que me antecederam. Esse trajeto evoca a produção e a atuação intelectuais e de militância de psicanalistas negros como: Juliano Moreira, Virgínia Bicudo, Neusa Santos e Lélia Gonzales. A apropriação desse herdado tem nos possibilitado lutar por lugares de fala que produzam lugares de escuta genuína de nossas narrativas pelo povo branco.

Não esqueçamos que essas narrativas, entre muitas versões, referem-se à violência e à crueldade do racismo. Assim, as transformações que precisam ser feitas para desestruturar o racismo estrutural requerem o emprego da violência. Freud diz na conferência "Por que a guerra?", em uma conversa com Einstein, que as grandes transformações não se fazem sem violência. Nós podemos pensar na violência em ação direta, e podemos pensar na violência simbólica, de usar a palavra como instrumento de ruptura. O rap é uma música ato, produtora de inquietações viscerais, denúncia da violência orquestrada pela branquitude, palavra sem e com metáfora: corpo e alma sangrando. Nessa linha associativa lembro Elza Soares quando ela canta a música "A carne", que tem como refrão: "a carne negra é a mais barata do mercado". O impacto violento das palavras que revelam a dor do genocídio do povo negro.

Creio que um impacto similar deveria estar presente na intervenção dos analistas, quando da sua inserção na cultura, como também no *setting*. No contraponto da violência centenária do branco sobre o negro é exigido de nós muito cuidado ao revelar ao algoz seu racismo, afinal, estamos lidando com a *fragilidade branca*. Nos é cobrado que sejamos mais cuidadosos no nosso falar, mais leves, que sejamos politicamente corretos. Mas a pergunta que nunca foi feita é: quem inventou a violência, tanto na fala, quanto em ato? Hoje todos sabemos como a nossa linguagem é carregada de expressões racistas, informação importante para nós, psicanalistas, que trabalhamos especialmente com a linguagem. Nesse sentido, estamos tendo avanços em nossa escuta, não calamos e não podemos calar diante de manifestações racistas, homofóbicas, sectárias... Isso é utilizar a destrutividade a favor de Eros, um dos meios pelos quais podemos produzir fraturas no racismo estrutural.

Josi: Eu queria só falar uma coisinha, Bernadete. O Paim falou da Elza Soares, semana passada vi muitas cenas, muitos clipes com ela, eu vi um clipe dela cantando "A carne" de 2001, se não me engano foi em 2000 e pouco, ela bem mais jovem, eu falei: "O que aconteceu que eu não ouvi a Elza cantar "A carne" nos anos 2000, onde é que eu estava?". E não era só eu – por que nós não ouvimos, por que nós, enquanto cidadãos, enquanto psicanalistas, nós demoramos muito para ouvir, apesar de toda a contundência, e às vezes a violência, como você falou, simbólica, da fala e da música dela?

Ignácio: Nós não ouvimos isso, mas com certeza todos nós devemos ter ouvido, direta ou indiretamente, o lugar que Elza Soares ocupou quando teve o romance com Garrincha, quando se casaram, toda a separação, isso "todo mundo sabia", pois estava dentro de uma lógica brancocêntrica. Lógica que visa transformar perversamente essa mulher em uma mulher indecente, prostituta, destruidora de lares. Por outro lado, o que Elza produziu, tudo que ela fez, não só a música, passa por um esquecimento, ou melhor, apagamento da história dessa mulher negra para a cultura brasileira. É o que a Josi diz, literalmente: lugar de fala e lugar de escuta, como é que o outro é escutado ou não é escutado, isso tem a ver com o silenciamento, isso tem a ver com o epistemicídio do legado do povo negro. Quando a Josi diz que não pôde ouvir, não pôde pensar, não pôde saber do que ela estava dizendo, nós estávamos em que lugar? Compreendo que estávamos identificados com a proposição que fazia do racismo um problema psicopatológico individual da população negra, desconsiderando o seu caráter estrutural da ordem social. Assim, devemos retomar alguns conceitos clássicos que não são estritamente psicanalíticos, mas têm um suporte psicanalítico, como é o caso do pacto narcísico da branquitude, de Cida Maria Bento, ou ainda o conceito de necropolítica da Achille Mbembe. Essas não escutas, esses silenciamentos, esses apagamentos têm em uma visão metapsicológica o tema da pulsão de morte como substrato.

Maria: Eu queria pegar um gancho nessa conversa. Eu fiquei mais atenta ao seu texto, o texto que você apresentou na Bienal. E eu gosto muito do termo que você usa – inconfidente –, fiquei observando que você junta inconfidente com essa condição de desestabilizar. Assim, nós somos herdeiros de uma teoria psicanalítica cujo criador tinha essa função de buscar desestabilizar os seus próprios conceitos, o seu próprio pensar. Então, o que nós fizemos? Por que nós não seguimos esse pensamento de buscar desestabilizar como psicanalistas que somos? E, pensando nisso, eu acho que tem a ver com o que você apresenta no fim do seu artigo da Bienal. Você faz uma provocação em que cita uma inquietante declaração de Freud, quando ele fala da Eneida: "se eu não posso dobrar os poderes celestiais, agitarei o inferno", e me parece que nós ficamos tentando adular os poderes celestiais e não agitamos os infernos nas sociedades psicanalíticas até hoje. Então, com base nisso que o senhor está falando, da branquitude, o que o senhor acredita que as sociedades de psicanálise, ou os psicanalistas que estão inseridos nas sociedades de psicanálise, podem fazer para desestabilizar, para poderem ser inconfidentes? Para não aceitarem o legado que há mais de cinquenta anos expressa a hegemonia das sociedades de psicanálise?! Eu gostaria de ouvir o senhor falar um pouco sobre esse tema e, se for possível, porque nós temos pouco tempo, da experiência do senhor enquanto um representante negro. Nesse contexto, como foi seu acesso à psicanálise, à sociedade de psicanálise?

Ignácio: Eu gosto muito dessa frase que Freud toma lá do Virgílio, acho que ela é um bom sinalizador do jeito subversivo de Freud e da psicanálise. Foi por esse caminho que no Congresso Brasileiro de

Psicanálise de 2019, realizado em Belo Horizonte, trabalhamos os múltiplos sentidos da palavra inconfidente. Ser inconfidente significa, antes de tudo, sustentar a capacidade de rebelar-se contra o *status quo* – manter-se na contramão das demandas narcísicas do nosso tempo. O estar sempre na contramão tem a ver com o compromisso visceral de produzir inquietações diante do que está estabelecido, nossa obrigação ética com o fundador de poder produzir interrogações, de desacomodar e de questionar o que está posto. Contexto contagiante no sentido de fazer trabalhar o racismo e seus desdobramentos nas sociedades psicanalíticas. Eu acho que realmente a psicanálise – ou melhor dizendo, quando a gente diz a psicanálise, a gente fala de uma coisa como se fosse uma entidade, e a psicanálise é constituída por nós, os psicanalistas. Portanto, corrigindo, os psicanalistas de alguma forma foram se distanciando dessa proposição filosófica do pensamento freudiano. Proposição a que Freud vai ser muito fiel, não somente pela virada de vinte. A ideia do ser inconfidente vai se fazendo e refazendo em vários momentos da sua obra, nos quais vai reinventando a si e a sua teoria.

Por exemplo em um dos seus últimos trabalhos, *Moisés e o monoteísmo* (1939). Texto pouco conhecido ou pouco trabalhado pelos analistas, Freud começou a escrevê-lo em 1934 e vai publicá-lo em vida, em 1939, e ele faz questão que seja publicado antes da sua morte, tem toda uma pressão para não publicar pelo seu questionamento sobre a origem de Moisés, em momento de ataque intenso ao povo judeu. A tese do estrangeiro se faz proeminente, um legado de que ainda não conseguimos nos apropriar devidamente. Questão relevante para o povo negro? Em "Moisés" encontramos uma riqueza de informação, diria que ele é um texto extremamente inconfidente. Acredito que temos uma amostra desse processo na relevância da oralidade em Moisés, o falar uma outra língua que não a língua dos hebreus. Ainda, nos reencontramos com sua proposição de como tornamo-nos humanos – nossa hominização –, do estado de natureza à cultura, e nesse acontecer a importância da herança arcaica, com seus processos identificatórios e seu desenrolar na forma como a história vai sendo escrita e reescrita. Portanto, vejo nesse Freud do final da vida, mais do que nunca, o comprometimento com suas inconfidências, ousando se desacomodar, suportar o não saber, suportar ficar um pouco sem rumo, até que as coisas possam se organizar de alguma outra forma. Tudo isso numa interação constante entre o individual e o social. Freud vai estar o tempo todo buscando fazer esses links, que estão no cerne de sua metapsicologia; ele é incansável. Podemos citar vários textos como: "Totem e tabu", "Psicologia das massas e análise do eu", "Futuro de uma ilusão", "O mal-estar na cultura" e *Moisés e o monoteísmo*.

Esta é uma condição que os psicanalistas têm dificuldades de integrar – ruptura com o contrato social decorrente do encontro do sujeito com meio no qual está inserido. Nesse sentido nós, psicanalistas, usando até nossas próprias associações, estamos mais fazendo pactos com os demônios celestiais do que com as forças infernais – menor potencialidade de transformação e invenção? Penso que sim, considero tal postura totalmente antifreudiana. Então, nós fizemos esse distanciamento, essa cisão, e tratamos essas questões como se fossem questões de psicanálise aplicada; eu até entendo o termo, mas ele é um termo que se volta contra nós. Eu poderia enunciar o meu livro sobre o racismo por uma psicanálise aplicada, e não implicada. Mas tal visão, pelo viés do aplicada, parece colocar fora o que está dentro, dentro do nosso *setting*, dentro das nossas intervenções, dentro de nossas teorias, como também dentro do meio cultural.

Contudo compreendo que a psicanálise e os psicanalistas, mesmo que lentamente, vêm se repensando, em um movimento importante, como no enfrentamento da problemática racial. Essa temática passa a ser objeto de estudo de praticamente todas as sociedades brasileiras. Percebo que esse movimento antirracista da e na psicanálise, liderado pelo Brasil, tem rompido fronteiras e atingido a América Latina, via Federação Psicanalítica da América Latina (FEPAL), e a Europa, via Sociedade Portuguesa de Psicanálise. Estarei em abril proferindo uma conferência, via online, sobre essa temática em Portugal. Nessa sequência acredito que a própria Associação Psicanalítica Internacional (IPA) resolveu enfrentar esse problema, tomando como um compromisso seu e de todos nós a tarefa de contribuirmos para darmos um novo destino na compreensão e na elucidação dessa chaga branca do racismo. Tenho a expectativa de que no próximo congresso da IPA – Cartagena/2023 –, que terá como tema "Mente na linha de fogo", possamos trabalhar de uma forma mais aprofundada essas questões, não com algo estrangeiro, mas como algo intrínseco à constituição destrutiva do humano e da estrutura social.

Quanto a minha inserção como homem negro no universo psicanalítico, ela vai se dar em uma longa história de aproximadamente trinta anos. História de transformação, com avanços e recuos, que me permite escutar, pensar e me posicionar hoje sobre coisas que não podia em outro tempo, entre elas a presença do racismo em nossas instituições. Nos últimos cinco anos tenho criado e tenho tido a oportunidade de denunciar e trabalhar por medidas transformadoras – antirracistas – na sociedade da qual eu faço parte, como também nas várias sociedades em que sou convidado, em especial a Sociedade Brasileira de Psicanálise de Ribeirão Preto (SBPRP), onde me sinto muito à vontade para essa interlocução, do mesmo modo que com outras temáticas ligadas ao legado freudiano.

Quero sublinhar que as questões raciais são um dos vértices que me acompanham pelo tempo de vida que tenho por viver, mas sou um pensador da psicanálise freudiana, nas várias questões, nos vários segmentos, para que a gente não faça uma redução, como se analistas negros só estivessem habilitados para falar sobre racismo. Não, nós negros queremos e vamos falar sobre o que quisermos, inclusive sobre questões de racismo. Assim como analistas brancos podem falar sobre o que eles quiserem, inclusive sobre as questões raciais. Isso, sim, é um processo de transformação, e não uma inversão, em que se coloca o outro num determinado lugar, como se coubesse a nós fazer esse trabalho e não coubesse a todos nós, psicanalistas, nos comprometermos com o antirracismo na e da psicanálise e seus desdobramentos na cultura. Destaco que essa conquista tem um alto potencial de revitalizar a psicanálise e contribuir para construir singularidades do pensamento psicanalítico latino-americano.

Guiomar: Olha, eu acho que nós cumprimos plenamente o nosso objetivo, o nosso trabalho de hoje, e você, Ignácio, sempre instigante, inconfidente, nos agitando aqui nos nossos pensamentos e emoções. Nós só temos que te agradecer. Vou ser bem breve, só mais minutinho, você quer deixar alguma mensagem final aqui para a gente? Tem alguma pergunta que você estava esperando que nós fizéssemos em especial para você?

Ignácio: Não, eu queria dizer que vocês foram muito queridas, tenho um vínculo com todas vocês, de formas diferentes, trabalhamos, estudamos, produzimos afetos e ideias. Agradeço imensamente o convite. Adorei estar com vocês, passaríamos a tarde conversando, trocando ideias, eu quero deixar registrado o meu agradecimento. Entendo que vocês representam não só a SBPRP, mas também os segmentos criativos e inconfidentes da psicanálise brasileira. Compreendo que atividades como a Bienal caracterizam esse espírito de maneira lapidar. Assim, todos nós estamos de parabéns por produzir pensamentos e ações intelectuais que viabilizam a efetivação de espaços como este, que são espaços de poder assentados numa postura democrática. Nós falávamos o tempo todo sobre o poder, nas suas várias facetas, que transita entre a força assimiladora de Eros e força desassimiladora da pulsão de destruição. Territórios como este, comprometido com fazer ético na busca de escuta interativa com o outro, são fundamentais como fonte geradora de transformação. É a primeira vez que eu consigo falar livremente durante longo tempo, a partir das demandas de um trabalho que vocês tiveram para produzir questões pertinentes e profundas, então eu sou muito grato e quero deixar meu reconhecimento e a certeza de que vamos seguir trabalhando por muito tempo.

Guiomar: Com certeza, você é um pensador ímpar. Nós só queríamos te agradecer, você é um querido. Muito obrigada.

Referências

Freud, S. (1986). Carta de Freud a Fliess – 06/22/1896. In S. Freud, *A correspondência completa de Sigmund Freud para Wilhelm Fliess – 1887/1904*. Imago.

Freud, S. (1969). Moral sexual "civilizada" e doença nervosa moderna. In S. Freud, *Edição standard brasileira das obras psicológicas completas de Sigmund Freud* (Vol. IX). Imago. (Trabalho original publicado em 1908)

Freud, S. (1969). A História do Movimento Psicanalítico. In S. Freud, *Edição standard brasileira das obras psicológicas completas de Sigmund Freud* (Vol. XIV). Imago. (Trabalho original publicado em 1914)

Freud, S. (1969). A questão da análise leiga. In S. Freud, *Edição standard brasileira das obras psicológicas completas de Sigmund Freud* (Vol. XX). Imago. (Trabalho original publicado em 1926)

Freud, S. (1969). *Moisés e o monoteísmo: três ensaios*. In *Obras psicológicas completas de Sigmund Freud* (Vol. 23, pp. 19-161). Imago. (Trabalho original publicado em 1939)

Freud, S. (2004). Pulsões e os destinos da pulsão. In *Escritos sobre a psicologia do inconsciente de Sigmund Freud* (Vol. 1, pp. 145-173). Imago. (Trabalho original publicado em 1915)

Freud, S. (2006). O além do princípio do prazer. In S. Freud, *Escritos sobre a psicologia do inconsciente* (Vol. 2). Imago. (Trabalho original publicado em 1920)

Freud, S. (2019). A interpretação dos sonhos. In S. Freud, *Obras psicológicas completas de Sigmund Freud* (Vol. 4). Companhia das Letras. (Trabalho original publicado em 1900)

Freud, S. (2020). *Cultura, sociedade, religião: o mal-estar na cultura e outros escritos*. Autêntica. (Trabalho original publicado 1930)

Freud, S. (2020). Por que da guerra? In *Cultura, sociedade, religião: o mal-estar na cultura e outros escritos* (pp. 421-441, M. R. S. Moraes, Trad.). Autêntica. (Trabalho original publicado em 1933)

Paim Filho, I. A. (2019). *Inconfidências metapsicológicas: Das Unheimliche*. Sulina.

Afinal, quem é o vilão?
Das atrocidades à irreflexão,
de que maldade falamos?

4. Apresentação – Afinal, quem é o vilão que se apresenta nos espaços dos subterfúgios da maldade?

Lilian Tosi de Melo

Ana Regina Morandini Caldeira

Navegadores antigos tinham uma frase gloriosa:
"Navegar é preciso; viver não é preciso."...
Viver não é necessário; o que é necessário é criar.
Fernando Pessoa, "Navegar é preciso"

Criar talvez seja uma maneira de distrair a morte e a maldade.

A arte tem revelado esse talento.

Por meio dos seus movimentos contemporâneos, a Plêiade Companhia de Dança, com seus sete bailarinos em campo aberto numa floresta de eucaliptos, desenvolveu um projeto especialmente para a V Bienal de Psicanálise e Cultura da Sociedade Brasileira de Psicanálise de Ribeirão Preto (SBPRP), partindo do tema sobre a banalização do mal.

Nasceu assim uma videodança cuja linguagem artística uniu a dança ao audiovisual, denominada "Chiaroscuro", nome inspirado na técnica de pintura do Renascimento com o mesmo nome em que o uso intenso dos contrastes ajuda a compor os objetos, destacando ou escondendo aspectos da cena.

Assim se dançou a "maldade", com suas incógnitas, em que luz e sombra se intercalaram em prismas trazidos pelas obras de Hannah

Arendt sobre o tema, revelados pelos motes da dessubjetivação e da irreflexão do indivíduo.

Ou quem sabe, como nos disse Clarice Lispector, "Onde a maldade era fria e intensa como um banho de gelo. Talvez fosse apenas falta de vida" (p. 19).

Essa questão do sujeito que se oculta por trás, ou a partir, da maldade já vigora desde os pensamentos do filósofo e santo Agostinho, cujas reflexões retiram o mal de uma figuração de realidade metafísica, colocando-o associado à ideia do "não ser", a revelar uma não configuração de identidade.

Retomando a epígrafe, se é verdade que ao mar cabe o desassossego e a nós a navegação, o grupo de dança Plêiade trouxe a partir do entremeio entre a luz e a sombra a possibilidade de olharmos para o céu como os antigos navegadores e, quem sabe, nos encontrarmos com alguma luminosidade condutora às travessias dos turbulentos mares da maldade.

Plêiade Companhia de Dança – "Chiaroscuro"

Figura 4.1 "Chiaroscuro", Plêiade Companhia de Dança.

Crédito: Junior Carrejo.

Figura 4.2 "Chiaroscuro", Plêiade Companhia de Dança.

Crédito: Junior Carrejo.

Figura 4.3 "Chiaroscuro", Plêiade Companhia de Dança.

Crédito: Junior Carrejo.

Referência

Lispector, C. (1998). *Perto do Coração Selvagem*. Rocco.

5. O que a ausência de pensamento tem a ver com o mal?

Douglas Garcia Alves Júnior

Gostaria de trazer o nome de Hanna Arendt, filósofa alemã do século XX, como nossa guia por este exercício de pensamento.[1] Ela é uma autora que vem sendo muito debatida nos últimos anos, com muitas pesquisas e livros sendo publicados sobre sua obra. Irei propor um eixo condutor sobre a questão que me foi proposta a partir da obra da Hannah Arendt. A estrutura da minha fala será a seguinte: farei uma breve apresentação bibliográfica de Arendt, abordarei a sua tese central a respeito da banalidade do mal e da ausência do pensamento, depois retraçarei as questões do pensamento e do juízo em Arendt, o que vai me levar a Sócrates e a Kant, para, por fim, voltar à questão da banalidade do mal em Arendt, fazendo um balanço da questão e retomando aquilo que vejo como o núcleo da sua filosofia: a tentativa de pensar uma antropologia filosófica na qual as atividades humanas são marcadas pelo reconhecimento da capacidade humana irredutível para o pensamento e para a ação *em conjunto*.

---

1 Agradeço a Cristina de Oliveira Figueiredo, mestranda no Departamento de Filosofia da Universidade Federal de Ouro Preto (UFOP), pela ajuda na preparação da versão escrita deste texto.

Comecemos com essa ideia segundo a qual Arendt entende o universo do político como o da ação em conjunto, ou seja, coordenada pelos seres humanos, mediada pela linguagem. Esse núcleo é o que dá sentido a toda a sua obra, fazendo com que ela não seja uma filosofia pessimista, pois, apesar de falar muito sobre o mal, sobre o Holocausto, ela não é exatamente uma obra pessimista. Assim como eu a entendo, ela coloca no centro de sua filosofia uma relação constitutiva entre pensamento, desenvolvimento humano e reconhecimento da pluralidade da condição humana. Isto é, ela pensa a condição humana como algo irredutível, que não pode ser destruído, cancelado por algum projeto totalitário qualquer. Isso é o que faz a sua filosofia interessante até hoje.

Desse modo, no primeiro momento, vejamos algumas notas biográficas e bibliográficas sobre a autora. Hannah Arendt nasceu em 1906, na Alemanha, e morreu 1975, nos Estados Unidos. De origem judia, foi filha única e perdeu o pai muito cedo, tendo sido criada pela mãe. Seu primeiro trabalho de fôlego, sua tese de doutorado, foi sobre o conceito de amor em Santo Agostinho. Em 1933, com a ascensão de Hitler ao poder, ela, como judia, chega a ser detida pela Gestapo. Percebendo a fragilidade da sua situação, decide sair da Alemanha e vai para os Estados Unidos, país onde publica grande parte das suas obras.

Sua primeira grande obra nos Estados Unidos é *Origens do totalitarismo*, de 1951. Depois, ela publicou a obra que eu considero central do ponto de vista do seu pensamento, *A condição humana*, em 1958. Em 1963, ela publicou *Eichmann em Jerusalém*, que tem o famoso subtítulo: "um relato sobre a banalidade do mal". Em 1970, ela deu as suas *Lições sobre a filosofia política de Kant*, que são muito importantes para esclarecer a questão do juízo político. Entre 1973 e 1975, ela escreveu o livro *Vida do espírito*, que só será publicado postumamente, em 1978. Todos esses títulos já estão traduzidos para o português.

E quais desses escritos tocam no assunto da relação entre o mal e a ausência de pensamento? Principalmente *Eichmann em Jerusalém*, *A condição humana* e *Lições sobre a filosofia política de Kant*. Não poderei me estender muito sobre todas essas obras, mas vou tentar tirar o essencial das questões. Uma maneira de fazer isso é por meio de uma conferência dela, também do começo dos anos 1970, que se chama "Pensamento e considerações morais". E lá ela faz explicitamente uma relação entre a banalidade do mal e ausência de pensamento. Vou citar, pois aqui ela deixa entrever bastante o sentido do seu trabalho:

> *Há alguns anos, em relato sobre o julgamento de Eichmann em Jerusalém, mencionei a "banalidade do mal". Não quis, com a expressão, referir-me a teoria ou doutrina de qualquer espécie, mas antes a algo bastante factual, o fenômeno dos atos maus, cometidos em proporções gigantescas – atos cuja raiz não iremos encontrar em uma especial maldade, patologia ou convicção ideológica do agente; sua personalidade destacava-se unicamente por uma extraordinária superficialidade. (Arendt, 1971/2002, p. 145)*

Arendt descreve algumas características que ela percebeu no julgamento a respeito das respostas de Eichmann, das suas declarações na corte, dos seus testemunhos durante o processo:

> *Essa absoluta ausência de pensamento atraiu-me o interesse. Será que fazer o mal, e não somente os males da omissão, mas também os males da ação, é possível na ausência não só de "motivos torpes" (conforme a lei os designa), mas de absolutamente qualquer motivo, qualquer estímulo especial ao interesse ou à vontade? Será que a maldade, como quer que definamos esse "estar determinado a ser um vilão", não é uma condição necessária para se fazer o mal? Será que nossa capacidade de julgar, de distinguir o certo do errado, o belo do feio, depende da nossa capacidade de pensar? A questão que se impunha era a seguinte: será que a natureza da atividade de pensar – o hábito de examinar, de refletir*

> *sobre tudo aquilo que vem a acontecer, independente de qualquer conteúdo específico e de resultados – poderia ser tal que "condiciona" os homens a não fazer o mal? (Arendt, 1971/2002, p. 145)*

Essa conferência é interessante porque é uma espécie de síntese de vários momentos da obra de Hannah Arendt. Ela vai buscar a resposta a essas questões na tradição filosófica, onde vai encontrar duas tendências gerais. A primeira, que ela acha menos interessante, é a da construção de sistemas filosóficos, metafísicos, como toda a tradição os entende, que são ontologias, teorias unificadas a respeito da estrutura universal, imutável e necessária da realidade. Esse é o caminho de Platão, Aristóteles, São Tomás de Aquino, Espinosa, e de muitos outros. A via que ela acha muito mais interessante é a de Sócrates e, depois, em continuidade a ele, a de Kant.

A propósito de Kant, a relação de Arendt com seu pensamento é bastante original, pois ela desafia várias correntes da interpretação do pensamento de Kant, correntes que dizem que Kant é um grande criador de sistemas, que ele tem um sistema de ética, de moral. Pois bem, Arendt diz que não é bem assim. Ela vê Kant como alguém como Sócrates. Qual é a característica dessa outra via da tradição filosófica? Arendt diz que ela é a via da imersão no mundo, mais do que isso, de uma imersão no mundo da pluralidade, no mundo da sociabilidade humana, e que, em vez de construção de sistemas, ela busca a elaboração de experiências de pensamento. A ênfase aqui é a experiência. Ocorre que, nessas experiências, o contato com o outro é essencial. O contato com o outro nas mais diversas condições: as outras pessoas da comunidade, outras pessoas que vivem na cidade, de diferentes condições sociais, de diferentes profissões, o que Sócrates fazia em sua vida na cidade de Atenas.

Arendt também lembra que Sócrates foi julgado e condenado sob as acusações de corromper a juventude e introduzir novos deuses na cidade. E ela vai dizer: essa acusação perde o ponto, porque Sócrates não estava interessado em produzir doutrinas para a juventude ou para a cidade, sejam morais, filosóficas ou religiosas. Ele estava preocupado em fazer um trabalho de crítica, de autocrítica dos pressupostos de significado que regem a vida social e cultural da cidade. O trabalho do Sócrates era uma experiência de pensamento, ele conversava com as pessoas, dava muita atenção à profissão das pessoas. Nesse sentido, as pessoas dirigiam perguntas a ele, perguntas como: "a esgrima é boa para a educação?". Ele ia conversando com a pessoa sobre o sentido da esgrima e propunha, por sua vez, outras questões: o que é a educação? Para que ela é boa? Isso gerava um processo em que Sócrates fazia com que as opiniões (hoje diríamos convicções ideológicas, palavra que não existia na época) das pessoas aparecessem diante delas e elas fossem levadas a perceber a sua incongruência. Em outros termos, que as opiniões fossem expostas no seu caráter contingente e incerto, isto é, o fato de que aquilo que "todo mundo" acha que é necessário pode ser apenas contingente.

Esse, portanto, é o trabalho do pensamento. Sócrates dizia que o seu trabalho era o de compartilhar perplexidades, não o de propor novos conjuntos de regras ou doutrinas. Isso para Arendt é muito importante porque, por um lado, Sócrates não leva àquela retirada do mundo completa que é feita pelos filósofos construtores de sistemas, de explicações totalizantes do mundo. Por outro, tampouco leva a uma adesão acrítica aos valores e preceitos culturais dominantes, e sim a um trabalho interno de questionamento das pretensões normativas desses sistemas. Pretensões, por exemplo, que dizem respeito a como devemos entender a moralidade, a beleza, a justiça, o sentido da religião, da educação. Essa é a experiência do pensamento.

Arendt dirá nessa conferência e em muitos outros textos seus: temos que distinguir o pensamento do conhecimento. O conhecimento lida com saberes a respeito da natureza, lida com efeitos pragmáticos no mundo, com a fabricação de artefatos, objetos que servem para que possamos nos movimentar no ambiente e ganhar nossa vida no mundo. A ciência, que busca conhecimentos, e a técnica, que trata de suas aplicações, lidam com o mundo tal como ele se apresenta a nós, sem questionar o seu significado, mas procurando reconstituir as bases causais do seu funcionamento. Arendt dirá: o pensamento (e a filosofia é pensamento) se preocupa com o significado das coisas, de modo que a linguagem é muito importante para o pensamento.

Sócrates, o grande mestre do pensamento na tradição filosófica, escolhe uma palavra, "escava-a", e diz: quando usamos essa palavra Justiça, ou Beleza, o que nós queremos dizer com isso? Desse exemplo de Sócrates, Arendt dirá uma coisa que é muito importante para todos nós até hoje, que é o seguinte: o pensamento tem a ver com o exame de pressupostos ocultos e não problematizados. Quais são os pressupostos e implicações que descobrimos quando paramos para pensar no modo como agimos no mundo usando tais e tais palavras? Nos modos como usamos tais e tais maneiras de conceber o que é belo? De conceber o que é ser uma pessoa correta?

O pensamento, essa experiência da qual o Sócrates é uma espécie de guardião filosófico, não produz resultados em termos de códigos prescritivos. *O pensamento não diz o que eu devo fazer*. Ele é uma parada da ação. Com efeito, Sócrates fala muito que a experiência do pensamento é a de uma parada. Uma retirada do mundo em que vivemos, mas uma retirada temporária. Será preciso que retornemos à cidade, à polis, quando poderemos propor às pessoas essa experiência de perplexidade, quando poderemos dizer a elas algo como: "bem, vocês estão dizendo que a felicidade é 'isto', será que também a felicidade não poderia ser outras coisas?".

Cito um trecho de *A condição humana*: "O que proponho é muito simples: refletir sobre o que estamos fazendo" (Arendt, 1958/2004, p. 13), um exercício de pensamento, de compreender o que estamos fazendo enquanto seres humanos, neste tempo. É certo que precisamos parar, precisamos examinar as coisas à fundo. Isso leva tempo, leva a um conflito com as exigências de movimento contínuo que nos ligam às outras pessoas, às tarefas e à sobrevivência cotidiana. Hannah Arendt não está nos dizendo para rompermos com o mundo, mas para pararmos e desenvolvermos uma relação de cuidado com o mundo. Para exercer esse cuidado, é preciso entender o que estamos fazendo *no/com* o mundo, e, para isso, precisamos nos afastar, de tempos em tempos, e examinar o significado daquilo que fazemos. Isso é realmente importante para Arendt em *A condição humana* e em todos os seus livros.

Ela enxerga em Kant (e é bastante original nisso) uma espécie de continuador dessa experiência do pensamento do Sócrates. E aqui é oportuna a passagem para a questão do mal. Para tanto, vou fazer uma distinção de ética e filosofia política. Na ética filosófica, a questão do mal não tem sido uma das mais correntes, porque em ética se faz uma avaliação da correção das ações. Nos últimos 150 anos, ao menos, a ética é muito mais preocupada com a avaliação dos resultados da ação. Então, em ética, temos debatido muito mais como se pode julgar que uma ação é correta ou incorreta, justa ou injusta, basicamente isso.

Essa avaliação também pode ser feita quanto à correção do agente, aliás, isso era muito comum na filosofia grega, na ética de Aristóteles – mas aí a questão era a da virtude (da excelência) e do vício (da deficiência), mais do que de bem e mal. O agente virtuoso da ética grega era aquele que demonstrava medida e racionalidade ao lidar com as suas emoções. Aristóteles dizia: fazer as coisas certas manifestando a emoção certa, com relação às pessoas certas nas ocasiões certas. Ou seja, para os gregos não é tanto a questão do mal, mas a da virtude (pensada como excelência), e ela vem da medida que podemos imprimir às nossas ações, o que depende muito da relação com o nosso elemento passional. Há uma aposta muito grande, pelos gregos, de que os seres humanos são capazes não de extirpar, de aniquilar (eles não *devem* fazer isso), e sim de aproveitar esses elementos passionais para uma direção que seja a do florescimento, do desenvolvimento de si e do outro. Trata-se de alcançar a virtude, que é pensada como uma condição necessária para a felicidade.

Se a questão do mal não é a mais importante na ética filosófica, quando Arendt fala do mal ligado ao nazismo, ao totalitarismo, ela está se referindo à filosofia política. Trata-se do mal manifesto em atos inauditos de dano e degradação de seres humanos, atos de grandes proporções sem precedentes. Aí passamos para a filosofia política, para a esfera das relações humanas no nível dos Estados e dos povos. O que o mal tem a ver com tudo isso? Tem a ver, fundamentalmente, com a lesão, a destruição, a degradação de características que a filosofia política enxerga como essenciais à condição humana. Condições para a liberdade, a autonomia, a autorregulação, a igualdade perante a lei. Em outros termos, condições para que seres humanos sejam capazes de construir Estados em que as pessoas possam ser iguais perante a lei e com igualdade de participação nos assuntos comuns do Estado. Isso significa, entre outras coisas, preservar a capacidade para a construção de Estados em que a igualdade de participação seja tal que, por exemplo, não sejam feitas guerras, obstruções das liberdades de indivíduos, da liberdade de imprensa, de escrita. É dessa forma que a questão do mal adquire um sentido na filosofia política como aquilo que destrói ou tende a destruir a autonomia, a igualdade perante a lei e a capacidade de participação nos assuntos que decidem as vidas das pessoas, a vida em comum.

O que deve nos interessar de perto, aqui, é que o Arendt busca em Kant: a concepção dos juízos "reflexionantes", que não estão na teoria ética, nem no pensamento de Kant sobre a história. Nas *Lições sobre filosofia política de Kant*, Arendt desenvolve as implicações da ideia de que a teoria kantiana dos juízos reflexionantes se encontra em sua parte estética, em que fala sobre o belo e o sublime, criada depois das outras partes fundamentais do *corpus* kantiano, isto é, depois da *Crítica de razão pura* e da *Crítica da razão prática*.

Quando se estuda Kant, se percebe que ele constrói pacientemente delimitações muito finas entre o conhecimento e a moral, as fronteiras entre esses dois domínios são muito claras. Quando se chega aos últimos escritos de Kant, à *Crítica da faculdade do juízo*, as fronteiras vão sendo reconfiguradas, repensadas. Arendt considera esse ponto muito interessante para pensar a política, em Kant e a partir dele. Os juízos estéticos de Kant são muito bons para pensar a política porque neles a relação entre particular e universal não é de subsunção conceitual, mas de indexação, de buscar um universal para o qual este particular julgado seja um índice, um exemplo – porém, ao mesmo tempo, não o exemplo de um conceito, mas de um outro tipo de operação do espírito, que ele chama de "reflexão" e que Arendt vai retomar como uma operação importante no processo do pensamento de eventos particulares no mundo histórico e social.

Os juízos estéticos reflexionantes, em Kant, são juízos sobre a beleza e o sublime da natureza (eles podem incluir obras de arte também, mas Kant fala muito mais da natureza, de uma rosa, do pôr do sol, de uma clareira, do sublime do mar, do sublime de uma montanha). O juízo sobre o belo é sobre um particular, de modo que o sujeito que ajuíza dirá: "esta rosa é bela, esta montanha é sublime, esta clareira é bela".

É na *Crítica da faculdade do juízo* que Kant (1790/1995) desenvolve sua complexa abordagem do juízo reflexionante estético, que ele dispõe em quatro aspectos. Em primeiro lugar, Kant dirá que esse não é um juízo conceitual, porque não se trata de conhecer, mas de falar de um *sentimento* de prazer em relação a este objeto particular. O juízo estético não está ligado ao nosso desejo: eu não desejo consumir aquela flor, comprar aquela montanha. Kant dirá que o sujeito experimenta um sentimento de "prazer *desinteressado*", ou seja, um prazer na simples contemplação do objeto. Terceiro, Kant dirá que percebemos nesses objetos belos uma certa forma que tende a uma finalidade, só que, como não se trata de um juízo conceitual, não temos condições de dizer exatamente qual finalidade seria, e nossa imaginação joga "como se" aquele objeto tivesse sido construído para uma finalidade. Por exemplo: vemos uma clareira com cores bonitas de plantas, de flores, pensamos que “parece” uma pintura, parece que alguém pintou aquela cena e a fez como um espetáculo para nós. Isto é, percebemos uma relação de *finalidade*, mas sem que possamos dizer *qual* finalidade estaria presente, e, assim, jogamos com a *imaginação* da finalidade. Quarto, os juízos estéticos veiculam um prazer desinteressado que está ligado ao que o Kant chama de *comunicabilidade*, por exemplo, quando eu vejo um belo pôr do sol, eu quero comunicar esse prazer: “venha ver o pôr do sol!”. O prazer ligado à comunicação de “isto é belo” no juízo de gosto está ligado à simples comunicação, que não está interessada na posse, nem na utilidade, nem no conhecimento, apenas no prazer dessa comunicação.

Hannah Arendt dirá que esse prazer ligado à comunicabilidade do objeto estético é subjetivo. O sujeito que ajuíza algo como belo sente prazer, e se trata de um sentimento, por assim dizer, intersubjetivo. É por isso que as fronteiras são reconfiguradas no Kant da estética. Arendt observa corretamente que, segundo Kant, para conhecer eu não preciso do outro, para agir moralmente eu não preciso do outro, só preciso consultar a minha consciência. Mas para experimentar como sujeito esse sentimento do belo eu preciso do outro, Kant o admite. Arendt esclarece essa mudança no olhar de Kant: para dizer que esta rosa é bela, eu imagino, eu tenho um prazer na apreensão do objeto, mas eu tenho um prazer em uma espécie de duplicação na imaginação dessa experiência, tal como ela seria na comunicação com o outro. Eu pretendo imaginariamente que o outro responda e me diga: “Ah! Essa rosa é bela, sim!”, eu duplico na imaginação o prazer que eu teria na comunicação com o outro. Arendt interpreta isso da seguinte maneira: Kant está descobrindo a intersubjetividade num tipo de juízo do qual ele não tinha falado antes, os juízos estéticos.

A nossa questão aqui é: por que isso que vem da estética é tão importante para as questões políticas? Para dizer sobre liberdade, participação, igualdade diante da lei, autonomia? Arendt dirá: nesses casos, sempre se está diante de particulares, ocorrências históricas particulares, indivíduos particulares. Ocorre que em contextos particulares de ação é extremamente importante procurar entender essas situações novas, como elas se apresentam do ponto de vista do outro e do ponto de vista do mundo, ou seja, do ponto de vista de uma arena que engloba a humanidade.

Arendt recupera essa capacidade dos juízos de gosto em Kant e mostra que, com isso, ele teria descoberto a intersubjetividade não só estética, mas social e política – uma faculdade que Kant chamou de *sensus communis*.[1] Arendt dirá: podemos falar do *sensus communis* em termos de uma intersubjetividade que é a marca da pluralidade humana, ou seja: nós, como seres humanos, somos capazes desde sempre, e nunca vamos deixar de ser, de imaginar o ponto de vista do outro, o mundo tal como aparece ao outro – e de nos colocar no lugar de cada outro particular, no modo de sua participação nesse mundo comum. Essa capacidade Kant chamou de "mentalidade alargada",[2] termo que Arendt recupera.

A mentalidade alargada presente nos juízos estéticos – em que o sujeito tem de ser capaz, pela imaginação, de comparar as bases subjetivas do seu próprio juízo com as de qualquer outro sujeito, com o ponto de vista do mundo, isto é, da pluralidade humana – é essencial para o pensamento, é uma pré-condição do pensamento. Hannah Arendt dirá: isso reflete na questão do mal político, porque nessas grandes questões do mal que se manifestam hoje (no século XX, para ela, mas também no século XXI, para nós) no mundo é justamente isso que está em jogo: justamente a nossa capacidade de julgar eventos, situações e ações que não aconteceram antes (que são imprevistas e inauditas), às quais temos de dar uma resposta não do "meu" ponto de vista apenas,

---

1 As passagens decisivas de Kant sobre o *sensus communis*, que vale a pena ler para entender a interpretação de Arendt sobre o alcance político dos juízos reflexionantes kantianos, estão em Kant (1790/1995, § 40, "Do gosto como uma espécie de *sensus communis*", pp. 139-142).

2 Sobre a "mentalidade alargada", cf. Kant (1790/1995, § 40, p. 141).

mas do ponto de vista do mundo, de todas as pessoas potencialmente concernidas. É por isso que ela enxergou a "banalidade do mal" em Eichmann, o criminoso nazista: uma incapacidade de transcender o próprio ponto de vista, de ajuizar o significado de eventos particulares, de pensar e compreender a visão de mundo e de humanidade que os crimes nazistas manifestavam.

Agradeço a todos pela atenção, e especialmente à minha amiga Patrícia Rodella, pelo convite.

Referências

Arendt, H. (1993). *Lições sobre a filosofia política de Kant*. Relume-Dumará. (Trabalho original publicado em 1970)

Arendt, H. (1999). *Eichmann em Jerusalém: um relato sobre a banalidade do mal*. Cia. das Letras. (Trabalho original publicado em 1963)

Arendt, H. (2002). Pensamento e considerações morais. In H. Arendt, *A dignidade da política: ensaios e conferências*. Relume-Dumará. (Conferência proferida em 1971)

Arendt, H. (2004). *A condição humana*. Forense Universitária. (Trabalho original publicado em 1958)

Arendt, H. (2012). *Origens do totalitarismo*. Companhia das Letras. (Trabalho original publicado em 1951)

Kant, I. (1995). *Crítica da faculdade do juízo*. Forense Universitária. (Trabalho original publicado em 1790)

6. O perigo mora ao lado? Algumas reflexões sobre o tema do preconceito[1]

Silvia Maia Bracco

Em um artigo publicado na *Folha de S.Paulo*, Calligaris (2020) escreve sobre o livro *M, o filho do século*, 2020, de Antonio Scurati, que descreve a ascensão do fascismo sob a ótica de Mussolini. Entre outras coisas, ele nos aponta para o fato de que grande parte dos italianos, homens e mulheres comuns, aderiu ao movimento que faz parte de uma das faces mais obscuras da nossa história. Calligaris nos lança a seguinte pergunta: "Qual parte de mim teria sido conquistada pela fúria incessante desse horror? Quem é o fascista em mim?".

Eu acrescentaria mais um ponto nesse debate: *o que buscamos aniquilar em nós mesmos destruindo o outro?*

Hoje assistimos ao crescimento de um discurso de intolerância que justifica ações bárbaras, despedaçando o laço social que nos constitui como humanos. Viñar nos interroga sobre

1 Partes deste artigo estão publicadas com o título "Exílio na cidade: algumas reflexões" em *Revista Brasileira de Psicanálise*, 52(3), 239-250, 2018, e foram apresentadas com Ana Cristina de Araújo Cintra no 32º Congresso Latino-Americano de Psicanálise, Lima, 2018.

> *o horror do que o Homem faz ao homem . . . . Onde o outro humano não é o semelhante e sim o inimigo a ser destruído como uma praga ou uma enfermidade infecciosa, onde a meta é o extermínio. Que efeito tem na mente humana este despedaçamento da unidade da espécie, que funda os umbrais da identidade, tal como é concebido na antropologia e desde a psicanálise? (Viñar, 2005, p. 63)*

Temas complexos e sem respostas fáceis, contudo, é necessário se abrir para conversas difíceis, reconhecer lugares de privilégios raciais, sociais e de poder e, em contrapartida, trazer à luz os indivíduos que vivem às margens, massacrados pela violência nas suas mais diversas faces e sobretudo sofrendo os impactos e os efeitos da desigualdade, do preconceito, do racismo e das desfiliações sociais na própria subjetividade.

Cida Bento (2002), estudando as relações raciais no mundo do trabalho, fala de um pacto narcísico que implica a negação, o evitamento do problema com vistas à manutenção de privilégios raciais. O medo da perda de privilégios e da responsabilização pelas desigualdades raciais constitui o substrato psicológico que gera a projeção do branco sobre o negro, carregada de negatividade. Retomando as ideias de Edith Piza, Bento fala em uma espécie de buraco ético-moral, uma lacuna moral em que essas questões ficam invisibilizadas, fora dos discursos e das relações inter-raciais (Bento & DiAngelo, 2020). Essa questão também nos é útil para pensar como nos relacionamos com nossos privilégios em relação às populações marginalizadas.

No Brasil, não há política pública que não esteja pautada no enfrentamento e na desmedida. Assistimos, de modo geral, como meros espectadores à violência se espalhar como uma epidemia nada silenciosa, tendo como alvo populações excluídas, que ameaçam a nossa segurança e são vítimas de atos brutais praticados pela polícia ou pelo crime organizado. Os números são impactantes: um levantamento realizado recentemente pela Rede de Observatórios da Segurança[1] revela que a taxa geral de homicídios no Brasil é de 28/100 mil habitantes, e entre os homens negros de 19 a 24 anos esse número sobe para mais de 200/100 mil habitantes.

Todos os dias, números, histórias, massacres recheiam os noticiários e não nos afetamos com isso, tomados por uma espécie de apatia; esses corpos não se tornam passíveis de luto ou de luta pela nossa sociedade.

Em "O mal-estar na cultura" (1930/2020), Freud aponta duas finalidades primordiais da cultura: a proteção ao ser humano e a regulação dos vínculos. Essa não nos parece a tônica nos dias atuais. Nesses mais de noventa anos que se passaram, tivemos mudanças extremas e novas demandas sociais pelas quais somos convocados a um entendimento do que vem a ser o *mal-estar*. As desvinculações parecem ocupar o cerne deste momento. Nesse sentido, uma leitura mais contemporânea substituiria o indivíduo pela comunidade e, no lugar de falarmos do *mal-estar na cultura*, poderíamos falar do *mal-estar social*.

Como psicanalistas, o que poderemos propor diante desse cenário?

Ao longo dos últimos 25 anos, reflito sobre as contribuições que a psicanálise, aliada a outras formas de expressão e cuidado, oferece para trabalhar com o tipo de sofrimento a que estão expostas pessoas que vivem em condições de vulnerabilidade social. São muitos os relatos sobre experiências de maus-tratos, racismo, desamparo, violência, desenraizamento, marcadas por excessos de todos os tipos. Sabemos que a subjetividade se constrói na relação com o outro e com o mundo, nas palavras de Octave Mannoni (1994), "para saber quem somos, é preciso passar pelos outros: sei quem sou porque os outros sabem" (p. 186).

O abandono, o descaso, a exclusão são destinos não humanos e provocam marcas profundas no indivíduo. É uma ilusão acreditar que o sujeito pode alcançar estabilidade se não for amparado pelo ambiente

1 Cf. https://noticias.uol.com.br/ultimas-noticias/agencia-estado/2020/07/15/negros-sao-75-dos-mortos-pela-policia-no-brasil-aponta-relatorio.htm

e pelo campo cultural. A condição humana – nos ensina Arendt – só se define e é relevante se pertencemos a um mundo compartilhado por outros homens. Ela mostra como o totalitarismo e outras formas de exclusão da espécie humana destroem não só a esfera pública (jurídico-política), mas também o psiquismo na sua capacidade de pensamento e simbolização. Para Arendt (1958/2000), a humilhação pode se definir a partir da ideia de exclusão de um campo inter-humano. Nenhuma vida humana é possível sem um mundo que, direta ou indiretamente, testemunhe a presença de outros seres humanos.

O que observamos em situações nas quais as injustiças sociais predominam é que o sentimento de pertencer ao mundo parece abalado em sua constituição. O anseio de encontrar um lugar em um mundo compartilhado parece fraturado, prejudicando a constituição da própria identidade.

A violência econômica – a pobreza – nos remete a uma violência política. Gonçalves Filho (1995), apoiado nas ideias de Simone Weil, enfatiza que não há sofrimento proletário mais radical do que a humilhação, a matriz de todos os outros: a perda social do direito à cidade, a impossibilidade de ser reconhecido como um igual. É importante ter clareza do que está em jogo quando se fala de humilhação. O humilhado é bloqueado por muitos lados, mas sobretudo por dentro, com um afeto pungente e desorganizador gerando uma angústia que não pode ser nomeada.

Ele abre uma importante discussão quando fala que:

> *sofrimentos políticos não são enfrentados apenas psicologicamente, uma vez que são políticos. Mas não é bastante que sofrimentos políticos sejam politicamente enfrentados, uma vez que são sofrimentos. Digamos melhor: enfrentá-los politicamente inclui também enfrentá-los psicologicamente. A cura da humilhação social pede remédio por dois lados. Exige a participação no governo do trabalho e da cidade. Exige um trabalho interior, uma espécie de digestão, um trabalho*

> *que não é apenas pensar e não é solitário: é pensar sentindo e em companhia de alguém.* (Gonçalves Filho, 2004, p. 13)

Oferecer compreensão nomeando esses ingredientes indigestos gerados por humilhações cotidianas propicia uma mudança de posição. O sujeito pode sair do lugar da dor, da vergonha, da angústia e da invisibilidade e resistir – do latim *resistere*, manter-se em pé: ocupar lugar de fala e ressignificar experiências traumáticas que marcam a história de grande parte da população brasileira.

Para refletir sobre essas questões me apoio em uma situação ligada à condição de moradia da comunidade com a qual trabalho há muitos anos. O Ateliê Acaia, desde fins de 1997, se ocupa da população que mora em sua maioria em favelas no entorno do Ceagesp, que é o grande centro de abastecimento de frutas e verduras de São Paulo. São famílias vivendo em condições de alta vulnerabilidade social, pouco estruturadas, em que 75% das crianças têm pais, irmãos ou parentes próximos no sistema prisional ou ligados ao tráfico de drogas.

O trabalho diário com essas crianças, jovens e famílias sempre pediu tempo, paciência e a tarefa de nos colocarmos como aprendizes dessa realidade social. Estamos em contato permanente com rotinas de desamparo, violência doméstica, violência do Estado, que se apresentam na forma como a polícia entra nas favelas, aborda os moradores, ou como são recebidos em tantos lugares onde a mensagem explícita é de ameaça, e não pertencimento.

Que lugar é esse?

Os moradores dessas comunidades chegaram ali há mais de cinquenta anos, ocupando vagões de carga sobre um ramal ferroviário desativado. Nessa época, a Vila Leopoldina era um bairro essencialmente industrial e a especulação imobiliária dos dias atuais ainda nem era sonhada.

Aproximadamente 5 mil pessoas vivem no local em condições precárias. Entretanto, na vizinhança, também encontramos o Parque e o Shopping Villa Lobos e os bairros vizinhos, City Boaçava e Alto de Pinheiros.

Não se trata de um bairro proletário, estamos colados aos bens de consumo da classe alta, explicitando a desigualdade de forma brutal. O intenso desenvolvimento imobiliário da região faz com que a ameaça de remoção dos moradores seja permanente e coloca lado a lado com a favela construções de alto padrão, evidenciando o conflito de fronteiras de classe do nosso país.

Não há nada que te hostilize dessa maneira, estar colado em tudo que me é negado! Mais que as segregações feitas entre periferia/centro, a que observamos ali é muro/muro. De modo geral, a política urbana tem sido empurrar as populações faveladas para áreas periféricas da cidade.

Figura 6.1 Favela da Linha antes da obra de saneamento.

Fonte: acervo Ateliescola Acaia.

Figura 6.2 Favela da Linha com a obra de saneamento realizada.

Fonte: acervo Ateliescola Acaia.

Tomemos para reflexão um novo instrumento – o Projeto de Intervenção Urbana para a Vila Leopoldina, criado pela Prefeitura de São Paulo.[2] Embora procure ir contra essa política, seus efeitos iniciais já explicitam de modo claro a lógica de exclusão e preconceito que prevalece no sistema vigente. Sabemos que um processo de reurbanização e realocação de populações que vivem em favelas é altamente complexo e envolve múltiplos fatores sobre os quais não poderia me estender,

2 https://gestaourbana.prefeitura.sp.gov.br/projeto-de-intervencao-urbana-vila-leopoldina-villa-lobos.

contudo, tomo essa situação como um fragmento clínico, tentando compreender sentidos ocultos.

O projeto inclui, entre outras coisas, o reassentamento dos moradores das favelas num local próximo de sua atual localização, que fica no coração da Vila Leopoldina, em um terreno destinado à construção de moradia popular. Essas famílias, como já foi dito, estão há muitos anos na região e mantêm ali seus laços afetivos, sociais e de trabalho. Moradores que chegaram no bairro anos depois, atraídos pelo *boom* imobiliário, têm se organizado por meio de uma associação e se dizem contrários à possível nova/antiga vizinhança. Seus argumentos são discutíveis e revelam medo e preconceito em ter que dividir seu espaço com os moradores das favelas.

Individualmente, é muito provável que essas pessoas não sejam – ou pelo menos não se reconheçam assim – racistas e preconceituosas e, se questionadas, a maioria deve achar que a desigualdade, a miséria e a exclusão são alguns dos maiores problemas brasileiros. Somos capazes de reconhecer a existência do problema, mas não de ver que somos parte dele. Ninguém vai assumir com todas as letras que na prática as teorias não se sustentam ou se interrogar sobre o próprio preconceito. Sentem-se verdadeiramente ameaçados por esse "invasor", e se apoiam num imaginário de que os mantendo em seus guetos, "longe dali", estão salvos da violência e da própria miséria que é encarnada pelo outro.

Quando assumo que não quero esse vizinho compartilhando o mesmo espaço público que o meu, considerando que são cidadãos de segunda classe, o que está implícito nesse discurso? Não reconhecem que ali, onde há um outro, há um semelhante.

No trabalho "Passagem para a Vila Joanisa: uma introdução ao problema da humilhação social", Gonçalves Filho (1995) nos adverte: "O impedimento da humanidade, não a humanidade, é o que mete medo" (p. 123).

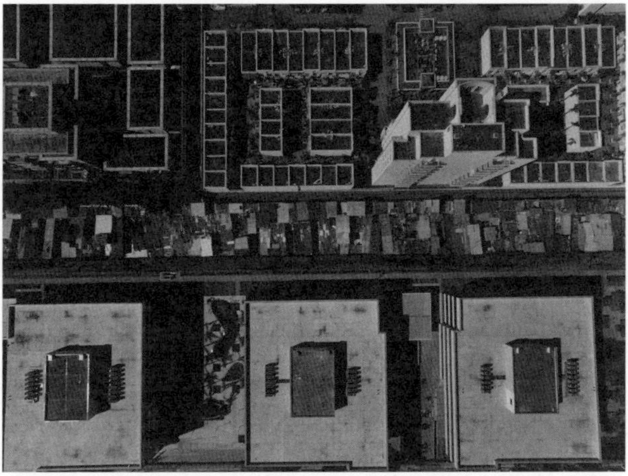

Figura 6.3 Foto aérea da Favela da Linha em meio a construções de alto padrão da região.

Fonte: acervo Ateliescola Acaia.

Figura 6.4 Favela vista da rua.

Fonte: acervo Ateliescola Acaia.

É mais fácil construir muros do que abrir portas

E são muitos os muros que nos separam, mas essas fotos ilustram de modo contundente o que a cidade recusa.

Por meio das imagens vemos que ali vive gente! Não é fácil enxergar humanidade num ambiente desorganizado, sem horizonte, onde a luz do sol chega timidamente pelas frestas de suas precárias habitações nos poucos metros da viela, hoje literalmente espremida entre os muros do poderio econômico da vizinhança e da violência provocada pelo tráfico, que tem o controle da favela.

Indo além, as fotos revelam um sintoma, melhor dizendo, um sintoma social, que pede escuta e sentido. Revelam o que deveria permanecer oculto, levantam o não dito, uma parte da história que recalcamos. No caso da disputa entre os moradores dos edifícios e os moradores da favela, há uma desqualificação dos favelados operada pelo imaginário social, que torna seu lugar invisível, dessubjetivante. São os sem nome, sem rosto, sem identidade, pertencentes a um grupo de miseráveis que ameaça a segurança da cidade, o *status quo*, os valores vigentes. Rosa (2016) coloca a seguinte questão: como proteger-se da angústia de ter que lidar com aqueles que encarnam um resto sobre o qual não se quer saber? A esse respeito, fala da existência de um

> *pacto de silêncio do grupo social, a que pertencemos e do qual usufruímos. Tal usufruto supõe insistir em manter uma posição de inocência e ignorância sobre as determinações da miséria do outro e de valer-se do discurso sobre igualdade entre os homens, quando, de fato, o que está posto é a sua exclusão. Excluir e ao mesmo tempo usufruir do gozo da posição imaginária de estar do lado do bem, da lei.* (p. 49)

É necessário compreender e dar nome para o que está em jogo, o que trabalha debaixo das superfícies dos discursos e das práticas. "A escuta só se torna possível se é rompido o pacto do grupo social que os exclui – fora disso não há escuta, mas relação de subordinação entre classes ou grupos socias" (p. 49).

Esse outro que eu não quero ver, que encarna o terror da dessubjetivação, também me lembra que eu mesmo posso ocupar este lugar, porta aquilo que não tolero em mim, algo que aparece reproduzido, mas radicalmente recusado, na inscrição da própria identidade. Pontalis (1988), retomando as ideias de Freud, nos ajuda a entender esse tema colocando que a angústia diante do estranho irrompe quando o outro é ao mesmo tempo parecido e diferente: "A imagem do semelhante, do duplo, é infinitamente mais perturbadora que a do outro" (p. 36).

Trabalhar no território da extrema pobreza implica construir narrativas sobre certos restos. A especificidade da escuta e do método psicanalítico pode oferecer contorno, nomear experiências, tecer narrativas, numa abertura para o singular.

Outros caminhos: inclusão, reparação e escuta

Figura 6.5 Oficina dos Sentimentos.

Fonte: acervo Ateliescola Acaia.

A Oficina dos Sentimentos é um dos ateliês que funcionam diariamente no Acaia. É um espaço de escuta onde crianças e jovens expressam, por meio do brincar e da conversa, suas dificuldades, conflitos e angústias, tentando também dar contorno aos excessos a que estão submetidas cotidianamente.

"Sua casa tem laje, tia?"

"Queria que minha casa tivesse um portão."

A desigualdade é escancarada nas falas das crianças ou em conteúdos comuns expressos num brincar repleto de corpos dilacerados, com traficantes cruéis em lutas sangrentas com policiais, ou simplesmente brincando de vendinha, onde a mercadoria é a droga vendida na biqueira, além das histórias de pais presos, dos relatos das visitas às cadeias, de adultos entorpecidos em relações sexuais que geralmente terminam em agressão.

Que mundo é esse que eu tento caber dentro de mim? Que afetos me desperta? Como isso poderia ser escutado por nós, psicanalistas?

Durante anos acompanhei incontáveis situações em que pude compreender o que vem a ser a falta de matrizes simbólicas, que lança o sujeito em um mundo com poucas referências, manifestando-se em comportamentos violentos ou apáticos dominados pela repetição, numa tentativa atomizada de encontrar sentidos.

O desafio de suportar intensas angústias, muitas vezes impensáveis, faz parte da prática de qualquer psicanalista. Entender como o ambiente, no seu caráter traumático, produz marcas na subjetividade e encontrar formas de se comunicar com esses elementos é o que eu considero o maior desafio no trabalho com crianças e jovens em situação de desigualdade social. A violência e a erotização são canais de expressão comuns, sem a metabolização e as transformações que o brincar e a palavra promovem em direção à integração desses elementos.

Cintra (2015) destaca que no brincar há uma violência necessária, como anteparo para a própria violência no enfrentamento dos excessos e do traumático, e cabe a nós a função de sustentar e traduzir esses elementos. Quando oferecemos espaços de expressão e escuta, é interessante observar os deslocamentos possíveis: quando esses afetos passam a ter um caráter de comunicação e, principalmente, quando isso é apoiado e suportado pelo outro, o ato deixa de ser apenas ato, é ato que comunica, ganha caráter simbólico e abre espaço para a palavra.

O trabalho psicanalítico esteve na fundação do Acaia e, hoje, a Oficina dos Sentimentos é mais um lugar de estar, junto a várias oficinas que funcionam na rotina do Acaia, onde desde 2017 também funciona uma escola experimental em tempo integral num programa que articula educação, saúde e cultura. Nos diversos ateliês, podemos observar as construções que os fazeres permitem. Construir para fora tem seu equivalente na construção interna. Fazeres que ocorrem dentro de um ambiente físico e principalmente humano podem oferecer a superfície adequada às necessidades de cada percurso. Pensar, principalmente em companhia de alguém, é sempre o que possibilita a elaboração psíquica: trata-se da utilização das ferramentas essenciais do método psicanalítico da maneira como se faz possível em cada lugar a que somos convocados (Cintra et al., 2019).

Figura 6.6 Membros do Coletivo XiloCeasa pintando um muro nos arredores do Acaia.

Fonte: acervo Ateliescola Acaia.

Encerro com essa foto emblemática de outro *muro* que busca romper sua função primeira de separar e trazer alguma luz para a cisão imposta pelas injustiças sociais. Meninos e meninas do Coletivo XiloCeasa, grupo formado por alunos e ex-alunos do Acaia, foram contratados para pintar o muro no local dos prováveis novos empreendimentos, e ali, infiltrados, tornam visíveis por meio da sua arte sentimentos de abandono, exclusão e luta. Quem por ali passa não sai ileso!

Apesar de saber que para atravessar as fronteiras da desigualdade muito tem de ser feito, sobretudo pelo poder público, penso que esse muro já carrega uma diferença fundamental, a marca humana.

Referências

Arendt, H. (2000). *A condição humana*. Forense Universitária. (Trabalho original publicado em 1958)

Bento, M. A. S. (2002). *Pactos narcísicos no racismo: branquitude e poder nas organizações empresariais e no poder público* [Tese de doutorado]. Instituto de Psicologia, Universidade de São Paulo.

Bento, M. A. S., & DiAngelo, R. (2020). O branco na luta antirracista: limites e possibilidades. Debate promovido pelo Instituto Ibirapitanga, com mediação de Thiago Amparo. *Uol* [canal no Youtube].

Calligaris, C. (2020, 28 out.). Temos que procurar em nós traços da herança que faz a força do neofascismo. *Folha de S.Paulo*.

Cintra, A. C. de A. (2015). *Ateliê Acaia e clínica extensa: uma perspectiva psicanalítica na construção de um projeto institucional* [Tese de doutorado]. Instituto de Psicologia, Universidade de São Paulo.

Cintra, A. C. de A. et al. (2019). *Ateliescola Acaia e o trabalho de Osorio Cesar: a arte e o fazer como ferramentas de expressão*. Artigo de circulação interna no Ateliescola Acaia.

Freud, S. (2020). O mal-estar na cultura. In S. Freud, *Obras incompletas de Sigmund Freud* (Cultura, Sociedade, Religião: o mal-estar na cultura e outros escritos). Autêntica. (Trabalho original publicado em 1930)

Gonçalves Filho, J. M. (1995). *Passagem para a Vila Joanisa: uma introdução ao problema da humilhação social* [Dissertação de mestrado]. Instituto de Psicologia, Universidade de São Paulo.

Gonçalves Filho, J. M. (2004). A invisibilidade pública (prefácio). In F. B. da Costa, *Homens invisíveis – relatos de uma humilhação social*. Globo.

Mannoni, O. (1994). A desidentificação. In *As identificações na clínica e na teoria psicanalítica*. Relume Dumará.

Pontalis, J.-B. (1988). *Perder de vista: da fantasia de recuperação do objeto perdido*. Jorge Zahar.

Rosa, M. D. (2016). *A clínica psicanalítica em face da dimensão sociopolítica do sofrimento*. Escuta.

Viñar, M. (2005). Especificidade da tortura como trauma: o deserto humano quando as palavras se extinguem. *Revista Brasileira de Psicanálise, 39*(1), 59-74.

PARTE II

O estrangeiro como conceito-limite entre o político e o psicanalítico

7. Apresentação – Documentário *A linguagem do coração*

Silvana Mara Lopes Andrade

A psicanálise, desde a sua criação por Sigmund Freud, tem desenvolvido seus estudos e trabalhado com a finalidade de ajudar o ser humano a desenvolver uma condição de hospitalidade e transformação dos conflitos subjetivos inerentes à natureza humana, bem como dos conflitos que emergem de eventos catastróficos ou gerados por cenários políticos e sociais traumáticos. Compreendendo que o psicanalista tem a responsabilidade social de semear condições propícias para a continência, a integração e a transformação dos nós oriundos dos conflitos sociais e políticos contemporâneos, a comissão cultural da V Bienal de Psicanálise e Cultura propôs uma exibição especial do documentário *A linguagem do coração* (2016), com roteiro e direção de Silvana Nuti, seguida de uma conversa com a cineasta como um espaço para explorar e refletir sobre o tema "O estrangeiro como conceito-limite entre o político e o psicanalítico".

Silvana Nuti, jornalista e cineasta, acumulou em sua trajetória ricas experiências nas relações humanas e políticas. Trabalhou como repórter e editora na *Folha de S.Paulo*, entre outros veículos de circulação nacional. Em sua estada na Europa, colaborou como roteirista para emissoras de TV em Roma e para o programa *Eurotrash* em

Paris. Posteriormente, em Nova York, especializou-se em roteiro na universidade The New School. De volta ao Brasil, aprofundou-se no movimento do neorrealismo no audiovisual, estudando com o crítico de cinema italiano Enrico Giacovelli e o curador de arte Gabriel Bogossian sobre o cinema e a arte de Pier Paolo Pasolini. Dirigiu curtas de ficção e documentários, entre eles *A linguagem do coração*, exibido em salas de centros culturais, como o Museu da Imagem e do Som (MIS), e em mostras nacionais e internacionais promovidas pela Agência da ONU para Refugiados (ANCUR) no Brasil, entre outras. Em 2020, esse documentário teve seu roteiro premiado pelo edital da Secretaria da Cultura do Estado de São Paulo, Lei Aldir Blanc.

A linguagem do coração mostra que, desde o início da guerra na Síria, o Brasil recebeu mais sírios do que os países europeus na rota dos refugiados. O estado de São Paulo liderava o ranking de pedidos de refúgio no país, sendo a maioria da Síria, Angola, Nigéria e Congo. O documentário retrata a nova vida dos refugiados que chegavam ao Brasil enquanto o país enfrentava uma de suas piores crises político-econômicas.

O olhar sensível e politicamente comprometido de Silvana Nuti nos aproxima do sofrimento vivenciado pelos refugiados diante das misérias humanas, das desigualdades e das injustiças sociais que os compeliram a deixar suas pátrias, suas famílias e suas culturas – incluindo suas línguas maternas – em busca de um lugar sem grandes desastres naturais, com menor probabilidade de guerra e autoritarismo e com menos discriminação. Escolheram o Brasil, um lugar onde acreditavam que poderiam viver sem medo de ter voz.

A linguagem do coração faz pulsar as íntimas e intrincadas relações que os refugiados tecem com a nova cultura, com o novo lugar – ou com o não lugar – e consigo mesmos, tornando visível o profundo impacto e o singular significado que a mudança e o afrouxamento – ou mesmo a quebra – de suas raízes provocam na vida dessas pessoas.

Personagens reais apresentam seus depoimentos em linguagem simples e tocante, porém potente o suficiente para nos tirar da acomodação do conhecido, facilitando emergir o estrangeiro ou o estranho que também nos habita. Impactados, participamos de suas experiências e conflitos, vivenciamos os desafios imensuráveis por eles enfrentados e testemunhamos a força para a vida em ação dentro de cada um.

O professor de História e Cultura Africana Omana Petench é o fio condutor do documentário. Silvana Nuti nos contou que ele foi um ativista que lutava em defesa de mulheres e crianças que sofriam violência em sua cidade natal, Kinshasa, na República Democrática do Congo. Em 2013, rebeldes invadiram sua casa e o levaram para ser executado junto com outros manifestantes. Omana foi baleado, mas conseguiu sobreviver e fugir para o Brasil. Apenas três anos depois sua família conseguiu vir ao seu encontro. Ao preparar o roteiro para o filme, Silvana conheceu Omana e toda a sua família, eles tornaram-se amigos e ela pôde acompanhá-los em sua jornada de vida em São Paulo até 2019, quando Omana faleceu por problemas no fígado, depois de muita luta para sobreviver.

O percurso que trilhamos com os refugiados e a conversa com Silvana Nuti emitiram novas luzes para refletirmos sobre as condições de pensar do ser humano, sua capacidade de agregar e estabelecer laços íntimos e verdadeiros consigo e com o outro na sua constante busca de melhores condições de vida. A experiência facilitou o rompimento de barreiras, instaurando um ambiente favorável para ampliarmos o olhar e percorrermos novos espaços geográficos internos e ao nosso entorno. Pudemos olhar para a agressividade e a violência, sempre à espreita no ser humano, e refletir sobre o que o estrangeiro provoca a partir da perspectiva do inquietante, do mal-estar, dos fenômenos de segregação e racismo, dentre tantos outros. Refletimos sobre nossas relações com o outro e com o outro de nós mesmos, e não pudemos evitar lembrar os ensinamentos de Freud.

Sigmund Freud, um estrangeiro na Viena do século XIX, conhecedor dessa condição, abordou esse tema por vários vértices em seus escritos. Freud (1919/2010) nos fez perceber que o conceito de estrangeiro em psicanálise condiz com o retorno do recalcado, embora ele também se emaranhe e se entrelace com o outro, com aquele que não é eu, mas habita em mim. O estrangeiro nunca nos deixa indiferentes, ele nos provoca e nos instiga, tanto é que o tema continua a ser investigado e expandido ao longo dos estudos da psicanálise.

Considerando que a psicanálise está em permanente interação com outras ciências humanas, nos debruçarmos sobre o tema do estrangeiro nos propiciou mais uma importante fresta para pensarmos a psicanálise em interação viva com o nosso mundo, bem como para pensarmos a importância da nossa participação, como seres humanos, na construção de uma nova história das relações humanas, com abrigo para o estrangeiro que vem de fora, bem como para o familiar estrangeiro que habita o interior de cada um de nós.

Figura 7.1 Documentário *A linguagem do coração.*

Crédito: Fred Nuti.

Figura 7.2 Documentário *A linguagem do coração*.

Crédito: Fred Nuti.

Referências

Freud, S. (2010). O inquietante. In S. Freud, *Obras completas* (Vol. 14, pp. 329-376). Companhia das Letras. (Trabalho original publicado em 1919)

Nuti, S. (Diretora). (2016). *A linguagem do coração* [Documentário média-metragem]. Sol Filmes, Atomica Filmes.

8. A xenofobia, o estrangeiro e o *Unheimliche*: elucidações entre o político e o psicanalítico

Diego Amaral Penha

Miriam Debieux Rosa

Este capítulo apresenta reflexões acerca da imagem do estrangeiro enquanto conceito-limite entre o político e o psicanalítico. Esse tópico está às voltas com algo urgente à psicanálise: a constatação de que as mais variadas ideologias de extrema direita que se manifestaram ao redor do mundo no século XX parecem centrar suas premissas em cinco pontos, como apontou Cas Mudde (2000): "nacionalismo, racismo, xenofobia, antidemocracia e Estado forte" (p. 17).

As categorias fascismo, neofascismo, liberalismo, neoliberalismo, conservadorismo, por exemplo, devem ser levadas em consideração conforme a singularidade de um determinado caso de manifestações ideológicas de extrema direita, ressalta o autor. A presença da xenofobia tem se mostrado um dos principais fenômenos de tal política, o que aponta para a importância das considerações psicanalíticas em torno da concepção de estrangeiro e incômodo.

No livro *Psicologia de massas do fascismo*, Wilhelm Reich (1933/1988) apresentou uma interessante hipótese sobre os fenômenos políticos e sociais com o intuito de explicar que o fascismo não pode ser compreendido como um fenômeno local ou nacional; pelo contrário, "o fascismo é um fenômeno internacional que permeia todos os corpos da sociedade humana de todas as nações" (p. 12). Tal hipótese retomava Sigmund Freud em *Psicologia das massas e análise do eu*, a já clássica constatação inicial de que "A oposição entre psicologia individual e psicologia social ou de massas, que à primeira vista pode nos parecer muito significativa, perde muito de sua nitidez ao ser a examinada mais a fundo" (Freud, 1921/2016, p. 35).

Ao abordar o fascismo enquanto fenômeno social e político que é, Reich já parte da convicção de que é possível encontrar processos e instâncias inconscientes e conscientes na estrutura psíquica de qualquer sujeito que correspondam aos processos e às instâncias de funcionamento dos fenômenos sociais. As dimensões política e subjetiva articuladas pelo *Unheimliche* podem nos elucidar a criação da imagem do estrangeiro como inimigo político.

A criação da imagem do estrangeiro como inimigo político

Em outro artigo (Rosa, Penha & Ferreira, 2018), tivemos a oportunidade de argumentar, com base em Reich, que o fenômeno da intolerância surge de um engessamento da imagem do "outro", transformando-o em uma ameaça à liberdade ou à solidez dos discursos em que me ancoro. O fascismo opera uma manipulação que faz uso do desamparo que nos funda enquanto sujeitos, transformando-o em medo da alteridade, isto é, elege um estrangeiro enquanto inimigo abjeto. É nesse sentido que postulamos a xenofobia enquanto fenômeno político referido a um mecanismo psíquico inconsciente que lhe sustenta, sem se equivaler totalmente com aquela. Freud denominou esse mecanismo "incômodo" [*Unheimliche*].

O discurso segregatório aporta na figura do estrangeiro, entre eles o imigrante, o outro sempre suspeito, que quer nos invadir, introduzir-se em nosso interior, usufruir-nos, tornar-nos culpados, provocar-nos a vergonha, a dúvida, afirma Koltai (1999, p. 37). Será o estranho que ameaça a nossa prévia segurança, um incômodo constante que desestabiliza o conforto do comodismo. Segundo a autora, o estrangeiro é esse representante de um gozo que, em vez de fascinar, amedronta, como algo desagradável e que merece estar distante – para isso se deprecia, fragiliza e não tolera o outro, o sujeito do gozo, o diferente; evita-se o gozo do outro afastando-o, desqualificando-o. Aqui falamos de ameaça e medo, a parte fóbica da xenofobia, mas poderíamos estar falando de angústia, que é, como nos indicou Freud, uma modalidade de "medo" (*Angst*) (Penha, 2021).

Aqui destacamos a importância da criação de inimigos externos na sustentação de qualquer autoritarismo, mas principalmente no contexto da extrema direita tal como conhecemos (Rosa, Penha & Alencar, 2019). Mesmo nos casos nos quais os inimigos teoricamente viriam de dentro, por exemplo, no caso da *Shoah*, a narrativa ideológica construiu o povo judeu como uma população invasora, como também era considerado o povo cigano em Roma. O medo de ideologias ou de crenças invasoras presente na xenofobia é um afeto político central para a construção do sentimento de unidade de um povo/massa. O que está em jogo é uma estratégia basal psicológica e política de polarizar oposições. "Nós" afirmamos nossa superioridade por meio de nossa identificação com determinados ideias de beleza ou virtude, enquanto os "outros" são automaticamente depositários de categorias opostas.

As fantasias de oposição que Freud encontrava no narcisismo primário de seus pacientes, sob a forma de uma espécie de rivalidade entre irmãos e colegas, de certa forma também estão presentes na humanidade enquanto aspectos sociopolíticos fundamentais da história dos povos. Segundo Freud (1921/2016), "Nas antipatias e aversões francas por estranhos próximos podemos reconhecer a expressão de um amor-próprio, de um narcisismo" (p. 94). Isso é romper com o reino do racionalismo que é instituído na modernidade, ao demonstrar que o outro é estrangeiro e íntimo ao mesmo tempo – o estrangeiro é o estranho que nos habita e do qual pouco sabemos, é o nosso inconsciente.

O homem é impelido por algo que lhe é estrangeiro, que não é integrado em si mesmo, e no interior de seu aparelho psíquico vive, com inquietação, o sofrimento daquilo que lhe é estrangeiro.

Essa característica acentua-se e é fundamental para a construção da imagem do estrangeiro, o imigrante, entre outros que incomodam, imagem que se constrói na dobra entre o político e o psíquico, de modo que no encontro entre o eu e o outro comparecem efeitos xenófobos e angustiantes que atravessam a possibilidade de endereçamento e de escuta.

Unheimliche: *o incômodo diante da diferença e da alteridade*

Nesse contexto, faz-se necessário traçar, a partir da noção de estrangeiro, a concepção de diferença e alteridade na constituição e na destituição subjetivas, estabelecendo um recorte teórico sobre os limites, as fronteiras e os *fronts* entre áreas de conhecimento, políticas e ideologias.

Caterina Koltai (1999) explorou as conexões conceituais e práticas das noções de *Unheimliche* e *Fremdem* na obra freudiana. Ela aponta a distinção entre *Der Fremde* e *Ausslander*, o primeiro remetendo ao uso coloquial da ideia de estrangeiro, enquanto o segundo, pouco utilizado por Freud, remete ao uso culto e legal da mesma ideia. A autora nos faz notar que o material patogênico dos sintomas histéricos foi por diversas vezes definido como "corpos estranhos/estrangeiros" no psiquismo.

O papel do estrangeiro no inconsciente vai se tornando cada vez mais importante para a sustentação com as observações clínicas e as formulações teóricas acerca do conceito de *eu*, como aponta Koltai. Há em Freud uma clara oposição entre o que é eu-sujeito-prazer e o que é desprazer-hostilidade-estrangeiro, tanto em seus textos mais metapsicológicos quanto, e principalmente, em textos como "O mal-estar na civilização" e *Psicologia das massas e análise do eu*.

Em suma, Koltai apresenta como a verdadeira grande descoberta de Freud justamente a afirmação de que o humano é impelido por algo que lhe é estrangeiro, algo cindido em si mesmo, pois é em seu próprio aparelho psíquico que vive com incômodo, um sofrimento que lhe é estrangeiro.

Freud demonstrou e utilizou o sentido antitético das palavras em seu famoso mergulho filológico na etimologia da palavra alemã *Unheimliche*, traduzida para o português como "estranho" (1919/1996), "inquietante" (1919/2010), "infamiliar" (1919/2019) ou "incômodo" (1919/2021), mas também referida como "sinistro" por psicanalistas que tiveram alguma influência das traduções de Freud para o espanhol.

A palavra alemã *Unheimliche* é comumente utilizada para significar algo que em português poderíamos nomear como estranho, inquietante, infamiliar e sinistro, mas também se relaciona ao que é terrível, assustador, angustiante, incômodo, espectral, apavorante, horrível, insólito, demoníaco e oculto. O interessante, apontou Freud, é que a palavra antônima de *unheimlich*, *heimlich*, que comumente designa algo familiar, doméstico, autóctone ou nativo, também pode significar o seu oposto. Ao pesquisar a etimologia dessas palavras em outras línguas, dicionários de alemão e na literatura, Freud (1919/2021) constatou:

> *Lembremos, de modo geral, que esta palavra heimlich não é inequívoca, pertencendo a dois campos representacionais que, mesmo sem serem opostos, são bastante alheios um ao outro: o campo do familiar, do agradável, e o campo daquilo que é mantido escondido, dissimulado. Unheimlich é usual apenas como antônimo do primeiro significado, não do segundo. (p. 58)*

Freud demonstra como a palavra *heimlich* está relacionada a uma ambiguidade de significação, podendo coincidir com seu oposto, enquanto *unheimlich* é, de certa maneira, um tipo de *heimlich* específico:

"Incômodo é tudo aquilo que deveria permanecer um segredo, dissimulado, e veio à tona" (p. 59). Isso, como resultado de sua investigação filológica das palavras, é a pedra fundamental de seu argumento de que o sentimento de estranheza, o incômodo é um tipo de "aterrador" (*Schreckhaften*), que se refere ao que é há muito conhecido, digno da alcunha de "familiar" (p. 46). O método freudiano de lidar com a polissemia e a etimologia da palavra *unheimlich* é exemplar aqui, pois, como qualquer leitor pode identificar na leitura do ensaio escrito por Freud, a verdadeira dificuldade está em como abordar um fenômeno tanto comum quanto insólito; que, quanto mais se tenta defini-lo, mais complexa sua definição se torna.

Freud estava tentando explicitar um fenômeno relacionado ao sentimento incômodo produzido por determinadas situações cotidianas e pela literatura de horror, por exemplo. Trata-se da circunstância na qual acontecimentos sinistros e insólitos acabam gerando um estado de estranheza, deixando-nos profundamente incomodados com algo que na maioria das vezes é difícil de definir. Para tanto, se dedicou à investigação etimológica das palavras antônimas *unheimlich* e *heimlich*, comparando os verbetes desses termos em dicionários alemães e cotejando-os com termos equivalentes de outras línguas. Esse recurso à etimologia foi importante nessa situação, uma vez que Freud pôde definir que o termo *unheimlich* é utilizado para abarcar a designação daquilo que é "incômodo", "estranho", "sinistro" e "insólito", podendo inclusive se direcionar às ideias de "espectral", "demoníaco" e "oculto". Porém, ao se retirar o prefixo *un*, temos a palavra *heimlich*, que é, a princípio, utilizada para se referir às ideias opostas a *unheimlich*, como "cômodo", "familiar" e "doméstico".

Entretanto, Freud comentou que a polissemia da palavra *heimlich* invade o sentido de *unheimlich*, fazendo que os termos, em uma determinada intersecção, deixem de ser antagônicos. O sentido de "familiar" presente em *heimlich* é uma oposição àquilo que é "estrangeiro", mas quanto mais *heimlich* se direciona para um sentido de introversão e encerramento dentro do seio familiar, mais ela também contempla a ideia de "guardado", "protegido", "escondido" e "dissimulado".

Nesse sentido, a polissemia de *unheimlich*, que inclui a ideia de "oculto", faz com que ela deixe de fazer oposição a *heimlich*. É por isso que tradução de *Unheimliche* por "incômodo", proposta por Paulo Sérgio de Souza Jr., é interessante, uma vez que contempla a relação contrastante do "incômodo" enquanto "não cômodo", porém não perde essa polissemia da intersecção, na qual o "incômodo" também é algo que está reservado "dentro do cômodo". Mais ainda, flerta com a ideia que temos em português de se estar "incomodado com algo", ao ponto de beirar o sentimento de revolta e a intolerância com algo ou alguém.

Os desdobramentos sociais e políticos da atualidade nos indicam um momento histórico de perigo em que estamos sobressaltados por um "incômodo". A palavra "incômodo" remete a um sentimento de que há algo fora de lugar, estrangeiro à situação. Faz também uma alusão importante ao aspecto *sigiloso*, guardado dentro (*in*-cômodo), como aquilo que, de tanto se fazer segredo e esconder, tornou-se algo que incomoda e perturba o silêncio.

O incômodo freudiano é exatamente o retorno daquilo que deveria ter ficado reprimido, mas retornou. Também é estratégia política para designar o outro, inimigo civilizatório, categorizado como bárbaro ou monstruoso.

A civilização e a criação histórica do bárbaro e do monstro

Devemos lembrar que em algumas pólis da Grécia clássica era possível a um bárbaro "civilizar-se" por meio do aprendizado da língua, dos costumes e da religião, afirma Koltai (1999). Em cidades como Atenas, dava-se o título de Meteco aos estrangeiros que se tornavam parte da sociedade grega, apesar de ainda excluídos da política, assim como os escravizados, as crianças e as mulheres.

O próprio termo "bárbaro" parece encontrar uma origem associada à figura do estrangeiro. Souza Jr. (2017) apontou que, provavelmente, o termo "barbaroi" surgiu na Grécia por volta de 5 a.C., para definir aqueles que não falavam a língua grega e que em contrapartida "barbarejam" seus guturais "*bar, bar, bar*...". Na *Ilíada*, Homero se refere àqueles que não falam grego como literalmente *barbaraphonoi*.

É interessante pensar na relação entre a origem do termo "bárbaro" com, por exemplo, o fenômeno histórico-geográfico grego da criação fantasiosa da raça bestial chamada *Kynokephaloi*, os homens-cão, citados por Ctésias de Cnido, um "indianista" envolto em diversas controvérsias e mistérios que realizou o que podemos, de maneira leviana e anacrônica, chamar de etnografia e geografia. Seus escritos buscavam descrever os territórios que ficaram conhecidos como Índia, além dos povos que os habitavam e sua cultura.

Do que se sabe, Ctésias foi um médico grego que serviu ao rei persa Artaxerxes II em meados do século IV a.C. Suas impressões sobre o Leste foram organizadas em uma obra chamada *Indica*, que foi preservada de maneira fragmentada por Fócio de Constantinopla em sua obra *Biblioteca*. Muito se especulou se Ctésias chegou a alguma vez realizar as viagens que narrou, já que inclusive seus conterrâneos e contemporâneos duvidavam de suas façanhas. Como afirmou Friedman (2000), provavelmente o grego baseou sua obra em relatos que ouviu de mercadores e viajantes persas. O importante nesse caso é frisar a enorme influência que os relatos de Ctésias exerceram sobre seus contemporâneos e seus sucessores.

Diferentemente de Homero, por exemplo, Ctésias descreveu mais do que monstros fantásticos relacionados a uma espécie de dimensão mágica ou divina da realidade. Em seu tratado revisionista sobre a história da Índia, o grego narrou a respeito dos homens-cão, os *Kynokephaloi*:

> *Nas montanhas vivem homens que têm a cabeça de um cão: eles vestem peles de animais selvagens como roupas e*

> *não falam nenhum idioma, mas latem como cães, e dessa maneira entendem a fala uns dos outros. Têm dentes maiores que os de um cão e unhas como as de um cão, porém maiores e mais arredondadas... Compreendem a fala dos indianos, mas não conseguem responder a eles; em vez disso, latem e fazem sinais com as mãos e os dedos, como fazem os mudos. (citado por Romm, 1996, p. 133)*

Autores como Friedman (2000) indicam que provavelmente esse relato esteja descrevendo famílias de babuínos avistadas pela primeira vez por olhos gregos; entretanto, como aponta Wittkower (1942), séculos depois da expansão alexandrina para o Oriente, ainda era possível encontrar os homens-cão nos catálogos "etnográficos" medievais sobre viagens para a Índia. Isto é, mesmo depois de anos de contato entre o povo europeu e o povo indiano, ainda surgiam relatos nos quais os homens-cão eram encontrados. É bastante pertinente tentar articular a presença da concepção de bárbaros enquanto aqueles que "barbarejam" e da afirmação de que a língua dos homens-cão soava como latidos aos ouvidos gregos. O que vemos aí é a possibilidade de monstrualizar a língua e os povos estrangeiros, de maneira que eles sirvam aos objetivos de fascinar e horrorizar.

As raças monstruosas estrangeiras criadas pelos gregos sobreviveram até o tempo de Plínio, o Velho, que as pôde compilar no ano de 77 em um compêndio chamado *História natural*, no qual catalogou a maior parte daquelas que haviam perdurado no imaginário europeu durante os séculos. Tal catalogação incluía relatos e descrições, bem como representações em imagem dos portentos. Plínio retirou seu conteúdo de autores gregos como Homero e Ctésias de Cnido. Em sua compilação, Plínio apresenta e descreve cerca de quarenta tipos diferentes de raças monstruosas. A função do catálogo é organizar o que se conhecia sobre as civilizações vizinhas, seus costumes, suas vantagens e desvantagens. Mapear o mundo geográfica e socialmente. Mas a presença de ciclopes e outros monstros mitológicos carrega tal catálogo de certa ironia aos nossos olhos. Górgonas, centauros e ciclopes nós temos certeza de que apenas habitavam os reinos da fantasia.

Diferentemente de seus sucessores, Homero descreveu na *Odisseia* seus monstros dentro de poemas épicos, sendo a jornada de Odisseu a sua principal narrativa envolvendo a ideia de "raças monstruosas". Há uma distinção possível nesse caso entre monstros e raças monstruosas, já que, de um lado, teríamos esses monstros que não constituem um grupo ou comunidade (como Cila, Caríbdis, Cérbero e Górgona) e, do outro, teríamos ciclopes, harpias, lotófagos, sereias e lestrigões.

Para o nosso argumento, a importância aqui está em atestar que, antes de Ctésias, Megástenes e Plínio, já existia de forma bastante desenvolvida, pelos menos no texto homérico (por volta do século VIII a.C.), a dimensão de povos ou raças "inumanos" ou "monstruosos". Entretanto, tanto monstros quanto raças monstruosas tinham uma função bastante específica em termos geográficos para gregos como Ctésias: eles representavam os limites físicos do mundo humano, portanto, fronteiras. Basta olhar para um mapa-múndi da antiguidade para lá encontrarmos os monstros que guardavam os limites do mundo.

É importante ressaltar aqui que a abordagem antiga, clássica e helenística de tais "raças" difere da sua concepção medieval. Se havia uma espécie de interesse "etnográfico" em descrever as maravilhas do Leste, na Idade Média a manutenção de tal iconografia as deslocou para uma espécie de exemplo da degeneração ou da queda do estado de graça de uma população ou raça.

A questão é que as confusões ou a falta de conhecimento dos gregos e de Plínio não justifica a permanência de tais raças em tratados sobre história e geografia e, posteriormente, zoologia até o período que conhecemos como Renascença (séculos XIV a XVI) (Wittkower, 1942). Isso significa que muitos desses monstros ainda eram considerados habitantes reais de terras distantes. Mais ainda, eles eram a prova viva da preferência divina pelos povos escolhidos. O raciocínio era mais ou menos assim: *se eu e meu povo não somos monstruosos, então somos mais próximos da perfeição divina; logo, Deus nos escolheu à sua imagem e semelhança.*

A "monstrualização" do outro enquanto estratégia política foi massivamente utilizada durante o que compreendemos como período da Idade Média. Sua função era servir como instrumento de difusão do medo e do controle. Da demonização de turcos, judeus, mulheres, islâmicos e negros reconhecemos os ecos até o presente, fazendo com que uma apreensão da categoria "monstro" nesse período seja fundamental para a compreensão de fenômenos como a xenofobia, o ódio, a colonização, entre outros. Entretanto, a descrição dos outros enquanto monstros não surge na Idade Média. Na realidade, se retomarmos as fontes utilizadas para sustentar a existência de raças monstruosas, é possível reconhecer a sobrevivência fantasmagórica dessas imagens por mais de 1,5 mil anos enquanto referências etnográficas e, principalmente, morais.

Mas, no campo antropológico das imagens, aos "monstros" não há nenhuma possibilidade de inclusão, pois o que está em jogo é uma estratégia basal psicológica e política de polarizar oposições. "Nós" afirmamos nossa superioridade através de nossa identificação com determinados ideias de beleza ou virtude, enquanto os "outros" são automaticamente depositários de categorias opostas. O monstro é o exemplo daquele que não é à imagem e semelhança de Deus (como somos "nós"), tornando-se então o índice do amor divino por determinado povo. A "monstruosidade" é uma designação mais conceitual do que uma atestação de realidade. Denominar alguma coisa como "monstruosa" é convocá-la como narradora da gênese da diferença. É o ancestral discursivo do que hoje consideramos como "anormal".

O estrangeiro: a alteridade e as raças monstruosas

Uma forma histórica de definir um estrangeiro, que sempre serviu como parte de um sistema básico de alteridade, é separar o conceito de "eu", como grupo social, étnico, político ou religioso, do conceito de "outro", como representante de oposição (Koudounaris, 2016). Ao serem designados como monstros, aqueles que professam outros credos, falam outras línguas ou respondem por outras lógicas de poder de fato acabam por ser associados a essa figura estrangeira e incômoda. São presenças que caracterizam a alteridade e que sinalizam o mal-estar social, sem o qual não há transformação, apenas manutenção social e política do *status quo*.

Se recorrermos ao latim *monstrum*, encontramos a designação de algo, alguém ou um evento considerado não natural, horrível ou ímpio, bem como um presságio, portento, prodígio ou sinal. Já sua flexão em *mōnstrō* ou *mōnstrāre* define as ideias de salientar, mostrar, apontar, revelar, indicar, fazer conhecido, marcar, dar exemplo e instruir (Oxford Latin Dictionary, 1968). Durante a Idade Média e a Renascença, remetendo à ideia de "demonstrar" ou simplesmente "mostrar", a presença imagética do monstro ganhou estatuto de aviso, um sinal de insatisfação, fúria ou vontade divina (Huet, 2000).

Apontamos o uso político da classificação do inimigo como bárbaro, monstruoso e aquele fora da civilização, bases da construção de *fronts*, xenofobia, segregação e políticas fascistas. Como dito anteriormente, a presença da xenofobia tem se mostrado um dos principais fenômenos de tais políticas, o que aponta para a importância das considerações psicanalíticas em torno das concepções de estrangeiro e incômodo. Abordar a condição de estrangeiro, alerta Koltai (1999), implica refletir sobre a nossa capacidade de aceitar novas formas de alteridade, desafio presente nas práticas psicanalíticas em tempos de políticas segregatórias.

A experiência analítica e a outra cena na escuta do imigrante

O encontro com o imigrante, entre outros que incomodam, produz uma tensão sobre limites, fronteiras e *fronts*, nos quais se insere a psicanálise, principalmente quando implicada entre as áreas de conhecimento, políticas e ideologias.

A *experiência analítica* incita o encontro com o incômodo de Freud, ou o êxtimo, termo criado por Lacan que indica aquilo que, sendo o mais íntimo, interior e singular, é algo que está fora, no exterior. Em *A instância da letra no inconsciente ou a razão desde Freud* (1998), ele pergunta: "O que assim pensa em meu lugar será, pois, um outro eu?" (p. 527). E, apontando "uma excentricidade radical de si em si mesmo com que o homem é", indaga: "Qual é, pois, esse outro a quem sou mais apegado do que a mim, já que, no seio mais consentido de minha identidade comigo mesmo, é ele que me agita?" (p. 528). Assim, a experiência analítica propicia justamente um duplo (des)encontro. Visa, segundo Carignato, Rosa e Berta (2006), à aventura de exilar-se de si, de inventar-se outro, de voltar-se não idêntico.

O trabalho realizado pelo Grupo Veredas: Imigração e Psicanálise, do Instituto de Psicologia da Universidade de São Paulo (IPUSP), composto por analistas tocados pelo inconsciente enquanto "o outro em mim", constrói uma clínica migrante, que peregrina pelas veredas das histórias, articulando "redes transferenciais" (Seincman, 2019) entre culturas e entre imigrantes. Isso não significa que sejam fáceis de se estabelecer, uma vez que o estranhamento de si pode levar ao estranhamento do outro semelhante.

Os imigrantes por vezes não reconhecem uns aos outros como parceiros em uma rede, pois "funcionam como espelhos da sua própria estranheza, do desamparo, e das misérias que acabam sendo atribuídas ao outro" (Rosa, Carignato & Berta, 2007). Não será a imigração, mas os acontecimentos violentos, discursivos e/ou reais vividos no processo de imigração e/ou na nova terra que promovem o desenraizamento e/ou as desorganizações psíquicas momentâneas. No Veredas percebe-se que, diante das violências vividas, ao resgatar um mínimo de segurança, recai sobre o sujeito a tristeza, luto difícil pelas perdas da família, da língua materna e da familiaridade cultural e social. Também, de modo agudo, comparecem a culpa e a vergonha por se salvar, enquanto a família e a sua comunidade ficam em perigo.

Nesses casos, as cenas do sujeito se misturam com as cenas da política e a escuta psicanalítica tem dois obstáculos, pelo menos: a dificuldade da construção de uma narrativa e a falta de disposição à escuta das violências e violações – ninguém quer saber, escutar o fracasso civilizatório. Não dizemos aqui da fascinação diante do espetáculo da violência, mas do que foi vivido, ou seja, há resistência na escuta, inclusive do analista. Soma-se a esse impasse um outro – o sujeito não seria apenas testemunha do fracasso civilizatório, mas parte dele. Ou seja, a cena violenta recai sobre o sujeito como a verdade última sobre ele, cena onde o par agressor e vítima faz uma unidade violenta, de modo a colar-se também na imagem da vítima da violência. Nessa configuração a escuta e a solidariedade não comparecem.

Devidamente prevenido sobre essa armadilha, o psicanalista retoma aquilo que faz parte da escuta clínica: trabalhar para abrir para a outra cena, com duas faces – a cena que permite situar o ponto possível de articular com a história singular e a cena que remete à cena política que o situa na história social, no conflito social invisibilizado (o fascismo, os discursos totalitários, a colonização, a escravidão). Afinal, o inconsciente é político, diz Lacan (1967), e nos cabe escutar a emergência do sujeito nos vestígios que a contingência tem inscrito nas estruturas aparentemente objetivas da sociedade, diz Laclau (1993).

Desse modo, o sujeito pode retomar a cena não mais como vítima ou algoz, mas como testemunha de um tempo. Ele detecta as artimanhas políticas que o capturaram e o super-responsabilizam e fazem crer na imobilidade da política. Também pode decidir sobre a possibilidade de subversão dos discursos totalitários e de instituir diferentes posições do sujeito no laço.

Referências

Carignato, T. T., Rosa, M. D., & Berta, S. L. (2006). Imigrantes, migrantes e refugiados: encontros na radicalidade estrangeira. *REMHU*, *XIV*(26-27), 93-118.

Freud, S. (1996). O "estranho". In S. Freud, *Edição standard brasileira das obras psicológicas completas de Sigmund Freud* (Vol. XVII, E. A. M. de Souza, Trad.). Imago. (Trabalho original publicado em 1919)

Freud, S. (2010). O inquietante. In S. Freud, *Obras completas* (Vol. 14, P. C. de Souza, Trad.). Companhia das Letras. (Trabalho original publicado em 1919)

Freud, S. (2016). *Psicologia das massas e análise do eu*. L&PM. (Trabalho original publicado em 1921)

Freud, S. (2019). O infamiliar. In S. Freud, *O infamiliar e outros escritos* (E. Chaves & P. H. Tavares, Trad.). Autêntica. (Trabalho original publicado em 1919)

Freud, S. (2021). *O incômodo* (P. S. de Souza, Trad.). Blucher. (Trabalho original publicado em 1919)

Friedman, J. B. (2000). *The monstrous races in medieval art and thought*. Syracuse University Press.

Huet, M.-H. (2000). Introduction to Monstrous Imagination. In K. Gelder (Ed.), *The Horror Reader* (pp. 84-89). Routledge.

Koltai, C. (1999). *Psicanálise e política: o estrangeiro*. Escuta.

Koudounaris, P. (2016). The monster in the mirror. In B. Salvesen et al., *Guillermo del Toro at home with monsters: inside his films, notebooks, and collections*. Insight Editions.

Lacan, J. (1967). *La Logique du Fantasme (Seminaire 1966-1967)*. Editions de L'Association Lacanienne Internationale.

Lacan, J. (1998). Escritos. Jorge Zahar.

Laclau, E. (1993). *Nuevas reflexiones sobre la revolución de nuestro tiempo*. Nueva Visión.

Mudde, C. (2000). *The ideology of the extreme right*. Manchester University Press.

Oxford Latin Dictionary. (1968). Oxford University Press.

Penha, D. A. (2021). *Faces do horror em Freud: palavras, gestos e imagens* [Tese de doutorado]. Programa de Psicologia Clínica, Universidade de São Paulo.

Reich, W. (1988). *Psicologia de massas do fascismo*. Martins Fontes. (Trabalho original publicado em 1933)

Romm, J. (1996). Dog Heads and Noble Savages: Cynicism before Cynics? In M.-O. Goulet-Cazé, & R. B. Branham (Orgs.), *The Cynics: The Cynic Movement in Antiquity and Its Legacy* (pp. 121-135). University of California Press.

Rosa, M. D., Carignato, T. T., & Berta, S. L. (2007). Metáforas do deslocamento: imigrantes, migrantes e refugiados e a condição errante do desejo. In A. Costa, & D. Rinaldi (Orgs.), *Escrita e psicanálise*. Companhia de Freud.

Rosa, M. D., Penha, D. A., & Alencar, R. (2019). A gestão social na lógica da guerra e o poder soberano: ética e política no nosso tempo. *Revista da Associação Psicanalítica de Porto Alegre*, (51-52), 65-79.

Rosa, M. D., Penha, D. A., & Ferreira, P. do P. (2018). Intolerância: fronteiras e psicanálise. *Subjetividades*, (Ed. Especial), 105-113.

Seincman, P. M. (2019). *Rede transferencial e a clínica migrante: psicanálise em urgência social*. Escuta.

Souza Jr., P. S. de. (2017). O analista e os bárbaros. In P. S. de Souza Jr. (Org.), *A psicanálise e os lestes* (Vol. 1, pp. 23-35). Annablume.

Wittkower, R. (1942). Marvels of the East: A Study in the History of Monsters. *Journal of the Warburg and Courtauld Institutes*, 5, 159-197.

Isso é coisa de preto:
sobre a invisibilidade do racismo

9. Atávico ou quase diário

Rogério Miranda

São forças atávicas que vêm da África
DNA de guerrear
quando necessário, quase diário
Se mostrar forte e suportar
De olhos bem abertos, no hoje a pedra atirar
E com exatidão, no ontem o pássaro acertar
Como Abdias do Nascimento
Eu convoco aqui, Exu a nos guiar
Pois só assim se vive em meio
À desumana construção deste lugar
Impermeáveis o passado e o futuro
No presente sankofa
Volte e pegue para ressignificar
Recompor, transformar, renascer
Reaprender e não esquecer que

Estamos aqui e nossa existência vai além
Sem grilhões e correntes somos reis e heróis também
A tecnologia do tambor nos ensinou fazer canções com a dor
Com armaduras que o rei Ogum forjou
Somos guerreiros, nossa luta é por amor
Na diaspórica história escondida um grito ecoou
É importante ouvir a voz de quem viveu
O que no livro didático da escola você não leu
E buscar no seu mais íntimo e profundo ser responder
O que te compõe?
Quem é você?
Só assim saberá quem sou eu
Foram 111 tiros, algemaram a advogada
Nas redes é *Black lives matter*
Ao vivo é página virada
Eu preciso respirar
Novos corpos mortos te abalam?
Quero colo e fugir de casa como se há 500 anos me tiraram de lá
A abordagem no mercado, um resultado grotesco
No chão uma criança, precipício, prédio gigantesco
Diversão é o baile cheio, jovens querem viver
Uns chamam de azar, falta de sorte
São encurralados até a morte
Sem ar e sem ter pra onde correr
Isso pra você é vida?

Água de briga a jorrar sem descansar

Quer me entender, permear ou permanecer?

No seu mais íntimo e profundo ser

Responder

O que te compõe?

Nessa luta

Quem é você?

10. Entrevista com Wania Maria Coelho Ferreira Cidade

Guiomar Papa de Morais

Cybelli Morello Labate

Josiane Barbosa Oliveira

Maria Bernadete Figueiró de Oliveira

A entrevista com Wania Cidade foi realizada em dois momentos. Primeiramente, em uma plataforma online em 6 de março de 2022, na qual pudemos estabelecer uma conversa carregada de muito afeto e emoção, quando Wania compartilhou conosco suas vivências e sua trajetória na psicanálise. E, como o tempo não foi suficiente, em um segundo momento, Wania nos enviou suas respostas gravadas.

Sua participação na V Bienal também ocorreu em dois momentos: na pré-bienal, em agosto de 2020, com o professor Dagoberto Fonseca, sobre o tema "Diálogo sobre colonialidade e racismo", e na Bienal propriamente dita, em fevereiro de 2021, com a professora Lia Vainer Schucman e o músico Rogério Miranda, sobre o tema "Isso é coisa de preto: sobre a invisibilidade do racismo".

Agradecemos sua disponibilidade e sua participação tão sensível nestes eventos e por ter aceitado nosso convite para nos conceder esta entrevista. As questões – os estímulos para que pudesse compartilhar conosco seus estudos, suas vivências e suas reflexões – foram formuladas por Guiomar Papa de Morais, Cybelli Morello Labate, Josiane Barbosa Oliveira e Maria Bernadete Figueiró de Oliveira.

1. Poderíamos iniciar com você nos contando um pouquinho sobre a sua trajetória como psicanalista. Você fez Psicologia, não é? O que despertou seu interesse pela psicanálise e o seu desenvolvimento como psicanalista?

O meu interesse nasceu de uma situação traumática que vivi na minha adolescência e que me fez chegar a um psicólogo. Foi um encontro conduzido pela escola onde eu cursava o ginásio e que produziu uma experiência muito importante para mim, foi alguém que me ouviu além, que teve uma escuta importante, diferente da que as minhas amigas e os meus familiares me ofereciam. Ele era professor e vice-diretor da escola, uma escola pública, mas também atuava como psicólogo, e ele foi atencioso e teve cuidado e delicadeza comigo. Foi no contato com ele que conheci a atividade do psicólogo, e os efeitos transformadores desse encontro foram decisivos na minha escolha profissional. Como diz Freud, as pulsões nos dirigem por caminhos que vêm do interior do corpo e alcançam a alma. As escolhas se dão dessa maneira, não é? Então, foi a partir do sofrimento pessoal, de uma situação de perda na minha família, que eu me interessei pela psicologia.

Quando ingressei na universidade, logo de início, tive outro professor marcante em minha vida. Ele era psicanalista e no primeiro semestre nos deu aulas sobre o Seminário I de Lacan, apresentou-nos Lacan. Era uma pessoa cuja psicanálise estava encarnada no modo de pensar, na maneira como lidava com as pessoas, como ministrava as aulas. Tornei-me uma aluna fascinada por aquele modo de pensar, por tudo que ele nos trazia de novo, tudo com que ele nos presenteava de abertura de mundo, de questionamentos, de inquietações. Era uma teoria difícil, que mexia com o meu âmago, leituras e discussões que despertavam algo muito subjetivo e particular, e que me confirmavam o desejo de permanecer ali, naquele caminho.

Tornei-me muito entusiasmada com a psicanálise e elegia cursos cujos professores eram ligados à psicanálise. Na universidade onde estudei, a Federal Fluminense (UFF), a psicanálise era muito forte no curso de Psicologia. Dentre os professores, muitos eram psicanalistas atuantes, com consultórios particulares, e eles nos ofereciam supervisões como parte do estágio clínico que o departamento oferecia. O meu interesse era crescente e essas pessoas tinham um amplo conhecimento e uma prática clínica muito consolidada, e foi por aí que fui me encaminhando. Nessa trajetória tive a sorte de ser aluna de Cecília Coimbra (fundadora do Tortura Nunca Mais) e de José Novaes, ambos professores da UFF. Eles influenciaram fortemente a minha formação.

Na época, a predominância era dos valores europeus, e isso era um carimbo de qualidade. Paulatinamente, no convívio com os professores Cecília e Novaes e com o professor de filosofia Claudio Ulpiano, fui rompendo com um padrão de alienação do que se passava comigo e ao meu redor e aprofundando o meu olhar sobre os problemas da vigente ditadura no Brasil e na América Latina. Ressalto essa vivência para deixar evidente o poder da educação na vida dos indivíduos.

2. *A psicanálise hoje é "coisa de preto"? Qual a cor da psicanálise brasileira? Para quem o racismo é invisível?*

Em tese, a psicanálise não deveria ter cor, pois ela é um método aberto a qualquer sujeito que sofre, que tenha interesse por si mesmo e pelo outro, que se interrogue, que queira saber de si e ampliar sua maneira de olhar em sua direção, para suas relações e para o mundo, está à disposição de quem tem o desejo de análise. Nesse sentido, não acho que a psicanálise tenha cor. O pensamento psicanalítico é libertário, promove abertura e consciência de si, é uma via que nos leva a tomar posse do que é nosso, a nos responsabilizarmos pela nossa vida e pelos nossos atos, é um caminho para o contato mais íntimo com o próprio inconsciente e, por conseguinte, com o próprio desejo. E, a partir desse contato íntimo e profundo consigo mesmo, abrir-se para as experiências, poder pensá-las e vivê-las de modo diferente. Então, idealisticamente, a psicanálise é para qualquer pessoa. Mas vocês me endereçaram esta pergunta porque sabem que, ao longo do tempo, a psicanálise foi muito marcada pela branquitude, e quando eu digo isso refiro-me ao fato de vivermos em uma sociedade que foi fundada em bases violentas, a partir do tráfico de pessoas, a partir do sequestro de africanas e africanos, trazidos forçadamente para cá. Essa história acaba por determinar todo o modo de construção da nossa sociedade.

Sabem que quando terminou o processo escravocrata, o pensamento colonial, o modo de operar as relações nas colônias foi o da superioridade, da classificação de homens, mulheres e crianças como superiores e inferiores. No Brasil, em relação aos indígenas e aos negros, a ideia de desumanização, de sujeição e de submissão penetrou toda a construção das relações individuais e sociais. Foi a força que manteve a política escravocrata, legitimada por todas as instâncias legais e administrativas do país, que regeu esse processo, um projeto de estruturação da sociedade. Assim ela permaneceu. Essa estrutura não se rompeu com o término da escravatura, ao contrário, ela adentrou a República. Houve muita opressão e um modo sistemático de fazer, inclusive, muito bem fundamentado pelas leis, pelos códigos civil e penal da sociedade brasileira, que contribuíram muito para que estejamos no ponto em que nos encontramos, de acirramento do racismo, do fascismo, de atos violentos sem qualquer medida reflexiva e de proteção aos direitos humanos. Portanto, o direito contribuiu para a hierarquização e a desigualdade da nossa sociedade, uma vez que foi como disciplina e prática o regulador de nossas relações. Essa visão só começou a mudar com a Constituição de 1988. Entretanto, todo o funcionamento político e econômico da nossa sociedade resiste às mudanças e mantém demarcações fundadas com base na raça, sem qualquer fundamento científico, mas introjetadas no imaginário social pela via do racismo, que influem em todo o processo de organização das instituições da nação.

A psicanálise não escapou disso. Apesar de a psicanálise ter sido introduzida no Brasil por Juliano Moreira (médico negro), que trouxe a psiquiatria e a obra de Freud para a academia e para o conhecimento dos brasileiros, e a despeito de a primeira Sociedade Brasileira de

Psicanálise ter sido a de São Paulo, fundada por Durval Marcondes, tendo Virgínia Leone Bicudo (mulher negra e socióloga) como parte dessa fundação, com a expansão da psicanálise ela foi se tornando cada vez mais branca. O primeiro fator que contribuiu para esse quadro foi a exigência do curso de Medicina para o ingresso na formação psicanalítica, o que não estava posto na fundação do pensamento psicanalítico por Sigmund Freud, que, para esclarecimentos, publicou uma conferência sobre "análise leiga" em 1926. Outra condição limitante foi o fato de que, enquanto não se dispunha de institutos que desempenhassem a função de transmissão do saber psicanalítico no Brasil, as pessoas precisavam viajar para fora do país para fazer a formação. Embora não houvesse a exigência do curso de Medicina na Inglaterra, foram os médicos brasileiros que partiram para lá ou para a Argentina com o intuito de viver esse processo. Os pioneiros também trouxeram psicanalistas europeus para tutelar os grupos de estudos que, mais tarde, viriam a se tornar sociedades. Enfim, nos locais onde havia os grupos de estudos, exigia-se que o postulante à formação psicanalítica fosse médico, e nós sabemos que no início do século XX, quando a psicanálise adentrou o Brasil, poucos negros tinham acesso à universidade, ainda mais à faculdade de Medicina, que sempre foi um curso elitizado cujo ingresso era muito difícil. Isso foi dando cor à psicanálise, ela foi ficando branca, branca, branquíssima, ou, como diria Lia Vainer Schucman, "entre o encardido, o branco e o branquíssimo".

Não foi à toa que por associação livre cheguei em Lia Vainer Schucman, autora de *Entre o encardido, o branco e o branquíssimo: branquitude, hierarquia e poder na cidade de São Paulo*. Cito esse livro, assim como o de Maria Aparecida Bento, *O pacto da branquitude*, porque são livros que nos mostram muito "claramente" como a sociedade brasileira foi se estruturando de forma desigual, marcada por uma política que oprime, expulsa, apaga e opera pela manutenção dos brancos nos lugares de poder e de domínio, embranquecendo as instituições. É isso que sustenta os pactos que constroem o imaginário coletivo e que visam à manutenção do *status quo*, sem considerar a diversidade da população, preservando um grupo social no lugar da subalternidade enquanto o outro goza de privilégios.

Mas essa ideia de domínio não significa que todo o projeto tenha dado certo. Apesar do que eu disse até aqui, é importante lembrarmos que houve resistência desde os primórdios, a datar da travessia atlântica dos africanos. Muitos resistiram com a morte, atirando-se ao mar, tiravam a própria vida para não se submeterem. É evidente que foram ações extremas diante do sofrimento, mas o que eu quero dizer é que, apesar dos pesares, a população africana e, depois, de afrodescendentes conseguiu criar espaços coletivos para não se deixar escravizar; os quilombos são exemplos dessas organizações onde uns funcionavam como rede de apoio, de afetos e de sobrevivência para outros. Penso nessas "redes" no sentido de teia, de trama, de entrelaçado, como as nossas redes do Nordeste brasileiro, que balançam, jogando o corpo pra lá e pra cá, o corpo acaba descansando e adormecendo; rede significando o conhecimento de um espaço que pode sustentar, apoiar, espaço de parceria, lugar de descanso da alma, que também é de alegria, de compartilhamento, de trocas, de música, de canto, de dança e de encontro para se alimentar, para conversar, e que se mantém até hoje. Foram os espaços do samba, do jongo, da capoeira, dos terreiros de candomblé – espaços marcadamente negros – que garantiram a transmissão de nossos saberes, sendo, ao mesmo tempo, pontos de resistência e de comemoração da vida. Então, é relevante dizer que não foi somente de tristeza e de agruras que viveu, e que vive, o povo negro. Há que se considerar a força da pulsão de vida, pois é ela que relativiza o domínio do colonizador sobre o qual estamos tratando aqui. Sem dúvida, ele operou na força de trabalho, mas apesar de toda a tirania e crueldade desse sistema, compulsivamente repetidas, a vida insiste, agindo sobre as subjetividades, fazendo com que esses grupos formem laços pela afinidade de suas histórias, pelo sofrimento comum firmado pelo homem branco ao arrancá-lo do solo de suas referências sociais, culturais e afetivas. É desse desterro que nasce a negritude.

Retornando à rede, refiro-me a lugar de descanso e de suporte, talvez essa seja mesmo a melhor expressão. Seguindo nessa esteira, foi em Alagoas que se instalou o maior quilombo que houve no Brasil, espaço que foi rede e suporte (no sentido de conter, de sustentar, de acolher e de balançar) para os degredados da terra. Ali abrigaram-se negros, indígenas, ciganos, e toda gente. Penso na memória do balanço do mar, o balanço como desejo de retorno à África, como memória de travessia, de retorno à própria casa.

Resistiu em nós a cultura africana que está presente na gastronomia, no idioma, na música etc., a cultura fortemente influenciada pelos africanos que aqui chegaram. O nosso psiquismo é marcado pela nossa ancestralidade, a nossa história é transmitida transgeracionalmente, por marcas atávicas que, mesmo que nós não tenhamos conhecido e vivido as experiências de nossos ancestrais, permanecem em nós, fazem parte de nós, do nosso inconsciente, nos constituem. Quiseram que essa presença ficasse lá, enterrada no passado, que não fosse nem lembrança, nem memória, mas a existência de cada pessoa negra traz essa realidade à tona, ela se impõe na sociedade brasileira, marcada pela desigualdade, pela violência e também pela tentativa de apagamento e de sufocamento de todas essas expressões às quais me referi, manifestações populares que um dia foram proibidas, perseguidas como tática de aniquilamento de um povo.

Falar da negritude é falar de um estado de pertencimento a um grupo e a uma história comuns, de origem e de histórias compartilhadas que atravessaram o tempo. Utilizamos uma expressão coletiva importante que diz: "nossos passos vêm de longe", referimo-nos aos quase quatrocentos anos do regime escravocrata. Vêm de lá da Colônia, desse lugar distante no tempo, mas também atemporal, a resistência positivada e também os traumas e o sofrimento psíquico. Permanecem os impactos sofridos por nossos ancestrais.

Para exemplificar, cito a pandemia ainda muito presente entre nós. Nesse período, tornou-se transparente a situação da população negra: a que mais morreu e a que menos recursos teve para lidar com os graves problemas sanitário, social, econômico e ético. Algumas comunidades não tinham sequer saneamento básico, água encanada, quanto mais sabonete e álcool em gel, isso sem entrarmos na questão do aparato eletrônico que nos manteve conectados mundo afora (as redes sociais, o computador, a conexão *wi-fi*). As famílias, que mantêm a máquina da vida funcionando, continuaram a trabalhar e as crianças negras e pobres, que foram aquelas que tiveram que se afastar da escola, hoje fazem parte de estatísticas como a maioria das crianças que ficaram sem o espaço escolar, apesar de, para inúmeras famílias, este ser o único local que a criança ou o jovem tem para se alimentar. Sem computador, às vezes tendo um único celular para toda a família, ficaram à margem. Atualmente sabemos que houve um índice altíssimo de evasão escolar, crianças e jovens não retornaram à escola, repetindo, mais uma vez, a situação dramática da população negra. Perderam-se vidas, empregos, e os que não perderam tiveram que trabalhar para sustentar a reclusão social de seus patrões. Domésticas foram demitidas ou enviadas para casa sem remuneração. É importante dizer, talvez eu já tenha dito anteriormente, que quando falo em negritude me refiro a uma construção no espaço social que teve que surgir para sustentar e fazer frente às questões do racismo, da discriminação e da branquitude.

É importante que eu diga que, mesmo hoje, quando temos a prática, em várias instituições de psicanálise, de refletir e de instituir ações afirmativas como bolsas e cotas para pessoas negras e indígenas, isso não é suficiente. Acho importante sublinhar isso, nós temos que implantar um conjunto de ações para fazer valer essa ideia. Então deveríamos começar pelo letramento racial, pela aproximação de nossos membros das obras de escritores, de intelectuais e de pensadores negros que trabalhem essa temática. Também é necessário que essas obras sejam incluídas nas grades curriculares, portanto, que as pessoas que estejam em processo de formação tenham acesso à literatura afrodiaspórica. Além disso, é importante que vozes negras sejam convidadas para dialogar com a instituição, não somente para tratar desses temas,

mas para dialogarem conosco de outro lugar, a partir de suas origens acadêmicas. Precisamos escutar antropólogos, filósofos, professores, educadores, outras áreas do conhecimento. Parte-se de lugares muito distintos, então, trazer essas pessoas para uma horizontalidade no diálogo dentro das instituições é fundamental.

Na Sociedade Brasileira de Psicanálise do Rio de Janeiro (SBPRJ), estudamos com a psicóloga e consultora de diversidade Deborah Medeiros, e ela nos introduziu à obra de Grada Kilomba, que eu já conhecia, mas foi Deborah que, trabalhando conosco durante seis meses, nos trouxe novas compreensões sobre o texto, o que foi bastante relevante, porque Grada aborda, por exemplo, a problemática da gramática da língua portuguesa, recuperando a memória de sua origem e mostrando-nos como o nosso idioma está impregnado do pensamento colonial. Ela articula um pensamento crítico a respeito da linguística e da epistemologia também. O curso foi importante no processo de desconstrução desse pensamento em que a colonialidade está tão presente. Votamos por mudanças, mas há todo um trabalho posterior à aprovação de uma medida, trata-se de um trabalho constante que precisa ser acompanhado. O transcurso da desconstrução do pensamento colonial se assemelha ao processo de uma análise, ele é longo, indeterminado no tempo, pois são anos desse massacre, de predomínio da ideia de superioridade, dos lugares de poder destinados marcadamente a só um grupo, e precisamos de um conjunto de ações políticas para desconstruir esse sistema.

3. *A psicanálise poderia ser um instrumento importante no atendimento de pessoas vítimas da violência do racismo. No entanto, é muito pequeno o número de negros nas instituições psicanalíticas e provavelmente também nos consultórios dos psicanalistas. Como a psicanálise, que tem como proposta um acolhimento radical ao outro, tem lidado com essa problemática? Os psicanalistas têm sido capazes de lidar com a experiência de quem sofre o racismo?*

Os psicanalistas têm sido pressionados a se debruçar sobre o tema, embora eu pense que as reflexões devam, antes de tudo, partir de um olhar para si próprio, de um olhar para o estranho que nos habita, o outro "racista" que trazemos em nós, que, ainda que não tenha a intenção de prejudicar e de machucar, mantém e dissemina o racismo, seja por inconsciência, por imobilidade ou por saber que mudanças afetam as posições socialmente estabelecidas. O compromisso de combate ao racismo só ocorre quando se tem a consciência dos malefícios e das violências sofridos pela população negra em todas as esferas da sociedade. Então, eu sei que existem analistas que estão vivendo o processo de se reconhecer como parte dessa história, de se identificar com o outro lado da moeda, porque a história, como temos dito em inúmeras oportunidades, atravessa todos nós, negros e brancos. É preciso que o branco reconheça isso, que assuma a sua posição de privilégio, ainda que se julgue uma pessoa humanista e voltada para o acolhimento do outro.

Todavia, se não tiver a consciência de que uma parte da sociedade está excluída de inúmeros recursos, está excluída da nossa vida institucional, do ambiente psicanalítico, se não entender que não somos todos iguais perante a lei e a sociedade brasileira, embora sejamos todos humanos e, portanto, com direitos garantidos, já teremos aí um enorme problema. Uma vez que se considere que estamos lidando com a "igualdade entre os humanos", exclui-se o olhar para as diferenças, para a desigualdade e para a estrutura racista na qual fomos forjados. Na sociedade brasileira brancos e negros partem de lugares diferentes, como eu disse anteriormente, portanto, não temos os mesmos direitos, não temos a mesma visibilidade, não temos acesso aos mesmos bens, patrimônios e instituições. Antes de tudo, se pretendemos pensar as relações raciais, é preciso que o analista tenha essa consciência, analise isso em si mesmo, olhe para si, olhe para seus iguais, para iniciar realmente um processo que resulte em mudança. E aí entra tudo o que eu disse na resposta anterior: o letramento, o aprofundamento no pensamento afrodiaspórico, o estudo profundo a respeito do tema, a criação de um trabalho de mudança de paradigma, porque tem que mudar a maneira de ver e de se relacionar com os outros que não são brancos, com os não brancos, porque esses outros sempre foram olhados com um olhar de desconfiança e de recriminação. Então, há que se rever isso em si mesmo e no coletivo.

Você me pergunta se os analistas têm tido capacidade de escuta para essa população que sofre, eu diria que a psicanálise, o método psicanalítico, tem o dispositivo da escuta do inconsciente vivo, mas às vezes eu acho que o racismo é mais forte que a capacidade de exercer a atenção flutuante e que a capacidade empática, e o fenômeno culmina interferindo inclusive na dinâmica analítica. Estamos lidando com algo importante de se observar, é difícil responder a esta pergunta, eu acho que há muitos analistas capazes dessa escuta. Eu tive um analista capaz dessa escuta, a quem eu sou muito grata, mas eu não sei se todos são capazes, certamente aparecem atravessamentos do pensamento colonial, da leitura do negro como sujeito da subalternidade. Não neguemos que ainda existe um comportamento muito reativo, resistente às novas ideias de subversão do lugar de poder. Refiro-me a colegas que não querem lidar com o problema do racismo no interior das instituições psicanalíticas, que não veem o racismo como uma questão para a psicanálise, que não reconhecem que é um problema para ser tratado também no âmbito das formações psicanalíticas. Ao contrário, acham que é um fenômeno social, antropológico e que não temos nada a ver com isso. Então é complicado uma pessoa que pense assim receber uma pessoa negra com todas as questões e os traumas que ela traz.

4. "Nossas instituições psicanalíticas carregam consigo uma história quase centenária de cumplicidade com a segregação social", nas palavras de Ignácio A. Paim Filho. Você considera que as ações afirmativas possam mudar essa história? A Sociedade Brasileira de Psicanálise do Rio de Janeiro, da qual você é membro efetivo, foi a pioneira na implantação do programa de bolsas sociais/raciais. Como tem sido essa experiência e como você avalia essa iniciativa?

Muito importante essa observação de Ignácio A. Paim Filho, a segregação social dentro das sociedades psicanalíticas. Eu concordo com ele, porque na medida em que nós não prestamos atenção às diferenças implicadas na nossa construção social, e que acontecimentos e exclusões históricas estão retratados em nosso meio ambiente, representados nos espaços que nos são comuns (em nossas sociedades e institutos), visto que observamos que não há questionamentos sobre a ausência de uma parcela significativa da sociedade nas instituições psicanalíticas, que não há indagações nem indignação, constatamos que nesse cenário existe realmente uma cumplicidade silenciosa. O silêncio e o apagamento da história do Brasil, por parte do conjunto do movimento psicanalítico, são combustíveis para a segregação. A ignorância da branquitude, a alienação, a negação, a recusa e a falta de interesse resultam em violência contra a população negra e mantêm os privilégios. Portanto, estou de acordo com o Paim, inteiramente de acordo.

Se ações afirmativas podem mudar essa história? As ações afirmativas foram criadas para mudar essa história, um mecanismo formulado para transformar a história de discriminação e de desigualdade, fenômenos sociais que não se alteram naturalmente sem reflexão e ação. A história transcorreu eliminando as diferenças, discriminando os grupos não brancos que compõem a nossa sociedade; nós temos que criar dispositivos para promover mudanças, ainda que artificialmente, ou seja, a cota é um mecanismo artificial, não é natural. É como usar uma prótese dentária na falta de um dente; se há condições para arcar com o tratamento, vai-se ao dentista e cuida-se da saúde dentária. Nem todos têm acesso ao dentista, então, arranca-se o dente e pronto, fica o buraco, o vazio, a falta, mas, se há condições de acesso à dignidade e à saúde, vai-se ao dentista e põe-se a prótese. Faço uma analogia entre a prótese e as cotas porque vivemos anos com o buraco e com a falta de indígenas e de negros nas instituições e nos ambientes sociais, e necessitamos dessa prótese para que tenhamos no futuro uma realidade equitativa nas universidades, nos institutos e nas escolas de psicanálise. Na falta de políticas inclusivas permanece o vazio e a segregação. Mas atenção: não basta criar a ação política das cotas! A partir disso se inicia um caminhar pela história. Precisamos mexer na estrutura e pensar de que maneira seguiremos juntos, elaborar um programa político e econômico para que tenhamos dentro do nosso ofício a representatividade da cidade, do estado e do país em que vivemos (como no caso da saúde bucal, que todos tenham condições de arcar com o tratamento para a saúde psíquica e o desenvolvimento profissional). Penso que não tem outro caminho para a promoção da equidade, necessariamente temos que promover ações afirmativas. O caminho é esse.

Como foi dito, a SBPRJ implantou, na presidência de Lúcia Palazzo e de Ney Marinho como diretor do Instituto de Formação Psicanalítica, o projeto social-racial de ampliação do acesso à formação psicanalítica. Foi uma ação que demandou discussões, assembleias, embora a Sociedade já viesse há alguns anos trabalhando a questão da desigualdade e do racismo. Iniciamos diálogos invariavelmente tensos, pelo menos para mim, para pensar o predomínio de pessoas brancas e a ausência de pessoas não brancas e periféricas nos campos do conhecimento, da educação e da cultura. Enfim, estabelecido o projeto, em agosto de 2021, entrou a primeira turma com aproximadamente 36% de bolsistas. Como disse Paim: quase cem anos depois de a psicanálise circular pelo Brasil. Não se trata de um projeto acabado, longe disso, vem sendo um exercício delicado de convivência, de estudo, de investimento, de cuidado para não se reproduzir a violência, mas, sabemos, ela escapa pelas formações inconscientes. Dessa maneira, uma palavra, um gesto podem ativar traumas antigos ou ser o sinal de formações psíquicas que tentam estabelecer as relações com base em superioridade *vs.* inferioridade, e é nosso compromisso ampliar a consciência do racismo cotidiano que, como assinala Grada Kilomba, está no *vocabulário*, no *discurso*, nas *imagens*, nos *olhares* etc. Quem pratica a psicanálise sabe que é uma atividade cuja formação não termina, exige-nos a auto-observação e a continuidade permanente do diálogo com um terceiro, e são esses dispositivos que apuram a nossa escuta e que sustentam o nosso desejo de alteridade. Não existe o estado de conforto pleno. Precisamos exercitar a autoanálise para não incorrermos em práticas centenárias de projeção na pessoa negra ou periférica das nossas partes indesejadas.

A ação afirmativa é um trabalho a se expandir para as instituições nacionais e internacionais – Federação Brasileira de Psicanálise (Febrapsi), Federação Psicanalítica da América Latina (FEPAL), Associação Psicanalítica Internacional (IPA), Associação Brasileira de Candidatos (ABC), Organização de Candidatos da América Latina (OCAL), Organização Internacional de Estudos Psicanalíticos (IPSO) –, porque não adianta mexermos apenas na nossa casa e as pessoas ficarem alijadas dos movimentos nacionais e internacionais, é importante que o candidato esteja vinculado aos colegas do Brasil, da América Latina e do mundo porque esse convívio nos enriquece. O coletivo traz uma riqueza para todos nós, nos transformamos depois que participamos de uma discussão clínica, teórica ou cultural que nos toca a alma e que reverbera como senso de verdade em nós, isso nos transforma, então, é importante que essas pessoas tenham acesso a tudo isso. O que eu penso ser fundamental de marcarmos é que a ação afirmativa tem que ser um movimento em cadeia, não basta uma sociedade fazer isso, um instituto fazer isso, nós temos que trabalhar para que a prática antirracista seja um pressuposto da psicanálise como todo e qualquer tipo de discriminação. Que essa ideia alcance a Febrapsi, a FEPAL e a IPA, ou seja, que todos esses órgãos e associações sejam sensíveis a essa proposição, porque é um estímulo à inclusão, porque é uma proposta democrática: democratizar a psicanálise, democratizar a transmissão da psicanálise. Por isso é importante que a ação não fique restrita à SBPRJ.

Gostaria de ressaltar que não se fazem mudanças sem conflitos e sem riscos, o fazer já nos apresenta vértices que antes não poderiam ser observados. Achei importante retomar esse ponto porque junto com as mudanças precisa haver uma conscientização da instituição, é necessário que a instituição se disponha a estudar, a investir em um conhecimento aprofundado sobre as relações raciais no Brasil. Apesar de o racismo estar tão explícito, de todos os dias assistirmos nos noticiários a assassinatos brutais de caráter racista, *repito*, ainda assim há resistência, há dúvidas quanto a se concretizarem medidas que viabilizem as cotas, por exemplo, dúvidas se isso é realmente necessário. Uma consultoria de diversidade e inclusão é fundamental para situar a instituição e os membros a respeito desse trabalho. Na SBPRJ contamos por seis meses com a psicóloga e consultora de diversidade Deborah Medeiros, e o trabalho dela iluminou a sequência de nossos procedimentos, mas alerto que essa assessoria é indispensável ao longo de todo o processo.

Outro capítulo importante no tema inclusão-diversidade é que hoje, neste momento, existem pessoas negras de classe média que teriam condições de pagar por uma formação psicanalítica, mas que não têm interesse em nossos institutos, não se aproximam. Essas pessoas percebem que é um mundo apartado do delas, cujo pensamento é elitizado, eurocêntrico e fechado para os problemas que as envolvem, não têm interesse em se aproximar porque não se veem representadas, nem veem as questões pertinentes a sua realidade e sua cultura serem tratadas nesse ambiente e, então, se mantêm afastadas.

Na SBPRJ, tendo em vista que promovemos cursos sobre as obras de Grada Kilomba, bell hooks e Frantz Fanon (ministrados por intelectuais da diáspora negra e com 100% de gratuidade para pessoas negras, indígenas e refugiadas), houve a aproximação e o interesse nas atividades que são oferecidas. Penso que isso foi crucial para que tivéssemos postulantes inscritos para o processo seletivo e foi uma sugestão de Deborah Medeiros, que também ofereceu um dos cursos. A primeira turma com bolsistas completou um ano. Nesse segundo ano do projeto tivemos uma procura ainda maior. Contudo, é importante que se diga que a atividade psicanalítica é exercida por grande maioria branca e esse não é um quadro específico das sociedades filiadas à Federação Brasileira de Psicanálise, mas das escolas e das sociedades de modo geral. Também é fato que estudamos pouco, ou quase nada, autores nacionais e latino-americanos, de maneira que ficamos empobrecidos em relação às referências que trabalham os problemas de saúde mental na realidade latino-americana. Sem dúvida, ainda temos muito trabalho pela frente, pois até agora somos muito poucos, estamos distantes da equidade, somos um grupo pequeno e invisível na imensidão do mar.

Sendo rigorosa com a verdade, essa desigualdade provoca um grande mal-estar em razão de avaliarmos que se trata de uma repetição venenosa e contumaz. Por esse motivo ressalto a importância de continuarmos a trabalhar as relações raciais e a colonialidade, e de multiplicarmos as práticas antirracistas, não mais para denunciar, pois a denúncia está posta, basta vermos as telas dos computadores quando realizamos atividades online, que exibem predominantemente pessoas brancas. É necessário que viremos essa página e insistamos com as instituições para que promovam mudanças. Sei que vocês, da Sociedade Brasileira de Psicanálise de Ribeirão Preto (SBPRP), criaram um grupo que vem trabalhando nessa direção, eu os parabenizo por essa iniciativa e convido-os a se juntarem a nós para pensarmos quais os próximos passos. É crucial que nacionalizemos o projeto antirracista. Bolsas, cotas e ação afirmativa não podem ficar restritas às sociedades "a", "b", "c" ou "d". A Febrapsi precisa intensificar cada vez mais o trabalho para que outras sociedades se engajem nesse projeto, pois só mudaremos estruturalmente se fortalecermos esse trabalho.

5. No livro Racismo: por uma psicanálise implicada, *de Ignácio A. Paim Filho, você tem um capítulo em coautoria. Há um trecho que fala sobre várias formas de identificar a presença do crime hediondo do racismo e sobre a necessidade de passagem das gotas da escravidão para as gotas de liberdade, do tempo de significar e ressignificar o traumático. Como pensar essa questão diante do fenômeno da compulsão à repetição?*

Que boa lembrança o texto redigido pelo Ignácio A. Paim Filho e por mim! Foi uma parceria que me deixou extremamente feliz e honrada. A propósito do "crime hediondo do racismo", eu gostaria de fazer um comentário que mencionei para Paim e a respeito do qual tenho falado. Na nossa cultura, no meio onde estamos inseridos, não vemos somente o fenômeno do racismo se manifestar, mas vemos, do mesmo modo, o do patriarcado, do machismo, da homofobia e do capitalismo, apesar de na atividade psicanalítica o número de mulheres ter ultrapassado o número de homens. Segundo uma pesquisa realizada pela FEPAL, na gestão de Roberto Scerpella, 2016-2018, o perfil da instituição é de maioria de psicólogas, na média de 64 anos, brancas e, acrescentaríamos, urbanas e da classe média. Apesar de as mulheres serem a maioria (a exemplo da população negra no Brasil), vivemos em uma sociedade patriarcal, racista e homofóbica em que a política neoliberal tem destruído valores e direitos sociais importantes, e na qual predomina o pensamento de superioridade. Nesse contexto, o homem está no topo da pirâmide e é ele quem tem o maior alcance de poder em todas as esferas da vida social. Como espécie humana não estamos imunes aos impactos gerados social e historicamente, ao contrário, somos constituídos nas relações sociais. As mulheres que historicamente experienciam injustiças e violações de direitos continuam na base da pirâmide, ainda que estejamos vivendo inúmeros avanços.

Essas são lógicas que podemos analisar sob a luz do que Freud postulou, expandindo o uso do conceito, como compulsão à repetição ("Além do princípio do prazer", 1920), experiências que geram insatisfação e que se repetem, provocando desprazer e sofrimento. A ideia recalcada cai na escuridão do esquecimento, do apagamento, mas ela é atuada, surge no presente pela ação inconsciente sem que possamos correlacionar, juntar os fragmentos, falhando o aparelho psíquico em dar significados. Em um percurso de análise é necessário "recordar, repetir e *elaborar*" para que saiamos da paralisia, para que possamos dar significado àquilo que foi excessivo e traumático, e que impediu a pensabilidade. Se refletirmos sobre as experiências sociais, isso é rigorosamente o que não acontece com o Estado brasileiro em termos de políticas sociais, "recordar e elaborar", pois ele só repete e retraumatiza com a negação e com a reprodução racista e discriminatória de sistemas políticos excludentes presentes nos diversos tempos que constituem a nossa história e a nossa existência como sujeitos.

Gostaria de relativizar o termo "liberdade" porque se trata de um valor ideal que tomamos para significar independência. Entretanto, a liberdade encontra seus limites no outro, que pode ser permeável às diferenças ou ser muro que se fecha, que isola, que separa ou que engolfa. Outro fator relevante que a luta por liberdade nos impõe é que necessitamos do outro, dependemos dele para nos tornarmos sujeitos e no nosso existir, como eu disse há pouco, é na relação que nos constituímos. Contudo, a relação fica contaminada e violenta se um se vê superior ao outro, se trabalha na direção da opressão, inferiorizando, explorando e sustentando-se no lugar de poder e de dominação pela branquitude. Então, enquanto o modelo for este, haverá desequilíbrio e tensão, pois a tirania, a prepotência e a intolerância não se realizam sem que haja resistência, reação e defesa. Só podemos crescer se admitirmos que existem as diferenças, se formos capazes de desenvolver uma atmosfera na qual possamos nos ajudar, trocar e aprender mutuamente. Como indivíduos podemos atingir certos níveis de independência, somos livres para pensar, para sonhar e para decidir, mas a coletividade só terá a tão sonhada democracia quando também estiver livre, ou melhor, quando reconhecer o racismo e os preconceitos nas estruturas de poder.

A propósito do aprendizado mútuo, lembrei de uma conversa com Ane Marlise Rodrigues, ex-presidente da Sociedade Brasileira de Psicanálise de Porto Alegre (SBPdePA), em que ela mencionou, a respeito de uma atividade que Paim e eu realizamos juntos, que nós éramos um par muito fértil quanto à questão do racismo. Gostei do que ela disse, foi uma observação muito apropriada porque, ao nos unirmos, quando ele se pronunciou sobre o racismo, quando participamos de uma primeira mesa juntos ou ao escrevermos o artigo mencionado, que foi fruto de um convite dele, a visibilidade sobre as relações raciais nas instituições psicanalíticas ganhou força e reconhecimento. Além de eu me sentir crescendo com o que ele nos traz, acredito que, do mesmo modo, ele também se beneficia. Paim é uma pessoa extremamente amorosa e afetiva, e também tem a qualidade de ser firme e vigoroso em suas palavras, em suas expressões, na maneira de se posicionar. Então, somou-se a mim essa força da própria personalidade de Paim, que tem sido um companheiro importante nesse processo de conscientização e de luta antirracista em nossos institutos. Há um aspecto curioso: pela via machista de nossa escuta, foi significativo o fato de Ignácio A. Paim Filho ser homem e médico, e isso também favoreceu o movimento por cotas raciais. Quando um homem fala, é incrível isso, há uma escuta mais atenta do que quando uma mulher fala. Esse é um fenômeno sério que vemos se manifestar de diversas maneiras. A voz da mulher, quando se trata de política, é ouvida com algumas reticências, as pessoas escutam, mas só ganha o *status* de verdade, de legitimidade, quando um homem fala. Então, a nossa união foi muito valiosa para todos nós.

Ainda sobre esta pergunta, quando falamos das várias formas de se identificar a presença do racismo, esse discernimento é muito mais acurado nas pessoas negras, que naturalmente são atentas e sentem no corpo, na alma, na pele, na carne a violência, percebemos nas imagens, na linguagem, às vezes, na tentativa de nos calar. Freud nos indica as formações do inconsciente como vias para acessá-lo, seja pelo sonho, pelo ato falho, pelo chiste. Por exemplo, as piadas e as brincadeiras são terríveis, são um dos modos corriqueiros de o racismo operar. A nossa história acaba por nos deixar sensíveis a essas aparições de hostilidade.

Agora, das gotas da escravidão às gotas de liberdade (aliás, essa frase guarda certa semelhança com o tema do próximo Congresso de Psicanálise em Língua Portuguesa que acontecerá em 2023, de 27 a 29 de abril, em Salvador: "Escravidão e Liberdade: Travessias do Corpo e da Alma"). Vocês perguntam sobre a passagem de um lugar ao outro, apesar dos sintomas da compulsão à repetição. A questão do traumático é muito cara para nós, psicanalistas, e está presente na obra de Freud. Ele nos apresenta um circuito que inicia com os estudos da histeria e vai até o "Projeto de uma psicologia", em 1895, quando o tema retorna no estudo do caso Emma, mas, com sua capacidade de rever os próprios conceitos, renunciou à ideia de sedução precoce, que ocasionaria o trauma infantil, trazendo para o centro de suas investigações os efeitos da fantasia na produção dos sintomas. Quando mencionamos o trauma ocasionado pelo racismo, referimo-nos aos eventos que excedem a nossa capacidade de simbolização, como algo que não é passível de ganhar significado, que é da ordem do incompreensível, derivado da pulsão de morte. Trata-se de uma alusão à violência que vai além da nossa capacidade de elaboração, atinge-nos de tal maneira que não há possibilidade de pensamento, o excesso transcende a perspectiva de significar a ação, a experiência.

Para a psicanálise, a palavra e a linguagem são recursos importantes para darmos conta de nossas emoções, quando conseguimos contar histórias ou situações muito particulares. Nesse momento, podemos retirar da clandestinidade do inconsciente e trazer à tona conteúdos e significados que de outra forma permaneceriam obscurecidos, recalcados, silenciados. Quando damos sentido a uma dor, a uma angústia, ou a algo que nos aprisiona, sentimos alívio. Podemos internamente ter a capacidade de diálogo conosco, eu comigo mesma. Nesse diálogo, tenho a condição singular de perceber os meus sentimentos, as minhas angústias.

No campo social é complexo falarmos em liberdade. O mal-estar sobre o qual Freud nos fala se dá diretamente pelo recalque que operamos para conviver em sociedade, para não sairmos por aí afora explodindo nossos sentimentos e desejos. Dessa forma, a liberdade é negociada, é conversada, é atravessada por interesses subjetivos e coletivos. Nina Simone, pianista clássica e cantora de *blues* e de *jazz*, questionada em entrevista,[1] em 1968, sobre o que era ser livre, respondeu: "*it is just a feeling*", e complementou, dizendo que "liberdade era viver sem medo" (*no fear*). Como pensar em liberdade em um país que não investe em educação, nem em saúde, e muito menos em habitação? Como pensar em liberdade quando se corre pela sobrevivência, quando se luta pelo mínimo de sanidade para ganhar o pão de cada dia e para não morrer? "A gente não quer só comida, a gente quer comida, diversão e arte..." ("Comida", canção de Arnaldo Antunes). É o mínimo de que necessitamos para ter tranquilidade, particularmente a educação, o acesso à cultura e aos sonhos, pois é isso que expande nossa consciência e rompe com a repetição.

Pelo que tenho lido e pesquisado, aprendi que o fenômeno do racismo tem uma função política e econômica que se reflete na organização social, promovendo o esmagamento da população negra. Então, se visarmos a uma ação para combatê-lo, ela terá que ser política e econômica. Quando nos propomos a conversar sobre esse assunto, não temos somente o propósito de mostrar evidências de que racismo existe (gotas da escravidão), mas temos especialmente o desejo de desvelar outros significados para a condição de ser negra ou negro. Usamos então a nossa voz para sair da posição de subjugado e passar à posição de quem conta a própria história e pondera a respeito do que quer para si mesmo (gotas de liberdade).

O racismo é um problema de todos nós, todos devemos nos envolver na luta antirracista para passarmos a outro lugar, mas mover-se é doloroso porque implica necessariamente renúncia, não tem como articular mudanças se não houver reacomodação dos lugares nos quais estamos habituados a viver. Como diz o ditado: "para fazer um bolo, tem que se quebrar os ovos". Então, trata-se de uma travessia tensa, sem segurança, e que deve transpor os preconceitos vigentes. Essa ideia

---

1 Trecho retirado do documentário *Nina: a historical perspective*, produzido por Peter Rodis, em 1970: https://youtu.be/nPD8f2m8WGI?si=FsQGx6UQpkfSjyEj.

assusta os psicanalistas. Entretanto, não se trata de jogar fora os nossos conhecimentos, não é isso. Pensar sobre isso no interior dos institutos é ampliar os recursos do psicanalista, pelo menos no meu caso. Tornar públicas as minhas ideias, conversar com vocês, tem a ver com a minha análise pessoal, tem a ver com o que eu pude ressignificar em mim, na minha história. Quando a gente pensa em mudança é isso... é pensar que realmente há coisas que causam dores, que são obscuras tamanha a dor que provocaram, sombrias, no sentido do traumático mesmo, do excesso. Quando damos nome à experiência, quando descortinamos as nossas ideias, é como se estivéssemos saindo da caverna e passando para o lado de fora.

A despeito da realidade sobre a qual falamos até aqui, quero destacar que desde o início dos anos 2000, culminando em 2012, as cotas raciais foram oficializadas no Brasil, nos espaços universitários, federais, públicos, e isso consumou grande mudança, eu diria que foi uma saída das rotas da escravidão, pois modificou a vida de diversos cidadãos e possibilitou a renovação no meio acadêmico. O fato de inúmeras pessoas negras terem ingressado nas universidades, a partir da iniciativa das cotas e da ação afirmativa, o fato de a população negra ter podido ingressar no mestrado, no doutorado e no pós-doutorado favoreceu a pesquisa de intelectuais que vêm se dedicando à causa negra, trabalhando em torno de temas sobre a história da diáspora negra. É inegável que com a mudança do perfil universitário acendeu-se uma luz no ensino e na transmissão. Com a Lei nº 10.639, que compreende todos os segmentos da educação, tornou-se obrigatório o estudo de nossas origens africanas. A discussão sobre a história é o que nos modifica. O ensino tem a potência de nos libertar dos estereótipos, dos enganos. O acesso à história, à literatura, à arte e ao ensino é o dispositivo que amplia o nosso horizonte.

Então, eu não consigo conceber a passagem de um modelo, influenciado por uma estrutura racista, a outro sem pensar na criação de ações afirmativas que promovam acesso à educação. No caso das sociedades psicanalíticas, considero que, se nós não tivermos esse olhar de interesse, de escuta e de trabalho pela mudança, ela simplesmente não acontecerá, as pessoas negras não chegarão, os indígenas não chegarão aos nossos institutos. É urgente que iniciem essas discussões no interior das sociedades e das escolas psicanalíticas. Olhar-se no espelho e ver o que se enxerga nessas instituições. É uma cara branca. É a cara do branco que detém o poder de ser psicanalista. Interrogue-se: que efeitos estou produzindo nos psicanalistas? É assim que quero permanecer?

Agradeço à equipe organizadora da Bienal, coordenada pela Josimara Magro F. de Souza, e a vocês que conduziram esta entrevista, Maria Bernadete Figueiró de Oliveira, Cybelli Morello Labate, Guiomar Papa de Morais e Josiane Oliveira. Obrigada por terem me escutado e, com as suas perguntas, me conduzido nesta longa conversa. O caminho é este. Muito obrigada!

Referências

Freud, S. (1969). Além do princípio de prazer. In *Além do princípio de prazer, psicologia de grupo e outros trabalhos* (Vol. XVIII, C. M. Oiticica, Trad.). Imago. (Trabalho original publicado em 1920)

Pain Filho, I. A. (2021). *Racismo: por uma psicanálise implicada*. Artes e Ecos.

11. Branquitude e subjetividade

Lia Vainer Schucman

Bom dia a todos e todas. Gostaria de iniciar agradecendo o convite e dizer que não é fácil falar sobre racismo num país em que o ano se inicia com uma criança de 5 anos assassinada com um tiro de fuzil. Não é fácil falar sobre racismo em um país onde Lucas Mateus, Alexandre Silva, Fernando Henrique saem para jogar futebol e desaparecem (Belford Roxo, Rio de Janeiro). Não é fácil falar sobre racismo em um país em que uma criança é encontrada num barril, nua, desnutrida e em meio às próprias fezes (Campinas, São Paulo). Todas crianças negras.

Nós temos no Brasil, só no ano de 2020, um número absurdo de crianças negras assassinadas. Estamos falando de um país que mata crianças negras. Estamos falando de um país que tem um genocídio em curso. Estamos falando do futuro desse país.

Essas crianças poderiam vir a ser um horizonte de esperança, poderiam estar desfrutando da vida ou escrevendo como Machado de Assis. A gente mata a riqueza, a potência desse país todos os dias. Falar de racismo tem sido algo importante, mas, pelo volume de horror e pela perplexidade, diminuímos a brutalidade da violência racial que impera por aqui.

Então, nós temos que falar de racismo, mas, principalmente, temos que *agir* sobre o racismo. Não sou psicanalista, mas diria o seguinte: é importante perguntar o quanto a fala e a escuta também podem mover para a ação – algo que nós temos condições de fazer cotidianamente. Não é tolerável que seja invisibilizado o fato de que quase mil crianças negras foram mortas no ano passado, ou que a gente não esteja na rua diariamente pelas três crianças que estão desaparecidas no Rio de Janeiro ou pela criança que brincava com uma boneca – Ana Clara – e foi assassinada com um tiro de fuzil.

Então, é importante pensar: o que significa combater o racismo em um país com racismo estrutural? Quais são as frentes para isso? É preciso dizer: quando a gente afirma que o racismo é estrutural significa que o racismo é a forma de dominação ideológica que produz: 1) a nossa distribuição de recursos econômicos; 2) a nossa forma de constituir o poder político; 3) a nossa forma de constituir o poder jurídico; e principalmente 4) a nossa cultura e a forma de significar nossa subjetividade, que é o que mais nos importa como psicólogos. Nesse sentido, a raça como categoria sociológica é fundamental para compreender as relações sociais cotidianas não só no que diz respeito à experiência individual do sujeito, mas também à estrutura social local, nacional e global.

Para sair de um plano mais teórico e ir para um exemplo de como isso ocorre, podemos nos perguntar: quando temos uma tragédia como o coronavírus, por que os que mais morrem são os negros? Quando temos uma tragédia dessa gravidade, o que significa dizer que morrem mais negros? Como uma categoria sociológica, como a raça pode nos explicar por que o coronavírus é um vírus que não escolhe pessoas, mas assassina ou mata mais pessoas negras? Cerca de 75% das pessoas que estão morrendo neste país pelo vírus são negras. O que significa dizer que elas são as mais dependentes do Sistema Único de Saúde (SUS), são as que mais têm comorbidades, são as que mais têm que sair pra trabalhar, ou seja, elas estão nos trabalhos mais precarizados e não podem estar "em casa", em *home office* ou atendendo. Ou seja, elas estão mais expostas ao vírus. E mais, quando chegam aos hospitais elas não são tão bem atendidas quanto os brancos, e aí vale dizer que o racismo estrutural estabelece uma fatalidade: se todos nós resolvermos que somos não racistas, mas não fizermos nada, nada vai mudar.

Não ser racista não muda em absolutamente nada a estrutura social. Como posso dizer isso? Se todos nós aqui resolvêssemos nos desconstruir ao máximo e realmente o racismo não estivesse intricado em cada um de nós, a estrutura social levaria a esse mesmo resultado que é o do coronavírus.

Então, o que é dizer a frase de Angela Davis, que em uma sociedade onde há racismo estrutural não basta não ser racista, não basta compreender o racismo, nós temos que ser antirracistas? Ser antirracista significa que nós precisamos ter ações diárias e cotidianas, não apenas quando tiver uma política pública, mas todos os dias. É quando a gente está organizando um evento como este e pensa: quantas bolsas vão ser para os psicanalistas negros? Quantas pessoas não vão pagar?

Para ser antirracista é preciso ser todos os dias, em todos os momentos, em toda e qualquer situação. E nesse sentido é muito importante que a gente pense e entenda como isso – que é o racismo estrutural – vai criar subjetividade para negros, mas principalmente para brancos. Eis o que chamamos branquitude.

A branquitude é um lugar de poder simbólico e material gerado primeiramente pela dominação colonial e que resulta nos privilégios materiais e simbólicos que qualquer pessoa branca adquire ao ser nomeada como branca onde há uma sociedade racista. Trata-se de uma posição de poder e de conforto em que se olha os outros com uma lente com a qual não se olha para si mesmo – que é a lente da raça.

A raça não é a mãe do racismo, ela é a filha do racismo

Um exemplo assaz pedagógico sobre o apagamento especular da racialidade nos brancos é o debate público sobre o *Big Brother Brasil*, *reality show* da TV Globo. Como olhamos para o *Big Brother*? "Nossa, os negros estão se matando no *Big Brother*", "os negros não estão juntos, eles estão brigando entre eles". Ora, o *Big Brother* é um programa em que os brancos sempre brigaram entre eles e ninguém nunca falou "nossa, os brancos estão brigando entre eles", "olha, que coisa mais horrorosa, os brancos estão ali se matando" etc. Isso, no entanto, é praticamente a regra quando se fala sobre os negros.

Como se pode notar, a raça é essa categoria que foi criada pela dominação colonial para nomear o outro mesmo que o "um" não tenha nada a ver com o outro. Raça é essa categoria que diz mais sobre o branco do que sobre os negros e indígenas. Diz mais daquele que criou a categoria para se colocar no lugar de superioridade.

É importante que a gente entenda o que é a criação dessa categoria: ela é fruto da dominação colonial. A raça não é a mãe do racismo, ela é a filha do racismo. O que significa dizer isso? Ela é o resultado de anos de dominação e exploração em que os brancos assassinaram, escravizaram, cometeram genocídio e posteriormente justificaram essas atrocidades por meio dessa categoria.

No século XIX, essa categoria é criada e há uma pergunta no ar: por que há desigualdade entre os seres humanos? Se nós perguntarmos hoje por que há desigualdade entre os seres humanos, teremos um conjunto de diferentes respostas. O campo mais progressista provavelmente vai responder: porque nós temos desigualdades econômicas, exploração de um sobre o outro, capitalismo etc. Mas há aqueles que irão responder: há pessoas melhores que outras. Os melhores vencem – ou há aqueles que acreditam nisso.

A categoria raça foi criada exatamente para responder essa pergunta. E o que ela responde? Há desigualdades porque os brancos são desigualmente, naturalmente, outros tipos de humanos. É isso que ela responde, que há uma superioridade, ela propõe que os brancos são superiores moral, intelectual e esteticamente, as três categorias que levantam e dão um pilar para a categoria de raça. Primeiro, há a ideia de que os humanos pertencem a grupos raciais, e, por pertencerem a esse grupo, vai haver uma continuidade moral, intelectual e estética. Trata-se – pasmem – de uma ideia de civilização, porque essas são categorias que criam a ideia de civilização. Quando nós dizemos: "os japoneses são determinados", estamos usando a categoria de raça. Quando nós dizemos "ah, aquele menino, lá, japonês, é muito determinado", estamos atribuindo algo a ele que diz respeito a uma ideia de que o grupo vem antes do indivíduo, e que isso determina características intelectuais desse sujeito.

Os grupos racializados são aqueles que são obrigados a responder por todos. A Wania é chamada a responder por todos os negros. Ou seja, ela representa sempre todos os negros. As pessoas perguntam naturalmente: "Você, como negra, o que você pensa do Obama?"; "Você, como negra, o que pensa da Djamila?"; "Wania, o que você tem pensado dos negros do *Big Brother*?". As pessoas brancas, por outro lado, são vistas como indivíduos, não como grupos. Ninguém pergunta: "Denise, o que você, como branca, acha do Bolsonaro?". As pessoas perguntam: "Denise, o que você acha do Bolsonaro?". Ou, ninguém pergunta: "como branca, o que você acha dos brancos do *Big Brother*?". As pessoas perguntam aleatoriamente, do que decorre que os brancos não são chamados a responder pela sua raça.

A crença no mérito e a branquitude

Falar de branquitude significa que nós, brancos, temos que responder também por nossa raça. Significa dizer que nós somos responsáveis como grupo social. Assim como os negros têm uma desvantagem estrutural advinda do racismo estrutural e também da escravidão, os brancos também teriam de responder por sua raça, por aquilo que é sua herança simbólica e material. Essa é a responsabilização e a importância de se pensar a branquitude. Para entender o conceito de branquitude, no entanto, é preciso aprofundar um pouco mais no seu funcionamento. É importante pensar como opera a branquitude e como ela se acopla e está totalmente sedimentada na ideia de mérito – ideia que funda o pensamento liberal.

Um exemplo inicial: eu sou professora da Universidade Federal de Santa Catarina (UFSC), universidade pública. Passei num concurso. De 52 colegas, 51 são brancos. Se eu perguntar para todos os meus colegas do departamento: "o que você fez para chegar aqui?", o que vocês imaginam que seriam as respostas? Ou se vocês pensassem, cada um dos brancos que estão me ouvindo – e lendo – neste momento, "o que você fez para chegar aonde você chegou, nesse lugar da sociedade?". As respostas dos meus colegas e, provavelmente, a minha também – há pouco tempo – seriam "eu estudei muito", "eu fiz uma graduação, "eu fiz mestrado".

Ou seja, eu "tenho" um mérito e essa é uma conquista individual. Então o principal argumento que "garante" a branquitude é que as conquistas estão ligadas à estrutura social, em que o branco concorre apenas com outros brancos, mas trata-se, na verdade, de uma corrida que eles vencem porque os outros concorrentes foram assassinados, presos, mortos ou estão tentando sobreviver. Os brancos correm sozinhos essa corrida, mas acham que ganharam de todos. É isso que segura aquilo que é a ideologia da branquitude, que é a ideia de mérito.

Voltando ao exemplo, são conquistas que se referem a uma pertença racial. Nós, brancos, pertencemos a uma categoria. E essa categoria nos coloca dentro dessa estrutura em um lugar de vantagem sobre a concorrência. E essa categoria que nos coloca acima não é vista como estrutura, mas é vista como conquista individual de cada sujeito. Por isso é tão difícil falar de branquitude, porque ela tem um furo naquilo que nós – como sujeitos, quase todos – acreditamos: que chegamos aonde chegamos por conta própria.

O Brasil era (é) um país negro

É importante pensar também que no pós-abolição nós tínhamos cinco descendentes de africanos no Brasil para cada descendente de portugueses. O Brasil era um país negro. Negro, africano e indígena. O que acontece no pós-abolição? O racismo científico, esse que categoriza a ideia de que o branco é superior moral, intelectual e esteticamente. Esse racismo adere ao tecido social dos "intelectuais" brancos brasileiros que estão pensando em como fazer deste país uma nação civilizada.

Lembre que o lema era: "como vamos civilizar esta nação no pós-abolição". E o que se pensa nesse projeto? Vamos trazer os brancos, porque a ideia racista era: para que este país seja civilizado, ele precisa ser branco. Temos aí aquilo que nasce como política de embranquecimento, que depois vai se tornar a ideologia de embranquecimento. Nessa política chegaram quase todos os imigrantes europeus, dos quais quase todos os brancos do Sudeste e do Sul são descendentes. Chegaram pobres, chegaram em navios. Quando chegaram aqui, os descendentes de africanos tinham acabado de ser jogados à própria sorte. Aí começam a ser pensadas como "território negro" as periferias das cidades. Por que isso acontece? A metrópole que estava na Europa é transferida como metrópole nas cidades locais. Então há uma reprodução da metrópole na colônia e os negros são jogados para aquilo que é a periferia.

Para essa discussão, recomendo fortemente o livro do Fanon, *Os condenados da terra* – a tradução está errada, porque na verdade seria "Os desterritorializados da terra" –, em que ele vai dizer que a cidade do colono é uma cidade em que as pessoas vestem sapatos e a cidade do colonizado é aquela onde estão com os pés descalços. E isso continua até hoje.

Voltando ao período, temos os postos de trabalho que são criados no Brasil. Esses postos de trabalho que começam na industrialização são todos criados para brancos, com a alegação de que os brancos saberiam trabalhar melhor para civilizar este país. Quem ouviu isso do avô, do bisavô, que chegou aqui e trabalhou muito, e conseguiu conquistar? Quem ouviu isso? O que é isso? Chegaram aqui e tiveram facilidade para comprar terras, para ter acesso a educação, a hipoteca, a toda uma gama de possibilidades, pois essa era a população "desejada".

Há uma cota de terras para essas pessoas que são as terras que tinham sido trabalhadas por mãos negras até então. Quem sabia trabalhar no Brasil? Quem sabia lidar com as terras brasileiras? Quem estava há quatrocentos anos enriquecendo os colonos deste país com o trabalho? As pessoas negras. Então a desculpa do trabalho, que eu não sei como é aceita até hoje, é uma desculpa completamente fajuta, porque temos aí o ciclo do café, o ciclo do ouro, o ciclo do açúcar, o ciclo do algodão... Todos com tecnologia negra. Tecnologia mesmo. Nós estamos falando que essas pessoas tinham a tecnologia, trabalhavam e sabiam mais do que ninguém.

Neste país não há um lustre, do Sudeste para cima, que não foi construído por mãos negras. Mas também não há cultura, não há economia, não há Brasil. E o que Gilberto Freyre vai falar no *Casa-grande & senzala*? Que eles "contribuíram" para o folclore. A ideia geral em Gilberto Freyre é que o branco é a civilização e negros e indígenas são apenas contribuições para esta. Repete-se a hierarquia colocada na ideia de raça biológica, só que com o argumento de culturas superiores e culturas inferiores. Mas não é verdade. Os negros é que constroem essa nação. Eles constroem essa nação como um todo.

Os postos de trabalho, portanto, são criados para os brancos. Vale dizer que a branquitude é uma posse, ou seja, a cor da pele é uma posse, assim como nós temos a terra, nós temos as casas, o computador e a brancura da pele. Ela é uma posse simbólica que permite que as pessoas naveguem na estrutura social. Nesse sentido, nossos avós eram "pobres". E como é que se cria oportunidades? Como é que se cria igualdade entre sujeitos?

Isso tem a ver, dentro de uma estrutura capitalista, com a transferência de riqueza de uma geração para a outra. Esse avô, bisavô, que chega aqui da Itália, da Alemanha, para trabalhar no começo do século XIX, começa a trabalhar com 8 anos. Só que, quando ele chega ao Brasil, os postos de trabalho eram para ele e o trabalho enriquece ele mesmo. Ou seja, trabalhando a vida toda ele consegue, no final da vida, ter algum tanto de dinheiro que esse filho que ele teve não precise sustentá-lo, porque o trabalho dele gerou um tanto de acúmulo que faz com que ele consiga viver e transportá-lo para a próxima geração.

Em três gerações, o problema da pobreza branca que chega aqui como imigrante acaba. Trata-se de uma posse simbólica que se torna material, porque os postos de trabalho e todas as facilidades foram colocados para as pessoas brancas. Então, isso é o que nós herdamos.

Nós aprendemos a "ser brancos"

A questão dramática é que a gente herda isso ao nascer – e hoje. E essa não é uma escolha nossa, essa é uma posição bastante passiva, e qualquer branco, desde o White Power, aquele que vem falar da supremacia branca, até eu, que estou aqui criticando a branquitude, recebe esse valor simbólico. Tanto faz qual é a sua a identificação psíquica, simbólica etc. com a branquitude. Todos nós, brancos, recebemos isso na estrutura social a partir daquilo que é a classificação racial, algo que é algo bastante objetivo.

As pessoas brancas recebem esse valor simbólico como "herança prévia". Essa não seria uma questão tão problemática se a gente a recebesse e distribuísse igualmente entre os sujeitos dessa sociedade. Mas nós recebemos esse valor simbólico e distribuímos apenas entre nós. É isso que Maria Aparecida Bento vai chamar de "pacto narcísico da branquitude".

E o que significa nós recebermos e distribuirmos esse valor entre nós mesmos? Gostaria que vocês, pessoas brancas que estão aqui ouvindo – e lendo –, imaginassem um jantar íntimo com dez pessoas que vocês escolheriam para jantar, tomar um vinho etc. Quantas dessas pessoas são iguais a vocês? Como é que se distribui o trabalho hoje em dia no Brasil? São 90% por indicação e rede de sociabilidade. A rede de sociabilidade é essa mesma que a gente acabou de pensar no jantar. Então, nós distribuímos aqueles recursos entre nós mesmos quando a gente vai chamar um colega para trabalhar, quando a gente vai escolher um aluno para ser orientando, quando a gente vai escolher um médico para fazer a cirurgia.

Se eu perguntar a vocês: imaginem um médico, agora, para fazer uma cirurgia no coração de vocês. Quem imaginou uma mulher preta? Por isso que se diz que a estrutura social é estruturante da nossa subjetividade. Nós estamos neste país que é regido assim, mas na nossa subjetividade, quando a gente vai imaginar alguém para fazer essa cirurgia cardíaca, essa pessoa também é branca. O profissional de marketing de uma agência de publicidade nasceu num Brasil da década de 1980 vendo a Xuxa. Aquilo é aprender a ser branco. Nós aprendemos a ser brancos, não tem essência branca, não tem essência negra. Nós aprendemos a ser brancos. Como é que a gente aprende a ser branco? A gente aprende vendo a Xuxa como ideal de beleza, dentre tantas outras coisas que "embranquecem" nossa subjetividade.

Falar de racismo não pode nos paralisar

Lembro, mais uma vez, que a raça é uma categoria de ideia de superioridade moral, intelectual (intelectual branco como o ideal do saber) e estética (ideal de beleza). Nós vamos aprendendo isso, mas nós também vamos reproduzindo isso. E o que é possível para nós, como brancos – e não só possível, mas urgente –, é que a gente pare de distribuir os recursos materiais e simbólicos apenas entre nós mesmos, neste país. Essa é a principal missão de cada um de nós. E isso não é só na política ou no discurso público: é para ser todos os dias, diariamente.

Como é que nós distribuímos os recursos simbólicos e materiais que nós recebemos, que são uma herança da branquitude, que são uma posse que faz com que a gente circule nesse país livremente? As pessoas brancas que estão aqui conseguem imaginar que a filha de vocês possa estar sentada, brincando de boneca, e levar um tiro de fuzil na cara, sem que isso seja um escândalo nacional? É impossível que isso não seja um escândalo nacional se ocorrer com qualquer uma das pessoas brancas de classe média. O que faz, qual a estrutura, o que nos subjetiva que faz com que isso não seja um escândalo, que a gente não esteja na rua três dias depois ou que muitos de nós não saibamos que Ana Clara foi levada... Um fuzil, em Niterói, com uma boneca? O que faz com que isso se invisibilize? Essa resposta cada um de nós temos de dar. O que faz com que essas mortes diárias sejam invisibilizadas ou que não nos toque a ponto de que isso seja urgente, que não seja para amanhã?

Falar de racismo não pode ser um gesto que nos paralise, porque muito da fala sobre racismo é paralisante. Reitero: não sou psicanalista e não poderia falar muito sobre subjetividade dessa forma. Mas há algo que a gente precisa pensar: o que nos foi subjetivado, de que forma nos foi subjetivado, e o que faz com que isso seja invisibilizado num país que tem 56% de pessoas negras? O que faz com que a gente se sente em um banco com todos os nossos colegas psicanalistas e psicólogos, e tenha apenas brancos, e a gente não se sinta mal? E a gente não se levante desse lugar e fale "a gente tem que fazer alguma coisa hoje, neste lugar onde a gente está!"?

O que faz com que a gente se veja apenas com brancos, em todos os lugares aonde vamos, e que os brancos convivam e não sintam que fazemos parte do apartheid? Onde está a humanidade que nos foi perdida? Onde está a humanidade perdida que faz com que a gente não sinta que o apartheid está aqui, neste momento, nesta sala, nesta Bienal de Psicanálise, neste momento, todos os dias?

É isso que cada um de nós precisa responder todos os dias. Enquanto não houver um incômodo no próprio corpo, estarei apenas discutindo teoricamente o que é o outro, o estrangeiro em mim. Se o nosso corpo não tremer ao entrar num lugar que tenha só brancos, nada disso que a gente possa falar adianta.

A discussão sobre a branquitude é urgente, é para ontem. Ela precisa ser discutida subjetivamente em cada um de nós, porque se o racismo é estrutural, ele precisa ser pensado como um conjunto de instituições que estrutura isso. As instituições são todas feitas por indivíduos. Então me perguntam, várias vezes, o que pode o indivíduo diante da estrutura? O indivíduo está em uma instituição e toda instituição – família, universidade, empresa – é moldada a partir da branquitude. É nesse lugar que podemos mexer diariamente.

Gosto de pensar que não existe manual para ser antirracista, porque o antirracismo parte do pressuposto de que nós estamos em instituições e cada um tem um lugar nessas instituições. Meu filho de 5 anos pode ser antirracista numa escola? Pode! Mas qual o lugar dele? É o lugar daquela criança que vai falar "meu cabelo é bonito também". É o máximo que ele vai falar com 5 anos. Esse é o lugar dele numa pré-escola. Mas qual é o lugar do diretor de uma Sociedade de Psicanálise? Qual é o lugar de um empresário de RH? Como ele faz as contratações?

É muito importante também que a gente reveja, como sociedade, aquilo que nos moldou como ideia de competência, que também está ligado à branquitude. A ideia de que nós distribuímos os valores simbólicos entre nós também diz respeito a como nós pensamos a competência na hora da contratação, na hora de pensar quem é que pode ser o aluno, quem é que vai ser o bolsista, quem é aquele que a gente quer que seja o supervisor. Porque a competência foi moldada a partir daquilo que é um ideal de classe média branca, em que, por exemplo, a língua inglesa entra na categoria de competência para contratações em várias empresas que não vão usar inglês. Ou seja, o que significa isso se não a oportunidade que os pais tiveram a partir de um acúmulo de riqueza herdada de uma geração para outra? O que muito tem a ver com a apropriação material do trabalho do outro, porque se o trabalho do branco enriqueceu o próprio branco, o trabalho do negro também enriqueceu o branco nesse contexto social.

Termino com Lélia Gonzalez. Ela diz que um dia estava andando na rua e se perguntou, bem psicanaliticamente: "por que será que essas mulheres brancas escondem a bolsa quando eu estou passando (como uma mulher negra)?". Ela mesma responde: "talvez elas saibam que ali dentro tem um dinheiro que é meu".

PARTE III

Refugiados dentro do próprio país: catástrofes ambientais, sociais e psíquicas

12. Nota de pesar[1]

Josimara Magro F. de Souza

Boa noite, bem-vindas e bem-vindos à terceira parte da V Bienal de Psicanálise e Cultura da Sociedade Brasileira de Psicanálise de Ribeirão Preto (SBPRP). Eu sou a Josimara, coordenadora-geral deste evento, e estou aqui, em nome da comissão organizadora, para expressar nosso mais profundo pesar por cada vida perdida nessa pandemia. Nessa semana nós estamos chegando ao assombroso número de 2 mil mortos por dia. A cada 45 segundos, nós perdemos um brasileiro. Como disse Mauro Baliero, nosso colega, membro filiado da SBPRP, em seu texto no Observatório Psicanalítico desta semana,[2] a cada morte morremos todos nós e morremos um pouco mais a cada vez. Eu quero expressar também nossa solidariedade a todos que estão neste momento lutando contra a covid-19 nos hospitais, nas UTIs, e a nossos bravos profissionais de saúde. E nossa solidariedade também às famílias enlutadas, parece este ser um luto sem fim, em meio a essa tragédia. E é muito importante a gente enfatizar que essa tragédia foi anunciada, era prevista e poderia ter sido evitada. Então fica aqui a nossa indignação com tudo o que está acontecendo em nosso país.

1 Lida em 9 de março de 2021.

2 Balieiro, M. C. O Último dos Juma. Observatório Psicanalítico de 05 de março de 2021 – www.febrapsi.org.

13. Apresentação – Documentário *O som das palafitas*

Cybelli Morello Labate

Julio Cesar Tadeu Chavasco Labate

O breve e sensível documentário *O som das palafitas*,[1] realizado na maior comunidade de palafitas da América Latina, a comunidade Dique Vila Gilda, localizada em Santos (SP), nos fala de pessoas vivendo em condições muito precárias de moradia, em meio ao lixo e em condições de risco, temendo incêndios e inundações, totalmente abandonadas pelo Estado, sem acesso aos direitos mais básicos. As imagens denunciam vidas esquecidas que lutam pela sobrevivência.

Em sua apresentação na V Bienal de Psicanálise e Cultura da Sociedade Brasileira de Psicanálise de Ribeirão Preto (SBPRP), André Pingo, designer e diretor de audiovisual, conta que, para gravar esse documentário, produzido para um concurso universitário em 2016, ele e sua equipe enfrentaram experiências de tensão ao depararem com fronteiras a princípio impermeáveis. Puderam experimentar como é ser estrangeiro em um lugar de ameaças reais. Com sua câmera em punho, tentaram adentrar um território inserido em uma região dominada pelo tráfico de drogas. Além disso, tiveram de se haver com a barreira das diferenças – sociais, culturais, raciais – que, por um lado, geravam

1 https://vimeo.com/226013375.

desconfiança nas pessoas da comunidade e, por outro, causavam-lhes o impacto do contato com uma realidade brutal, muito diferente do dia a dia daqueles jovens de classe média. A obra registra a fala dos moradores, que contam como é viver sobre palafitas: "a princípio as pessoas têm direitos a uma série de coisas, mas são colocadas ali como se fossem um estorvo. O lixo do lixo . . . aqui não é lugar pra ninguém morar".

Entremeando as casas sobrepostas por caminhos tortuosos, André foi surpreendido pelo olhar curioso das crianças da comunidade. Por meio da curiosidade recíproca, surge a possibilidade da troca de conhecimentos e a oportunidade de aprendizado e mudanças. Logo estavam todos interessados em filmar e ser filmados e as crianças puderam então apresentar, por dentro, a comunidade, a sobrevivência. Ao estabelecerem uma relação de confiança, André e sua equipe puderam receber as boas-vindas da comunidade. Conheceram a força que permite a sobrevivência em um ambiente tão inóspito.

As crianças, correndo pelos caminhos entre as palafitas, apresentam-lhes o projeto Arte no Dique – um projeto que resgata a dignidade dessas pessoas esquecidas pelo poder público. Como diz José Virgílio, presidente do projeto, "a arte tem o poder de introduzir na mente das pessoas uma abertura muito grande". Por meio da arte, as crianças aprendem, brincam, sonham, desenvolvem habilidades e agregam familiares que enfrentam a luta diária da sobrevivência, como refugiados em seu próprio país. O vínculo tornou a fronteira permeável, permitindo a experiência e, com ela, o aprendizado e a mudança.

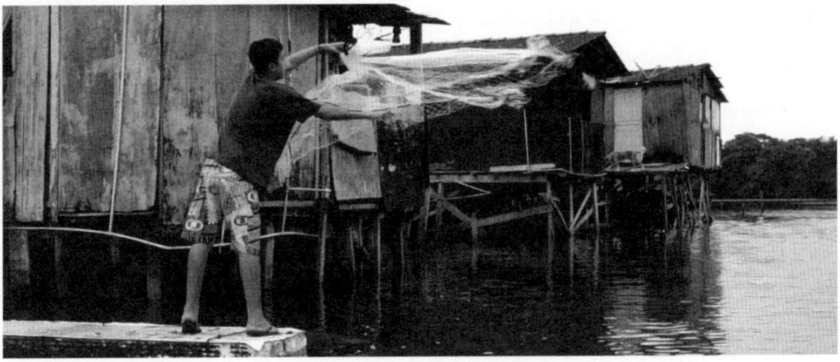

Figura 13.1 Documentário *O som das palafitas*, Comunidade Vila Gilda.

Crédito: André Pingo.

Figura 13.2 Documentário *O som das palafitas*, Comunidade Vila Gilda.

Crédito: André Pingo.

14. Ao som das palafitas e da escrevivência: é possível criar mesmo assim?

Mônica Guimarães Teixeira do Amaral

O curta *O som das palafitas* (2016), de André Pingo, choca-nos com as vivências relatadas, contadas e cantadas pelos moradores do Dique Vila Gilda, em Santos, território retratado no documentário. Refiro-me à ideia de choque póstumo postulada pelo filósofo Walter Benjamim, em seu artigo "A obra de arte na era da reprodutibilidade técnica" (1936/1980), quando este desloca a ideia de choque da arte dadaísta, que fazia da obra de arte objeto de escândalo, para pensar o cinema de vanguarda, que, segundo ele, finda por ferir o espectador, adquirindo um poder traumatizante para o público, produzindo-se no sujeito, segundo Theodor Adorno (1967/1986), uma espécie de experiência refratada *a posteriori* capaz de repor a experiência em franco declínio na modernidade. É preciso considerar que as imagens, segundo Adorno, têm sua realidade sedimentada no processo histórico, como algo refratado no plano experiencial. Sugere, ainda, que a arte visual de vanguarda e cinematográfica, em reconhecimento do acerto de Walter Benjamin no referido artigo, seria capaz de desencadear uma espécie de mimese, ou seja, uma "afinidade arcaica e pré-individual com o outro e uma receptividade não idêntica no plano inconsciente, indeterminada e evanescente" (Hansen, 2012, p. 214). Com isso, produz-se uma transformação da própria percepção sensorial e da subjetividade na modernidade.

Daí a importância, a meu ver, desta proposição feita pela Bienal de iniciar o debate por meio de uma peça cinematográfica – um documentário que traz consigo o valor de testemunho. Nesse curta, a câmera percorre as vielas, em meio às quais se evidenciam as condições precárias das moradias, além de colher relatos de algumas mães de família e de crianças, com seus raps e brincadeiras que, em meio ao lixo carregado pela maré, relatam o descaso do poder público para com suas vidas, suas dores e perdas, seja por terem a vida de seus filhos engolida pela maré, seja por terem sido mortos pela polícia. Chama-nos a atenção, se voltarmos nosso olhar para um passado recente, que deparamos com as mesmas condições alarmantes de vida descritas por Carolina Maria de Jesus (1960/2015), quando esta relata as dificuldades que teve ao viver sob a ameaça de inundações e desabamentos de sua moradia, há cerca de setenta anos. O livro *Quarto de despejo* relata a vida e a experiência subjetiva de Carolina Maria de Jesus, ex-moradora da favela do Canindé, instalada à beira do rio Tietê, em São Paulo, onde a autora e narradora, Carolina, viveu com seus filhos nos anos 1950, enquanto catava papel para garantir a sobrevivência da família e escrevia o livro.

Nele, ela nos relata a vivência dramática de uma favelada, que, como diz Audálio Dantas, jornalista responsável pela edição do livro e pela descoberta da escritora Carolina, conheceu a cor da fome – amarela. Segundo ela, a paisagem em meio ao lixo da cidade – o céu, os bichos, as árvores – ganhava uma cor amarelada quando a fome passava do suportável. E quando consegue alimentar-se e aos seus filhos, com o dinheiro angariado com a venda de papel, latinhas etc., ou por alguma doação, o nervoso que sentia "ausentava-se". Uma mulher que, em meio às 24 horas que passava catando papel, "andrajosa", como diz ela, para ter um dinheiro para comprar pão para as crianças, é capaz de se alegrar quando acorda e vê os raios solares penetrarem nas frestas do seu barraco.

Em seu relato, fica claro como ela sofre não apenas na cidade, mas em seu próprio território, com as humilhações e violências dirigidas a ela por outras moradoras, talvez porque estas não suportassem que ela, moradora de favela, tivesse outras aspirações: de viver decentemente, de ser escritora. Ela desabafa: "O que aborrece-me é elas vir na minha porta para perturbar a minha escassa tranquilidade interior" (Jesus, 2014, p. 16). E, mesmo assim, escreve, pois diz saber controlar seus impulsos, e, apesar do pouco estudo, buscou formar seu caráter. Eis o preço de ter escolhido não colocar um homem dentro de casa e criar seus filhos sozinha. Uma mulher negra, pobre, que ousou lutar para ganhar sua autonomia em percurso solo.

Ficaria aqui horas me debruçando sobre a delicadeza de seu espírito de mulher sofrida, que ama as crianças e percebe a mesquinhez que a rodeia, a mentalidade miúda e até mesmo sórdida que prevalece na favela, mas também na política, que pouco faz para que as coisas mudem de fato, e ainda na polícia, deparando com autoridades que dizem se importar com pessoas como ela, mas não se movem para alterar substancialmente a vida daqueles que se encontram às margens do rio, do mar, da cidade grande, da sociedade do bem-estar social.

Mas Carolina não é apenas essa mulher doce e delicada de espírito: precisou mais de uma vez ameaçar que sacaria a peixeira caso fosse atacada por homens ou mulheres. E diante de comentários depreciativos que ouvira na cidade em razão de seus andrajos sujos ela grita: "SE ESTOU SUJA É PORQUE NÃO TENHO SABÃO!" (p. 83). São pessoas com essa mentalidade que, ao prestar ajuda à comunidade, fazem pouco caso dela como trabalhadora (catadora de papéis), como mãe e como escritora, e lhe dizem com desprezo: "VÁ CUIDAR DE SUA VIDA! [em vez de ousar escrever livros]"(p. 89).

Embora distantes no tempo, o vídeo das famílias que habitam as palafitas de Santos e o romance/diário de Carolina de Jesus de décadas atrás apresentam algo em comum: são o testemunho vivo da opressão, da vida precária das famílias que lhes retira o ar, sufoca as pessoas e deixa muito pouco espaço para alguma tranquilidade interior – sempre escassa, como diz ela, mas que as faz recuperar o fôlego para continuar vivendo quando conseguem articular uma narrativa, como o menino por meio do rap, tendo ao fundo a batida de funk, e Carolina por meio do registro de suas memórias e reflexões sobre si e a sociedade em que vivia, que lhe deram notoriedade depois de publicadas em livro.

É claro que uma diferença se destaca: as crianças e os jovens moradores das palafitas em Santos tiveram o apoio de organizações não governamentais (ONGs), como a Arte nos Diques e outros tantos trabalhos feitos pelos universitários da Baixada Santista, enquanto Carolina criou seus filhos sem esse apoio, experimentando dificuldades de todo tipo dentro e fora da favela. Além disso, houve a produção do curta/documentário, que repõe em imagem uma narrativa que tende a ficar à margem de sociedades tão esquecidas de si como a nossa.

Eu não podia deixar de pensar no momento que vivemos, em plena pandemia, em que a metáfora "não poder respirar" ganha contornos dramáticos na atualidade, sendo que no Brasil a realidade talvez seja um pouco pior, ou bem pior, sobretudo para os mais vulneráveis, ou seja, para aqueles que não têm sido objeto/sujeitos de políticas públicas decentes, como nas duas situações mencionadas. E mais do que nunca ficou estampada para o conjunto da sociedade a desigualdade social e étnico-racial, quando um número considerável de mortes atingiu a periferia das grandes cidades, matando as pessoas pobres e negras, sobretudo. E por quê?

Com os mutirões e doações nas periferias, ouço ecoar o mesmo apelo de Carolina Maria de Jesus: SE ESTAMOS MORRENDO, É PORQUE NÃO TEMOS SABÃO, NÃO TEMOS ESGOTO, NÃO TEMOS ÁGUA, NÃO HÁ ESPAÇO EM NOSSAS CASAS PARA O ISOLAMENTO SOCIAL!

A situação dramática vivida em 2021 pela segunda vez em Manaus, onde a população, sem poder contar com o serviço público, corria atrás de cilindros de oxigênio, passando a lutar cada um por si para garantir ar a seus familiares, deixou a todos perplexos. Uma situação-limite que se espalhou por todo o país e que nos angustiou. E que estampou também a desigualdade de investimento regional no país. Uma pergunta ficou no ar: *quais vidas importam*?

Diante dessa situação, evidenciou-se para grande parte da população o resultado de uma política desastrosa, sem rumo no campo econômico, sem qualquer planejamento nos campos da saúde e da educação, dando início a uma vacinação considerada por muitos como atabalhoada, enfim, uma situação caótica que tem impulsionado uma movimentação na sociedade pelo impeachment do presidente, pela abertura de uma CPI[1] da covid e pela destituição do general empossado como Ministro da Saúde.[2] As respostas encontradas por estes não foram as melhores:

- o general pediu trégua ao Senado, dizendo não ser possível lutar em duas frentes (a CPI e a epidemia), mencionando a derrota da Alemanha quando esta abriu uma nova frente de batalhas contra a Rússia. Ou seja, estava comparando a sua situação à derrocada do governo nazista alemão. Terá sido um ato falho? Mas não explica por que se recusou a comprar vacinas da Pfizer, da Johnson & Johnson, não atendeu aos pedidos reiterados do Butantã para a compra de imunizantes com antecedência, além de responder à tragédia de Manaus com a distribuição insensata de cloroquina (cuja produção, aliás, foi encomendada à Fiocruz), que já vinha sendo distribuída por todo o país, pelas redes do Sistema Único de Saúde (SUS), desde 27 de março de 2020. Não se pode esquecer

1 Comissão Parlamentar de Inquérito. A CPI foi instaurada posteriormente ao nosso debate: o requerimento foi lido pelo presidente do Senado em 13 de abril de 2021 e ela foi instalada em 27 de abril de 2021.

2 Eduardo Pazuello, destituído no dia 26 de março de 2021.

que, dos 24 bilhões destinados à compra de imunizantes, foram utilizados apenas 9% desta verba;

- o presidente livrou-se de um impeachment, ao menos de imediato, graças aos acordos espúrios do Planalto com os parlamentares identificados com o centrão, no Senado e na Câmara.

Uma verdadeira tragédia anunciada, pois se trata de um governo, como bem salientou o ministro Edson Fachin em entrevista concedida à *Folha de S.Paulo* (2021), que se militariza cada vez mais e destrói as instituições democráticas e políticas já consolidadas – seja no campo da saúde, seja no da educação, ou mesmo nos da cultura e da proteção ambiental –, além de se constituir em forte ameaça à garantia dos direitos, inclusive à vida, das populações ribeirinhas, quilombolas, indígenas. Outras populações também são seriamente atingidas por um governo que pretende legislar sobre os costumes, produzindo um verdadeiro retrocesso em todos os campos, além de se constituir em ameaça à vida das populações negra e LGBTQIA+ (para não dizer que está em curso um verdadeiro genocídio dessas populações).

Ademais, para além da tragédia da pandemia, a frase "Eu não posso respirar" faz ecoar dois episódios recentes, que levaram massas e massas às ruas para protestar contra o racismo e o extermínio da população negra.

O primeiro episódio: "*I can't breath!*", assim gritou George Floyd, que morreu minutos depois sob os joelhos de um policial branco que amassava o pescoço dele com as mãos nos bolsos, indiferente aos apelos do rapaz que morria asfixiado… Terá ele posado para uma foto? Achando que sairia impune como aconteceu com tantos outros policiais que mataram homens negros e mulheres negras nos EUA? Isso aconteceu em 25 de maio de 2020, em Minneapolis, com George Floyd, que foi assim abordado pela polícia por ter supostamente apresentado uma nota falsa de 20 dólares depois de ter perdido o emprego durante a pandemia.

O segundo episódio: "*Não estou respirando*", dizia João Alberto, o rapaz que foi espancado e imobilizado até a morte em plena luz do dia no estacionamento do supermercado Extra em Porto Alegre. Ele também morreu por asfixia, com a conivência de uma funcionária do supermercado e talvez de outras pessoas que observaram a cena sem interferir. Terá sido por medo, ou por aquiescência? Isso aconteceu em 20 de novembro de 2020.

Ambos os episódios geraram inúmeros protestos e uma campanha que se espalhou pelo mundo dizendo: "Vidas negras importam!" (*Black lives matter!*).

Relatei aqui algumas situações-limite em que a frase "*Eu não posso respirar!*" tornou-se emblemática de uma política negacionista, destrutiva, antidemocrática e até mesmo com claros contornos fascistas. E que tende a penalizar os mais vulneráveis ao aprofundar as desigualdades e as opressões interseccionadas de classe, de gênero e de raça, que na mulher negra se veem agudizadas por sofrer os efeitos de todas essas opressões e por isso mesmo, como diz Ângela Davis (1981/2016), talvez seja por meio dela que se possa vislumbrar a possibilidade de um verdadeiro projeto emancipatório, como vimos em mulheres como Carolina Maria de Jesus.

A arte de virar do avesso e caminhar a contrapelo dos acontecimentos históricos

A arte do rap, o diário de uma favelada e a mobilização política das populações historicamente prejudicadas foram responsáveis por alterações substantivas, ainda que temporárias, no campo da política internacional.

O rap apresentado no documentário *O som das palafitas*, apresentado pelo garotinho que cantou suas dores, como uma forma de elaborá-las, fora praticado por George Floyd. Uma arte de rua que, não se pode esquecer, levou milhões para as ruas e embalou as revoluções anunciadas pela Primavera Árabe, entre 2009 e 2011.[3]

O diário de Carolina Maria de Jesus, por sua vez, além de ter sido traduzido em inúmeras línguas, é muito atual, pois retrata a vida das pessoas que vivem nas margens, à margem das grandes cidades. Sem falar quão lido tem sido nas escolas públicas de São Paulo e do Rio de Janeiro. Ao mesmo tempo, sua obra foi inspiradora de inúmeras intelectuais, escritoras, artistas do teatro e poetisas, abrindo um caminho para o reconhecimento de diversas escritoras negras, como Conceição Evaristo.

Conceição relata que teve mais oportunidade de estudar do que suas irmãs, talvez por ter ido morar com uma tia para onde foi enviada de modo a salvar da fome a família. Hoje ela é graduada em Letras e doutora em Literatura Comparada pela Universidade Federal do Rio de Janeiro (UFRJ). É autora de alguns livros importantes, como: *Ponciá Vivêncio* (2003/2020), traduzido nos EUA, *Becos da memória* (2006/2017a) e *Poemas e outros movimentos* (2008/2017b). Em 2011, publica *Insubmissas lágrimas de mulheres* (2011/2016a), em que relata a vida de mulheres em um contexto marcado pelo machismo e pelo sexismo, e finalmente *Olhos d'água* (2014/2016b), o qual lhe permitiu

---

3 Tudo começou com a autoimolação de Mohamed Bouazizi, na Tunísia, um ato de protesto de um vendedor ambulante contra a humilhação a que vinha sendo submetido, que acabou desencadeando manifestações contra a corrupção, a especulação financeira, a polícia violenta e a mídia subserviente. Embalada por canções e slogans contra o governo, o povo reunido na praça promove, finalmente, a derrocada do governo, durante a qual a cantora Emil MathLouthi canta seu "Kelmti Horra", uma música de protesto que clama por liberdade de expressão. E depois vimos isso acontecer na Praça Thair, no Egito, e depois o Dia de Fúria, na Líbia, foi celebrado pela música anônima "Misrata", emprestando o nome da cidade que foi o marco da resistência anti-Kadafi. Ibn Thabit, nome de um poeta árabe do século VII, foi o pseudônimo escolhido pelo rapper líbio para lançar suas músicas pelas redes sociais, nas quais divulgou o *Apelo para a Juventude Árabe*, contra o "ignorante coronel". E, assim, inúmeras manifestações foram desencadeadas em diversos países do norte da África entre 2009 e 2011 (Amaral & Ferreira, 2014).

ser uma das finalistas do Prêmio Jabuti. Invariavelmente, em seus escritos retrata a vida das pessoas que vivem na favela, nas ruas – os humildes que rondam as grandes cidades.

Na obra *Becos da memória* (2006/2017a), ela aborda histórias singulares de pessoas reais ou inventadas, sem nunca se esquecer de que são contadas e, por isso, já adquirem um toque de ficção, constituindo o que ela chama de escrevivência – um jeito de construir narrativas singulares, mas que remetem invariavelmente a experiências da coletividade. O mesmo se pode presumir com relação à obra *Quarto de despejo*. Nesse sentido, recorrer à literatura de autoras(es) negras(os) significa penetrar na cumplicidade entre os sujeitos individuais e sua comunidade/coletividade.

Essa foi e tem sido uma forma de essas mulheres escritoras ganharem fôlego e restaurarem o ar que lhes tem sido roubado e negado por uma sociedade marcada pelo patriarcado de mentalidade escravista, por uma masculinidade tóxica e pela branquitude, que não abre mão de seus privilégios.[4]

Já o rap, uma das linguagens da cultura urbana hip-hop, tem sido o instrumento para denunciar o genocídio de jovens negros no Brasil. A taxa de homicídios de jovens negros é quase três vezes maior que a de brancos.[5] É claro que o rap também funciona como uma forma de elaboração de perdas e de afirmação de sua negritude. Não se pode

---

4 Como salientamos em Amaral, Reis e Bastos (2020).

5 De acordo com o relatório Desigualdades Sociais por Cor ou Raça no Brasil, divulgado no dia 13 de novembro de 2019, no Rio de Janeiro, pelo Instituto Brasileiro de Geografia e Estatística (IBGE), a taxa de homicídios entre os jovens brancos de 15 a 29 anos era de 34 mortes para cada 100 mil habitantes em 2017, último ano com dados de mortes disponíveis no DataSus. Entre os pretos e pardos, eram 98,5 assassinatos a cada 100 mil habitantes. Fazendo o recorte apenas dos homens negros nessa faixa etária, a taxa de homicídio sobe para 185. Para as mulheres jovens, a taxa é de 5,2 entre as brancas e 10,1 para as pretas e pardas. Disponível em: https://www.ibge.gov.br/estatisticas/sociais/populacao/25844-desigualdades-sociais-por-cor-ou-raca.html. Acesso em: 13 mar. 2023.

esquecer ainda que esse trabalho de denúncia do genocídio da juventude negra tem sido apoiado também pelo Movimento das Mães de Maio, espalhadas por todo o país.

De outro lado, o movimento *Black Lives Matter* ganhou novo fôlego com o assassinato de George Floyd nos Estados Unidos e, no Brasil, com a morte de João, que deixou o supermercado Extra em maus lençóis. Mas, nos Estados Unidos, o movimento ganhou tal amplitude que foi capaz de derrotar Trump nas eleições presidenciais, claro que também por causa de sua política desastrosa de combate à pandemia.

Fronteiras e situações-limite: como a psicanálise pode nos ajudar a pensar sobre a criação literária e estética capaz de produzir uma reversão dialética em situações tão adversas?

Em todos esses casos estamos falando de fronteiras, situações-limite, que podem levar à loucura e até à morte de pessoas e das instituições democráticas. Mas também podem conduzir à criação literária, à produção cinematográfica, do rap e da poesia como instâncias de protesto e de resistência. Ao mesmo tempo, destacamos os movimentos individuais e coletivos de construção e preservação de identidades, subjetividades e vidas ameaçadas, que têm exigido ações em prol da preservação das instituições democráticas, mas também o engajamento na luta interseccionada não apenas de classe, mas de raça e de gênero, ressaltada inicialmente por Angela Davis e, no Brasil, por Sueli Carneiro, Lélia Gonzalez, Beatriz Nascimento e, como vimos, por Carolina Maria de Jesus e Conceição Evaristo. Uma luta que hoje pode ser representada pela eleição da primeira mulher negra para a vice-presidência nos EUA.[6]

---

6 A presença de Kamala Harris evidentemente tem influenciado algumas medidas adotadas por Biden. A mais recente foi o apoio à eleição de Okonjo-Iweala, a primeira mulher a chefiar a Organização Mundial do Comércio (OMC).

A música para o garotinho do Dique Vila Gilda, apresentado no curta *O som das palafitas*, e a escrita para Carolina, que escrevia para não enlouquecer, ou mesmo matar, parecem cumprir uma função objetalizante, tal como salientara André Green (1993) a propósito da sublimação estética ou de qualquer outra transformação psíquica que envolva a criatividade. E isso se deu, a meu ver, no caso de Carolina, porque a escrita de seu diário parecia propiciar-lhe, na falta de um prazer compartilhado com a comunidade, ou mesmo com os homens, outro gozo, fazendo-se acompanhar de objetos amados (da cultura), como se evidencia em seu prazer pela leitura, pelos livros e pela escrita.

André Green sugere que a sublimação não cala as exigências da pulsão erótica, pois o que há não é propriamente uma dessexualização, como sugeriu Freud em "O ego e o id" (1923/2001), mas um engano: o eu sublimado e dessexualizado só renuncia à satisfação sexual propriamente dita, acreditando na possibilidade de se oferecer uma "satisfação superior".

A hipótese de Green, em seu livro *O trabalho do negativo* (1993), é que

> *há uma particularidade no plano do visível (acoplado ao invisível) de realizar as condições do tocar à distância, um tocar metaforizante (transferido), de tal modo que a não realização do toque tem por contrapartida a dinâmica do desvio-atração, mobilizador de sua orientação para fins não sexuais, mas acompanhado da conservação (transformada) da descarga libidinal, sem que esta se dê sob a forma de satisfação pulsional e sem que essa transformação faça perder a qualidade do fenômeno pulsional. (p. 321)*

Um processo que estaria presente em toda forma de criação estética, ou simplesmente de transformação psíquica que envolva uma criatividade verdadeira. Estaria fora desse enquadre toda forma massificada e estereotipada de cultura.

E é nesse espaço de criação – de tocar a lembrança do irmão morto que o garoto homenageia com o rap, ou do tocar metaforizante da vida cotidiana de Carolina na fronteira, nas margens da cidade e à margem dela – que as subjetividades/identidades da diáspora negra do Atlântico, como nomeou Paul Gilroy (2001), se constituem. A arte, nesses casos, exerceu uma função objetalizante à custa de um tremendo esforço mobilizador das pulsões de vida em torno da constituição e da preservação do narcisismo de vida em sua luta com o narcisismo de morte, que paradoxalmente é mobilizado em um processo criativo, cuja função desobjetalizante, de desligamento pulsional, é, entretanto, constantemente mobilizada em situações-limite, como as que foram vivenciadas por Carolina e o jovem rapper, e provavelmente por tantas outras Carolinas e jovens rappers.

Eu diria ainda que é nessas histórias recolhidas pela literatura de autoras negras, sobretudo, que se delineará a ideia de constituição de suas subjetividades nas fronteiras, entre a cidade provida de todos os serviços e o território transitado pelas populações que vivem do lixo, às margens de rios e mares, nas palafitas, nos morros instáveis, nas casas que vivem sob a ameaça de serem demolidas, invadidas pelas águas, pelos rios e mares ou pelas desocupações feitas na madrugada, ou ainda pelo fogo criminoso colocado pelos responsáveis pela especulação imobiliária com o aval dos poderes públicos.

Um legado deixado por mulheres como Carolina, ou mesmo pelas personagens de Conceição Evaristo, que puderam se constituir como sujeitas, passando por "identificações suturadas/saturadas" em espaços de fronteiras, como sustenta Stuart Hall (2014), no entre, que foram associadas às suas experiências de trabalho duro, tenacidade e resistência em meio às opressões de classe, raça e gênero. Percurso que também parece estar presente no vigor de lideranças como Kamala Harris e da recém-empossada diretora da OMC, a economista nigeriana Okonjo-Iweala.

Mas também é o território das subjetividades e das identidades das pessoas migrantes e refugiadas da fome e das guerras, que buscam acolhida noutros países, ou mesmo daqueles que são *refugiados em nosso próprio país*, como sustentam os organizadores desta Bienal, cujo título diz bem o sentido deste encontro – *(im)permeáveis fronteiras*. Daí termos iniciado esta exposição com a escrita de Carolina Maria de Jesus.

Referências

Adorno, T. W. (1986). *Notas sobre o filme*. In G. Cohn, *Theodor W. Adorno* (pp. 100-107). Ática. (Trabalho original publicado em 1967)

Amaral, M. G. T. do, & Ferreira, T. L. (2014). A primavera juvenil no Brasil e no mundo: o "senso de possibilidade" e o sentido da "pós-história" em jogo no aprofundamento do sentido da democracia. *Publicatio* – Ciências Sociais Aplicadas, 22(2), 215-228.

Amaral, M. G. T do, Reis, D. dos S., & Bastos, J. R. B. (2020). O patriarcado escravista, a masculinidade tóxica e a violência de Estado no Brasil. *Revista Percurso*, (64), 19-30.

Benjamin, W. (1980). A obra de arte na época de suas técnicas de reprodução. In *Textos escolhidos: Walter Benjamin, Max Horkheimer, Theodor W. Adorno, Jürgen Habermas* (pp. 3-28). Abril Cultural. (Trabalho original publicado em 1936)

Davis, A. (2016). *Mulheres, raça e classe*. Boitempo. (Trabalho original publicado em 1981)

Evaristo, C. (2016a). *Insubmissas lágrimas de mulheres*. Malê. (Trabalho original publicado em 20011)

Evaristo, C. (2016b). *Olhos d'água*. Pallas. (Trabalho original publicado em 2014)

Evaristo, C. (2017a). *Becos da memória*. Pallas. (Trabalho original publicado em 2006)

Evaristo, C. (2017b). *Poemas da recordação e outros movimentos*. Malê. (Trabalho original publicado em 2008)

Evaristo, C. (2020). *Ponciá Vivêncio*. Pallas. (Trabalho original publicado em 2003)

Folha de S.Paulo. (2021, 10 fev.). Entrevista concedida pelo Ministro Edson Fachin. A6.

Freud, S. (2001). El yo y El ello. In S. Freud, *Obras Completas* (Vol. XIX, pp. 1-66). Amorrortu. (Trabalho original publicado em 1923)

Gilroy, P. (2001). *O Atlântico negro: modernidade e dupla consciência*. Editora 34, Universidade Cândido Mendes – Centro de Estudos Afro-Asiáticos.

Green, A. (1993). *Le travail du negatif*. Éditions de Minuit.

Hall, S. (2014). Quem precisa de identidade? In T. T. da Silva (Org.), *Identidade e diferença: a perspectiva dos estudos culturais* (pp. 103-133). Vozes.

Hansen, M. B. (2012). *Cinema and experience: Siegfried Kracauer, Walter Benjamin, and Theodor W. Adorno*. University of California Press.

Jesus, C. M. de. (2014). *Quarto de despejo*. Ática. (Trabalho original publicado em 1960)

Ideias para adiar o fim do mundo

15. Carta-manifesto[1]

Miguel Marques

A Bienal de Psicanálise e Cultura é o nosso instrumento de comunicação e de respostas ao nosso contexto social, político e humano como Sociedade de Psicanálise.

Estamos em pleno salto em direção à escuridão e às incertezas do próximo momento e não podemos nos esquivar das nossas responsabilidades, como psicanalistas e como uma Sociedade de Psicanálise. Consideramos o termo responsabilidade como capacidade de responder ao que nos atinge como cidadãos, trabalhadores da saúde, psicanalistas e membros de uma instituição com representatividade regional, nacional e internacional.

Como presidente e membro da Sociedade Brasileira de Psicanálise de Ribeirão Preto (SBPRP), venho a público para manifestar nossa indignação e nossa repulsa diante desse cenário catastrófico e apocalíptico, na medida em que nos revela dimensões inimagináveis e inumanas que compõem a realidade do Brasil em que hoje vivemos.

Em toda a trajetória da sociedade humana, ainda não tínhamos experimentado tamanha turbulência e abalo em nossos alicerces, que

1 Lida em 10 de março de 2021.

colocaram em xeque conceitos tão preciosos como os de humanidade e verdade, bem como os equívocos que produzimos em nome da "natureza mãe ao nosso dispor". Mesmo que em todas as épocas esses conceitos tenham sofrido profundas distorções e degradados a serviço de megalomaníacos populistas, fanáticos seguidores do deus Mercado e dogmáticos doutrinadores do culto capitalista, nesta era presente fomos atropelados pela geo-história e pelas turbulências do antropoceno. Estas anunciam as alterações climáticas inexoráveis e o estabelecimento da "virosfera" com suas expressões pandêmicas, como uma dimensão ativa, poderosa e presente na noosfera terrestre. A Terra reage à presença do homem e às alterações que a era industrial e a busca insana de lucros promoveram.

O apocalipse também nos defronta com uma bifurcação crítica que tanto pode comportar os aspectos destruidores que estão em curso como, fundamentalmente, nos apresentar para o fim de *um* mundo, e não *do* mundo. Uma transição da experiência de sermos humanos soberanos e manipuladores da natureza para a condição de terrestres compartilhando territórios com múltiplos entes e forças incoercíveis.

Segundo alguns estudiosos, estamos diante de uma ruptura de proporções similares à descoberta de Galileu Galilei de que a terra se move, rumo a uma nova perspectiva, a de que a terra se *comove*, segundo a teoria sobre Gaia de James Lovelock (2020).

Todos nós, que cultivamos a vulnerabilidade, a dúvida e os confrontos com incertezas como instrumentos para sondar a escuridão do desconhecido, estamos conscientes das rápidas transformações e assombrados por mudanças catastróficas que apontam para o colapso dos equipamentos de cuidados sociais e ambientais e a profunda ameaça à democracia por meio de falsas controvérsias que banalizam, adulteram e transformam fatos apontados pela ciência em disputas entre lobbies e poderosas corporações do mercado financeiro.

Hoje, em nosso país, somos todos "órfãos do real" – um termo cunhado por Grotstein (2010), um pensador da psicanálise. Estamos acuados diante de tantos desmoronamentos e capturados por barganhas com os pseudomessias carismáticos e todos os psicopatas presentes nas galerias dos charlatães e dos adoradores do "pênis fecal" – esse termo cunhado por Donald Meltzer (1994) – como o grande orquestrador de cenários sadomasoquistas excitantes que tentam dourar detritos e apresentá-los como joias raras. Estamos na fronteira de um universo fabricado com esboços grosseiros, estratégias bizarras e garranchos em forma de leis que rebaixam o debate público e o bem-estar social e tentam mimetizar e substituir vida real e viva por referências de um capitalismo predatório, anticientífico e antivida.

É inegável a sensação de que atravessamos um ponto de mutação da espécie humana, com chances de um colapso infernal e também de construir relações que privilegiem o bem-estar de todos os seres sencientes da Terra. Na prática, como nos diz o antropólogo e filósofo Bruno Latour (2020), somos todos contrarrevolucionários experimentando minimizar as consequências de uma revolução que foi feita sem nós, contra nós e, ao mesmo tempo, por nós.

Precisamos despertar depressa, talvez ainda tenhamos chances de escolha!

Referências

Grotstein, J. S. (2010). *Um facho de intensa escuridão: o legado de Wilfred Bion à psicanálise*. Artmed.

Latour, B. (2020). *Diante de Gaia: oito conferências sobre a natureza no Antropoceno*. UBU Editora.

Lovelock, J. (2020). *Gaia: um novo olhar sobre a vida na Terra*. Edições 70.

Meltzer, D. (1994). *Claustrum: uma investigação sobre os fenômenos claustrofóbicos*. Spatia Editorial.

16. Aproximações com as musicalidades indígenas

Magda Pucci

A verdadeira viagem de descobrimento não consiste em procurar novas paisagens, e sim em ter novos olhos.

Marcel Proust (2012)

Figura 16.1 Mawaca e Ibã Huni Kuin – Comissão Pró-Índio, Acre, 2010. Turnê Mawaca Cantos da Floresta.

Fonte: acervo Mawaca, foto de Eduardo Pimenta.

Figura 16.2 Show Mekaron – A imagem da alma – Encontro entre Kayapo e Mawaca – Sesc Pompeia, São Paulo, abril de 2019.

Crédito: Amanda Moraes.

Figura 16.3 Show Mekaron – A imagem da alma - Encontro entre Kayapo e Mawaca – Sesc Pompeia, São Paulo, abril de 2019.

Crédito: Amanda Moraes.

Meu lugar de fala é de alguém que tem um respeito imenso pelos indígenas de todo o Brasil e do mundo e que passou por uma grande transformação ao longo de vinte anos em que o interesse e o contato com pessoas de diferentes povos despertaram uma admiração cada vez mais crescente. Este texto – que foi uma fala e, portanto, apresenta um caráter mais direto e informal – é uma reflexão sobre as diversas formas como tenho buscado me relacionar com esse universo indígena – como artista, pesquisadora e educadora musical.

Em um país com 3056 povos indígenas que falam mais de 250 línguas, não podemos nos conceber como uma nação monocultural, e sim de muitas culturas que se somam, se diferenciam e são geradoras de uma sociedade complexa e múltipla. O ser humano não é uma experiência única, são experiências diversas. Uma pequena parte dessa diversidade tem ocupado meu interesse há duas décadas. Sei que é impossível, em uma única vida, conhecer a grande diversidade de expressões sonoras de todos esses povos.

Falha na nossa formação

No Brasil, não estudamos a vida, a história, os saberes e os modos de existir e ver o mundo dos grupos indígenas que aqui vivem, assim como nada conhecemos das artes indígenas, seja nas escolas ou universidades. E aquelas pessoas que têm algum interesse nessas populações terão que pesquisar de forma autônoma ou estudar em cursos específicos nas áreas de antropologia e afins. O resultado da ausência desse conteúdo na nossa formação é a invisibilidade e o silenciamento das vozes indígenas.

O número existente de pesquisas sobre os povos indígenas é grande, portentoso mesmo, mas o acesso ainda é escasso e a importância dada a elas é pequena, pois há um grande hiato entre academia e sociedade em geral, que ainda reproduz conceitos ultrapassados como colocar essa diversidade sob o guarda-chuva da palavra "índio" e colocá-los em funções de subalternidade. Para tentar diminuir esse hiato, é preciso vencer também uma muralha de preconceitos contra os indígenas, que ainda são vistos como seres primitivos e inferiores e considerados um obstáculo ao desenvolvimento do país.

Romper com essa mentalidade nos demanda muita tenacidade. Ainda hoje ouvimos comentários de muitas pessoas dizendo que "tem muita terra para pouco índio", que os indígenas não gostam de trabalhar, que são preguiçosos, e que se usa celular ou um computador não é mais indígena, dentre outras inverdades que denotam ideias preconceituosas repetidas *ad infinitum* para manter a invisibilidade desses grupos.

Se mal conhecemos a história dos povos indígenas, o que dirá as expressões sonoro-musicais praticada por eles? A música, incluindo sua arte oral, também é considerada uma expressão de menor interesse, porque seus parâmetros e conceitos diferem muito daqueles que nos foram colocados como hegemônicos, cuja régua acaba sendo excludente.

O contato com as sonoridades desses povos é pouco frequente e muitas vezes conflituoso, pois, quando se ouve suas musicalidades, muitos acham por demais "estranhas" aos ouvidos desatentos e apressados das grandes cidades. Não há muito tempo para ouvir cantos e instrumentos em rituais que duram horas seguidas, às vezes varando a noite. São códigos musicais que exigem uma outra escuta. A gente precisa exercitar essa escuta. Uma escuta demorada, uma escuta sensível, que não fique presa apenas aos parâmetros musicais convencionados pelos modelos eurocentrados, mas que também busque reconhecer os contextos em que elas acontecem, quem a faz, como faz, por quê, onde e como.

A música indígena acontece em outro tempo, com diferentes caminhos sonoros. E, quando é analisada, é sempre na negação, com base no que "não tem": *não tem afinação, não tem ritmo, não tem muitos instrumentos, não tem melodia, não tem precisão* – pois os referenciais ainda estão presos aos ditames de uma estética eurocêntrica hegemônica. O mesmo se dá quando ouvimos música chinesa, árabe, indiana etc. Ali se encontram tempos, escalas, sons que seguem outros parâmetros e causam estranhamento e dificuldade de fruição. Tomo aqui as palavras do historiador José D'Assunção Barros (2011) sobre essa dificuldade na escuta:

> *Quando nos empenhamos em escutar uma música pertencente a uma tradição cultural com a qual não estamos acostumados, a interferência do imaginário sonoro pode se tornar, ao invés de corretora e complementadora, literalmente deformadora. Esta ou aquela sonoridade que um certo padrão cultural de escuta julga não fazer parte do som musical puro, mas sim do âmbito dos ruídos a serem relegados ao esquecimento auditivo, pode ser extremamente importante em um outro padrão cultural de escuta. O que o homem branco ocidental chama de ruído, o indígena pode sentir como som; o portamento em quarto de tom que o europeu descarta como "erro de afinação", o nativo brasileiro pode considerar como parte integrante e fundamental do seu som musical; os ruídos da floresta, que parecem ao europeu intrometerem-se indevidamente no espetáculo sonoro, podem ser para o índio os principais convidados. Como separar a música do som na passagem de uma cultura musical a outra, se cada cultura redefine por sua conta o que é o ruído e o que é o som? Este é o problema central a ser enfrentado na captação da música indígena. (p. 18)*

Então, estamos falando de alteridades sonoras, e com elas diferentes maneiras de ouvir e ver o mundo, cosmo-sônicas (Stein, 2009)[1] que revelam aspectos invisíveis que nem sempre somos capazes de compreender ou perceber.

---

1 Stein apresenta, em sua tese sobre os cantos Mbyá Guarani, o conceito-síntese de cosmo-sônica que foca a centralidade do âmbito sonoro no modo de ser Mbyá, pois envolve as relações humanas e extra-humanas, o campo social refletido e constituído pela musicalidade desse povo.

Alteridades sonoras

Essas alteridades sonoras costumam nos causar estranhamento e essas musicalidades são, em geral, barradas de estar em espaços de destaque, pois são vistas como algo menor.

Como diretora musical do grupo Mawaca, meu foco durante mais de 25 anos de carreira tem sido pesquisar e recriar as diferentes formas de fazer música de diversas culturas do mundo. O grupo, formado por sete cantoras, interpreta canções em mais de vinte línguas, como árabe, japonês, finlandês, búlgaro, ladino, mandarim, swahili, occitano, dentre outras. Estamos acostumadas com as sonoridades de fonemas outros que não estão na língua portuguesa. Em um certo momento, percebi que precisava me inteirar dos cantos indígenas e conhecer as sutilezas das línguas nativas.

Primeiro contato com a música indígena

Meu interesse pela música indígena teve início em 1999, quando deparei com uma gravação de "Koitxãgareh", na voz de Uratana, que eu ouvi no LP *Paiter Merewa*. Koi Txangaré (Koitxãgareh) é um canto dos inimigos dos paiter suruí, grupo com o qual eu iria trabalhar mais tarde. Fiquei tão impressionada com essa música que, logo ao ouvi-la, fiz uma versão que foi gravada no segundo CD do Mawaca, de nome *astrolabiotucupira.com.brasil*.[2] Essa música abria o CD e repercutiu lindamente no nosso público, inclusive o público infantil.

Convite de Betty Mindlin

A antropóloga Betty Mindlin conheceu essa versão de Koitxãgareh e me convidou para trabalhar na organização, catalogação e digitalização do seu acervo sonoro dos Paiter Suruí, povo com quem ela desenvolveu

---

2 https://soundcloud.com/mawaca/koi-txangar.

longa pesquisa. Ela gravou narrativas míticas e cantos desde o final da década de 1970, fase do primeiro contato dos Paiter com o mundo exterior. Ela se propôs a devolver esse material para os Paiter para que eles pudessem utilizar nas escolas nas aldeias.

Eu conheci os Paiter primeiro ouvindo as mais de trezentas horas que foram gravadas pela Betty. Durante meses, ouvia as vozes de Dikboba, Gakaman, Perpera e tantos outros narradores e cantores, e me embrenhava naquele universo sonoro mágico. Naquelas fitas cassete havia cantigas de caçar, de fazer timbó, de catar coquinho, de lutar contra inimigos, de fazer chicha, de fazer ritual de Maphmimaep, de fazer mutirão, dentre outras funções do cotidiano desse povo de Rondônia, repertório catalogado e analisado na minha dissertação de mestrado *A arte oral Paiter Suruí de Rondônia* (Pucci, 2009), defendida na Pontifícia Universidade Católica de São Paulo (PUC-SP) após uma série de oficinas culturais realizadas por demanda dos Paiter em que muitas dessas cantigas e narrativas foram traduzidas conjuntamente com os *korub ey*, os sábios das aldeias.

Interesse crescente

Durante meu mestrado em Antropologia, consegui adquirir alguns LPs e CDs de músicas indígenas gravados por pesquisadores e produzidos por associações indígenas e organizações não governamentais e, mais tarde, selecionei algumas músicas que me impactaram pela peculiaridade de seus contornos e suas estruturas musicais, verdadeiras "pedras preciosas", na minha opinião.

Em 2005, o grupo Mawaca foi convidado por um congresso de psicanalistas junguianos para realizar um show com o tema "A psiquê da pré-história brasileira", isto é, as expressões artísticas dos paleoíndios, ancestrais dos indígenas que habitavam esse território antes de ser chamado de Brasil.

Sob o estímulo de realizar esse "*moitará* junguiano",[3] isto é, essa troca de ideias com intelectuais de diversas áreas do conhecimento, me enveredei na proposta de trabalhar sonoramente sobre os rupestres brasileiros. Isso já me proporcionou um salto criativo. Diante dessa proposta altamente inspiradora, mergulhei nas imagens dos rupestres de dois sítios arqueológicos brasileiros: Parque Estadual de Monte Alegre, no Pará, e Parque Nacional da Serra da Capivara, no Piauí, imaginando que sons poderiam sair daquelas imagens-símbolos. Além das formas humanas, aparecem naquelas pedras representações de animais cujos traços lembram o gavião-real, o peixe-boi, o escorpião e o lagarto. Aquilo tudo me conduzia aos povos indígenas, autores daqueles desenhos, e seus mitos, suas formas de ver o mundo, que se assemelham às novelas fantásticas, estranhas à lógica cartesiana.

Quando deparei com imagens de seres míticos como o pássaro-alma, o urubu-rei, a cobra e o sapo, o jacaré – seres que se metamorfoseiam em gente e intermediam os contatos do mundo sobre-humano com o mundo terrestre por meio dos xamãs – comecei a entender melhor os mitos transcritos por Lévi-Strauss em suas *Mitológicas*, por Betty Mindlin em *O couro dos espírito* e *vozes da origem* e por Viveiros de Castro em seu livro *Araweté: os deuses canibais*, em que a ligação entre essas duas esferas são constantes, reais e de grande profundidade. Para os Paiter Suruí, assim como para os Araweté e tantos outros povos indígenas, "a natureza está cheia de espíritos que falam, que sopram, que cantam. Tudo na natureza tem dono, é parte de um todo que ressoa, que vibra" (Pucci, 2009, p. 87). Segundo as ideias de Marcel Mauss (2003), talvez essas imagens representassem sacerdotes, cujas vozes incorporam as falas desses espíritos:

3 *Moitará* é o termo que se dá para a troca cerimonial dos kamayurá do Xingu e também era o nome usado pelos psicanalistas para esse congresso em que se encontravam pesquisadores de várias áreas do conhecimento.

> *Estes não são poetas quaisquer, mas sacerdotes, profetas, videntes, isto é, homens que a comunidade crê estarem em relação com os deuses. Quando falam são os deuses que falam por suas bocas. Em geral, todo indivíduo que tem o poder de exalar sua alma é um mágico. Essa alma é seu duplo, isto é, não é uma porção anônima de sua pessoa, mas sua pessoa ela própria. (Mauss, 2003, p. 69)*

Nas pedras, estão pintadas com um vermelho-escuro cenas de reverência a uma árvore (seria uma dança ritual?); cabeças com raios em forma de cocar (seria a representação de um xamã?); homens com braços levantados (seria a vontade de alcançar os céus?); olhos em forma de espirais (seria algum ser mítico?). Essas perguntas são meras especulações. Embora existam pesquisas arqueológicas e paleontológicas sobre as civilizações que habitaram as Américas, há diversas controvérsias.

Figura 16.4 Imagem rupestre de Monte Alegre (PA).

Fonte: diariodofb.com.

Esses rupestres, segundo arqueólogos, representam o nascimento do *Homo sapiens*. São a grafologia criada por esse homem. Observando-os, podemos notar a destreza, a habilidade no ato de criar, que é também habilidade de ação no campo estético, cuja finalidade mágica e ritualística é clara. É unanimidade entre os arqueólogos do mundo todo que os homens pré-históricos se utilizavam das gravuras rupestres com a finalidade de manterem a comunicação. Os registros deixados em rocha, aliás, são objeto de estudos de uma infinidade de pesquisadores.[4]

Esses povos, aqui tidos como paleoíndios, eram os ancestrais dos povos indígenas atuais, que deixaram testemunhos na pedra com uma forte capacidade de nos emocionar e, sobretudo, de nos fazer refletir sobre a nossa condição humana. Fui, então, trilhando uma ponte entre a arqueologia e a música, buscando conexões entre passado e presente.

Enveredei por essa "arqueologia musical", imaginando, especulando e buscando entender que o homem pré-histórico do Brasil é o indígena que faz seus rituais, que caça, que bebe chicha, que namora, que dança, que adorna seu corpo com pinturas e cocares, que se reporta aos espíritos do céu, do ar e da terra. As imagens são do passado remoto, mas as ações ainda se mantêm no cotidiano de muitas aldeias brasileiras. Segundo relato pessoal da arqueóloga Cristiane Buco, indígenas que foram ao Parque da Serra da Capivara se reconheceram naquelas imagens grafadas nas pedras.

Mesmo quando a música se mantém oral, não é linguagem da razão, mas das grandes forças misteriosas que animam o homem. Ela está carregada de sentidos, dos sentidos que podem estar simbolizados em desenhos e pinturas nas pedras, nas cavernas, e que podem nos servir de inspiração para outras ideias musicais.

---

4 Os aruak do Rio Negro acreditam que o povo Gente Pedra desenhava os desenhos rupestres nas pedras das cachoeiras desde o começo do mundo, por várias gerações. Segundo o pajé Tukano: "Estas ciências existem em vários lugares, nas Montanhas, Cachoeiras, existem nos rios, na Amazônia e na América Latina. Tribo Gente Pedra derretia nas pedras com os líquidos chamados Wamëko. Eram líquidos trazidos do rio subterrâneo, que somente tribo Gente Pedra tinha os materiais. Derretiam as pedras com ajuda de ervas medicinais, Kãre Ohko, e com cerimônias fortes chamadas *Miriãpõrãya mahsãturikhãrõ bahseró*. Esta cerimônia é tão forte que as palavras cerimoniais faziam as formas de relâmpagos ou faíscas saírem nas bocas da tribo Gente Pedra Aruak" (Gentil, 2007).

Quando me dei conta da fecunda relação entre as pinturas rupestres e os sons indígenas, me entusiasmei. Um processo artístico que surgiu de estudos arqueológicos e que ganhava aportes criativos, inspirados nessa ciência tão instigante.

Era como se eu estivesse encontrando conexões entre civilizações que se comunicavam por meio daquelas imagens. Aqueles rupestres são formas de expressão que ainda hoje surpreendem arqueólogos. Registram não só imagens de um possível cotidiano, mas também o interesse por uma "cosmologia em camadas", na qual o mundo celeste, o mundo terrestre e o mundo inferior são constantemente evocados, reiterados, interconectados.

Fiquei encantada ao notar que havia conexões interessantíssimas entre aquelas imagens que registravam cenas do cotidiano dos paleoíndios e as músicas indígenas que eu estava ouvindo. Em diversas cenas registradas naquelas pedras eu via a figura de homens com vestimentas com grafismos, braços levantados e diademas nas cabeças como se fossem raios de sol. Era claro o movimento da dança, provavelmente de algum ritual existente naquele tempo, em que aquelas pessoas se reportavam aos seres do invisível. Talvez fossem pajés, xamãs, curandeiros, como Mircea Eliade (1998) descreve no seu importante livro *O xamanismo e as técnicas arcaicas do êxtase*, em que analisa o fenômeno dessas figuras que acessam mundos invisíveis, seus simbolismos e suas mitologias. Eliade nos mostra que esse mundo espiritual é de grande complexidade e não uma prática inferior

Na visão dos povos indígenas, segundo Davi Kopenawa e Ailton Krenak, o canto e a dança são maneiras de existir e resistir e vivenciar a ancestralidade na sua plenitude. É preciso não deixar cair o céu e, para isso, é preciso manter a floresta em pé. Quem sustenta a floresta de pé? Quem não deixa cair o céu? É a música. São os cantos dos xamãs, as danças, os movimentos em torno de uma ideia de mundo mais amplo, que tem memória ancestral em que se podia dançar, cantar e sonhar (Krenak, 2019).

Esses movimentos estão impressos nas pedras em diversos sítios arqueológicos no Brasil, como os de Serra da Capivara, Monte Alegre, Serra do Cipó, em que cenas de pessoas com os braços para cima, com seus cocares e túnicas ilustradas com grafismos, mostram como aquelas pessoas, há mais de 20 mil anos, desenvolviam uma relação íntima com a natureza e seus seres. Nessas imagens é possível ouvir a música que faziam, a dança que performavam. Assim mantinham o céu lá em cima.

Figura 16.5 Imagem rupestre da Serra da Capivara (PI).

Fonte: Cohen (2018).

Essas pessoas dançando, reverenciando, cantando, rezando, se divertindo nos estimulam a imaginar formas de viver e pensar.

Aprofundei as pesquisas sobre arqueologia, arte rupestre, relações entre a música e a linguagem, a ocupação da América do Sul, e conheci o festival que Ailton Krenak organizou por anos na Serra do Cipó, lugar também de inscrições rupestres que mostram a existência de grupos indígenas por mais de 20 mil anos. E nessa teia de relações entre as imagens rupestres e as músicas indígenas elaborei o projeto "Rupestres sonoros", recriando e transformando músicas desse repertório em arranjos nos quais mesclava elementos indígenas a elementos orientais, europeus e africanos.

Trilhei um percurso poético-científico que me levou a incorporar novas gramáticas musicais e estéticas, como elementos da música eletrônica e elementos musicais de outras culturas. Esse material se transformou em um CD e DVD de nome *Rupestres sonoros – O canto dos povos da floresta*.[5]

Em 2011, aconteceu a turnê pela Amazônia, onde se deu um intercâmbio musical entre o Mawaca e seis comunidades indígenas: Paiter Suruí, Ikolen-gavião, Karitiana, Huni-kuin, Kambeba e comunidade Bayaroá, essa última vivendo na periferia de Manaus e formada por pessoas das etnias do Rio Negro.

A dinâmica desses encontros nos demandava flexibilidade e fluidez. Em um dia, nos encontrávamos com os indígenas em suas aldeias, tocando e cantando juntos, e, no dia seguinte, eles se apresentavam com o Mawaca em um teatro de uma cidade próxima, como nossos convidados especiais. Ficamos imersos nas vidas daquelas pessoas, que nos possibilitaram uma visão de mundo muito diferente e muito rica. A recepção era calorosa: aconteciam verdadeiras catarses no público.

Essa turnê me fez compreender esse complexo universo, reinterpretando melodias indígenas com o Mawaca: cantar *com* eles. Ouvi-los falar de suas músicas e dos seus contextos me aproximou muito da realidade daquelas pessoas. Começamos a romper os muros e as fronteiras e criou-se um olhar afetivo, uma escuta diferenciada, buscando compreender as demandas dos indígenas.

Esses encontros foram filmados em um documentário[6] produzido não como um filme etnográfico, mas como um registro dessa experiência transformadora tanto para o Mawaca como para os grupos que fizeram o intercâmbio. Foi um divisor de águas na minha existência como artista.

---

5 https://open.spotify.com/album/0TLjJVxlxE1TP1jrkKMQoe. Vídeos do Mawaca com temática indígena disponíveis em: https://youtube.com/playlist?list=PLb8gH_8L_WEVVzdNIMf-oG4pXZbWz1Poi.

6 Documentário *Cantos da Floresta*: https://www.youtube.com/watch?v=4fpZ5PZC6Nc.

Depois dessa experiência musical com esses grupos na Amazônia, brotaram muitas perguntas, questionamentos e reflexões que depois acabaram sendo o mote de uma tese de doutorado (Pucci, 2019):

- É possível tocar uma música que faz parte dos rituais de outros povos?
- É possível transpor uma ideia para o palco mantendo o respeito às comunidades indígenas?
- Seriam essas performances uma forma de iluminar essas comunidades "subalternas" à procura de uma estratégia de decolonização?
- Como é possível desenvolver projetos musicais com indígenas respeitando as diferenças?

Esses foram os motes da minha tese de doutorado: pensar a partir das categorias nativas; fazer música *com* eles passou a ser meu objetivo. Entendo que estamos num processo de criar pontes, diálogos, caminhos de intercessão para que indígenas não sejam "objetos de estudo", e sim protagonistas de suas próprias histórias.

E é isso que tenho feito desde então, criando caminhos e espaços para que possamos contar com a participação de alguns grupos nos palcos brasileiros, como a comunidade Bayaroá e Ibã Sales , pertencente ao povo Huni-Kuin, que sempre que possível têm sido nossos convidados especiais em diversas atividades.

Projeto didático Cantos da Floresta

Na busca de diminuir o desconhecimento sobre essas sonoridades indígenas, usei parte do material gravado durante a turnê como base para um livro para professores chamado *Cantos da Floresta: uma iniciação ao universo musical indígena*[7] (Pucci & Almeida, 2017) e a versão para crianças, *A floresta canta!: uma expedição sonora por terras indígenas do*

7 Áudios, propostas didáticas e partituras disponíveis em: www.cantosdafloresta.com.br.

Brasil (Pucci & Almeida, 2014), ambos com prefácio de Ailton Krenak. O objetivo foi transpor parte das muitas pesquisas realizadas pela academia em uma linguagem mais acessível para professores. Todo o processo de pesquisa foi realizado com a colaboração dos indígenas, além de etnomusicólogos e antropólogos.

Na sequência, passei a ministrar muitas oficinas para professores e interessados. Durante esses cursos, percebi que a maioria dos educadores com quem eu estava trabalhando não tinha ideia sobre o que é "ser indígena". Abundavam preconceito e visões estereotipadas sobre eles. Passei a convidar músicos indígenas como Djuena Tikuna (AM), Ibã Sales (Huni-kuin, AC), Coletivo Fulni-ô (PE), Andeson Cleomar Pankararu (PE), Nyg Kaingang (PR), Anuiá Amarü (Yawalapiti/Xingu/MT), que proporcionaram momentos inesquecíveis, em que pudemos ter um contato com seus saberes pelas suas vozes potentes.

E a música passou a ser uma ponte de aproximação muito interessante e fundamental dentro de um processo intercultural rico. Mais do que analisar músicas como objetos sonoros, o foco é olhar para *quem* canta (ou toca) essas músicas, bem como *para quem*, *porquê*, *como* e *onde*, perguntas postas pelo norte-americano Anthony Seeger – etnomusicólogo e antropólogo que trabalhou longamente com os Kisedje aqui no Brasil.

Todas essas atividades, que começaram com a vontade de conhecer outras culturas, perceber outras sonoridades, desembocaram em pesquisas, transformaram-se em performances, transmutaram-se em CDs e DVDs, viraram livros, tornaram-se parte de oficinas e estão sempre em constante processo investigativo, pois o universo indígena é infinitamente diverso e extremamente complexo.

Para finalizar minha fala, gostaria de mostrar um trecho do encontro com os kayapó da Aldeia Moykarakô do Pará. Eles vieram para São Paulo e fizeram uma residência artística no Estúdio Mawaca, e junto realizamos um espetáculo chamado "Mekaron – A Imagem da Alma",[8]

8 Teaser do espetáculo disponível em: https://www.youtube.com/watch?v=fWiAjY-1Lw8Q.

que emocionou a plateia do Sesc Pompeia em São Paulo, durante duas noites. Ao final, uma roda foi feita no saguão desse importante espaço cultural, onde cantamos e dançamos com o público.

Minha proposta, como artista, é criar espaço para essas questões de maneira poética, artística e sensível, subindo ao palco com os indígenas, produzindo livros, discos e vídeos mesmo correndo o risco de receber críticas. A arte tem esse poder de gerar empatia, de criar teias, de propiciar encontros e pontes entre mundos que não são intransponíveis como se quer crer. São mundos que podem entrar em modo de diálogo e respeito por meio da criação de caminhos criativos.

Desejo que os indígenas subam ao palco, que sejam protagonistas de suas histórias e criem suas músicas em projetos próprios, ganhando cada vez mais visibilidade.

Referências

Barbosa, F. (n.d.). Parque Estadual Monte Alegre. *Diário do FB*. https://diariodofb.com/2019/01/07/parque-estadual-monte-alegre-serras-trilhas-e-pinturas-rupestres/

Barros, J. D. (2011). Música indígena brasileira: Filtragens e Música Indígena Brasileira: Filtragens e Apropriações do Colonizador e do Músico Ocidental. *Espaço Ameríndio*. Porto Alegre, 5(1), 9-31. jan/jun. 2011. https://www.academia.edu/10911769/M%C3%BAsica_Ind%C3%ADgena_brasileira

Cohen, M. (2018, setembro 5). *Tesouros arqueológicos do Parque Nacional da Serra da Capivara em risco*. https://projetocolabora.com.br/ods9/tesouros-arqueologicos-da-serra-da-capivara-estao-ameacados/

Eliade, M. (1998). *O xamanismo e as técnicas arcaicas do êxtase*. Martins Fontes.

França, E. E. (2019, setembro 30). *Ailton Krenak e "as ideias para adiar o fim do mundo"*. Amazônia Real. https://amazoniareal.com.br/ailton-krenak-e-as-ideias-para-adiar-o-fim-do-mundo/

Gentil, G. P. T. (2007). Bahsariwii – A Casa de Danças. *História, Ciências, Saúde – Manguinhos, 14*, 213-255. https://doi.org/10.1590/S0104-59702007000500010

Krenak, A. (2019). *Ideias para adiar o fim do mundo*. Companhia das Letras.

Mauss, M. (2003). *Sociologia e antropologia*. Cosac & Naify.

Proust, M. (2012). *A Prisioneira – Em busca do tempo perdido* (Vol. 5, M. B., Trad.). Biblioteca Azul.

Pucci, M. D. (2009). *A arte oral Paiter Suruí de Rondônia* [Dissertação de mestrado, Pontifícia Universidade Católica de São Paulo].

Pucci, M. D. (2019). *Cantos da Floresta (Forest Songs): exchanging and sharing indigenous music in Brazil* [Tese de doutorado, Leiden University].

Pucci, M. D., & Almeida, B. de. (2014). *A floresta canta!: uma expedição sonora por terras indígenas do Brasil*. Peirópolis.

Pucci, M. D., & Almeida, B. de. (2017). *Cantos da Floresta: iniciação ao universo musical indígena*. Peirópolis.

Stein, M. R. A. (2009). *Kyringüe mboraí: os cantos das crianças e a cosmo-sônica Mbyá-Guarani* [Tese de doutorado, Universidade Federal do Rio Grande do Sul]. https://lume.ufrgs.br/handle/10183/17304

17. Vamos nos encantar com a vida na Terra

Ailton Krenak

Foi muito bom poder avistar todos vocês no painel inicial, onde eu pude ver esses rostos todos, e foi uma experiência, mesmo virtual, muito boa para mim. Eu estou aqui na zona rural, estou em Minas Gerais, na Aldeia Krenak. Aqui é uma reserva indígena, somos 130 famílias vivendo, nas últimas duas décadas, continuadamente em um território que já foi várias vezes invadido, assaltado, e nós já vivemos inclusive a experiência do exílio coletivo, no tempo em que todas essas famílias tiveram que sair e se refugiar em algum lugar, em São Paulo, no Mato Grosso, em Goiás. Então é bom lembrar que o povo Krenak já viveu uma experiência de exílio dentro do nosso país. E nós estamos convivendo atualmente com uma situação ambiental extremamente agravada por uma barragem da mineração que derramou sobre o leito do rio Doce, o Watu, esse nosso rio sagrado, uma lama tóxica que nos impede de fazer uso de sua água, de pescar, de usar para qualquer atividade nossa aqui dentro com os animais, para a agricultura. Então, compartilho com vocês também essa sensibilidade, porque ela nos toca profundamente e poderia nos causar um dano a ponto de nos transformar numa comunidade de pessoas vivendo a experiência do sofrimento mental como um cotidiano, como uma experiência cotidiana.

Nós nos esforçamos para superar essa realidade – ela é objetiva – e transfigurar essa realidade objetiva que é dura, que causa sofrimento, e produzir resiliência, produzir vida. Produzir vida a partir de uma vontade interior. E essa vontade interior, ela é potencializada pelo coletivo. Eu tenho, de vez em quando, me referido a essas comunidades quilombolas, comunidades indígenas, povos que vivem em regiões do nosso país em condição de certo isolamento, e que isso proporciona a essas comunidades se constituírem como coletivos autorregenerantes. Esses coletivos são lugares de cura, onde as pessoas curam-se. Essa fricção das pessoas cura. Nós vamos nos curando, nos curando uns aos outros. E essa experiência da autocura e da cura coletiva, ela é talvez, nesse nosso encontro, a comunicação mais interessante que eu posso compartilhar com todos vocês. Sabemos que não é suficiente que um aglomerado de pessoas esteja junto. Para além de estarem juntas, é necessário que essas pessoas experimentem uma visão de mundo, uma cosmovisão que possa ser potencializadora de forças vitais que são mobilizadas por desejos compartilhados. Esses coletivos têm que ser capazes de perseverar numa memória de si e não deixar que a loucura, que o dano, quebre esses vínculos, desmanche essas teias, teias que têm uma sensibilidade maravilhosa, porque elas vêm de um tempo anterior a esses traumas todos que nós estamos, na modernidade, compartilhando.

Eu me refiro àquilo que alguns de nós chamam de ancestralidade. Ancestralidade. Ancestralidade não é uma mística. Viver a experiência da ancestralidade tem um sentido prático, um sentido aplicado no cotidiano, que é invocar todo saber, todo conhecimento, todas as práticas que são sustentadoras de vida, de bem-estar, daquilo que os nossos irmãos da América Latina, principalmente do Peru, da Bolívia, dos Andes, chamam de bem-viver. Essa tradução do termo quéchua *sumak kawsay* para *bien vivir* é uma tradução para o espanhol, para o castelhano. Talvez ela deixe para trás alguma sensibilidade que só pode ser transmitida numa dessas línguas originárias, que se refere a uma transcendência. São seres humanos vivendo uma experiência de transcendência que é geracional, e passa de geração a geração, que é transmitida nas narrativas, nas práticas cotidianas, e que é representada em muitas maneiras de cura. Muitas maneiras de cura. Tem tantas pessoas que nós reverenciamos porque são curadores, porque sabem rezar, sabem benzer, sabem ajudar uns aos outros fazendo um chá, um banho, um remédio, um sopro. Entre os povos indígenas, esses chamados "os índios", essa diversidade de povos – como disse a nossa querida Magda Pucci – é uma diversidade, é uma pluralidade tão expressiva que a maioria das pessoas não seria capaz de imaginar sua riqueza, sua potência reelaborativa, regeneradora, exatamente por serem plurais. Essa pluralidade, essa diversidade que se expressa, na natureza, naquilo que chamamos de biodiversidade, ela também é possível na cultura.

Eu estava compartilhando com todos vocês a experiência de pequenas comunidades que, historicamente – eu vou falar de comunidades históricas no sentido de que elas têm uma continuidade desde o período anterior à colônia –, eu mencionei os nossos vizinhos dos Andes, os povos lá de cima que têm a expressão quéchua *sumak kawsay*, que quer dizer "viver a vida na Terra", na Pachamama. Esses povos originários, esses povos antigos chegam ao século XXI com esse saber, com esses modos de estar na Terra. Eu chamo a Terra como esse organismo vivo, como Gaia, o planeta. Não a terra "o Brasil", a terra "a Bolívia" ou "a Europa", mas somos muito convocados pelo pensamento racional a sincronizar essas ideias de separação entre povos, instituidora da ideia de países, nações, e uma racionalização dessas relações entre esses povos que foi erodindo, que foi fazendo desaparecer o vínculo que podia constituir comunidades em rede no mundo inteiro.

O fluxo de solidariedade, o fluxo de cura e cuidados que pequenas comunidades são capazes de curar e proteger, com uma capacidade de produção de vida inerente a essa ancestralidade; a perda dessa ancestralidade, a perda desses vínculos, e o individualismo exacerbado que produzimos, isso também está associado a um pensamento que se divorciou do que poderia ser entendido como uma transcendência. Vamos usar o termo no sentido espiritual da vida. A crítica materialista foi se constituindo como um modo de vida, então o materialismo foi se tornando uma religião, então nós temos uma humanidade materialista. Aqui nesse comentário incluo aquela formação intelectual que estabelece que você deve fazer tudo racionalmente, que você não pode ter crenças, que o homem moderno tem que ser racional, tem que ser materialista. Então essa orientação em termos materialistas de não termos crenças, essa busca por objetividade, ela exclui isso que nós chamamos de humanidade num sentido da vida mesmo, um sentido transcendente da vida, e nos joga num campo de relações políticas insustentáveis.

Quando o escritor Milan Kundera nos presenteou com seu best-seller *A insustentável leveza do ser*, ele já estava prenunciando esse mundo que a gente está compartilhando, universo cibernético, essa hipermaterialidade da vida onde a Terra, a nossa mãe, a Terra, ela deixa de ser um remédio e passa a ser uma ameaça. Mas vamos gradualmente sendo introduzidos a uma realidade de assassinato social, um termo que uma pesquisadora utilizou referindo-se à pandemia e à crise política que atravessamos. Mas eu percebo que tem muita gente que ainda insiste em pensar, por exemplo, a partir do Brasil, uma realidade regional, o Brasil. Como se essa situação que estamos vivendo fosse produto de uma experiência regional, e não de um contágio global. Assim como a pandemia não é uma experiência regional, a crise que estamos vivendo politicamente, no mundo inteiro, ela deixa de ser uma marca regional e passa a ser no sentido global. Nós estamos todos imersos numa crise gravíssima, uma crise que poderíamos chamar de crise humanitária. Ela não acontece somente na África ou na América Latina pobre, ela acontece no mundo inteiro. Mas há uma elite financeira global que sabe de tudo isso que está acontecendo, desde a década de 1970, 1980, sabe que estamos diante de um risco em que as mudanças climáticas, a crise ecológica e uma sobreposição de desastres podem jogar isso que nós entendemos como civilização num abismo socioambiental ou de tragédias ecológicas, com destruição das cidades litorâneas e o atolamento irreparável dessas estruturas que a gente valorizou tanto, desde os séculos XVIII e XIX, como uma base civilizatória dessa tal de humanidade. Nós estamos diante, agora, de um desastre global.

Quem sabe essa constelação de povos que vivem pelo mundo afora, seja na Ásia, na África ou aqui nas Américas, e que ainda tem práticas de cura, que são capazes de curar, proteger uns aos outros, venham a se constituir em pequenas células vivas de uma humanidade doente a ponto de nos tornar alvo de ataques inimigos, evitando uns aos outros, com uma irritação e uma disposição para o enfrentamento, para o embate uns com os outros, em que a gente possa estar mesmo diante de uma situação insustentável para continuar reivindicando a condição de humanidade.

Quando eu escrevi esse pequeno livrinho *Ideias para adiar o fim do mundo*, eu não imaginava que ele estivesse ligado, digamos assim, a uma corrente de pensadores que já vem, há algum tempo, desde o começo do século XX, alertando para esse divórcio com a fonte de equilíbrio e sanidade, resultado de nosso modo de estar no mundo, de consumir o mundo, desse mundo que nós achamos que seria "o nosso mundo", achando, e nós não somos capazes de entender, de ver, de perceber o que está acontecendo na nossa frente. Continuamos mantendo as mesmas instituições, insistimos nas mesmas leituras do mundo, quando o mundo na nossa frente vai se desmanchando. É como se a gente tivesse uma teima em acreditar que a lógica e a razão que o ocidente instituiu para governar o mundo não sejam capazes de dar conta também quando este mundo está em erosão diante de nossos olhos. Acreditar, acreditar, acreditar. Na verdade, é um fundamentalismo. A ciência, essa ciência que vem alertando sobre as mudanças climáticas, que vem alertando sobre o erro de consumo exagerado, sobre uma série de equívocos que essa sociedade global adota como modo de vida, a ciência vem sendo negada constantemente. E como o *negacionismo* não é só uma coisa de um sujeito extravagante, não é uma coisa do Trump, não é uma coisa desse governo brasileiro ou de algum outro ditador por aí afora. O *negacionismo* é cultural e está profundamente presente no cotidiano das pessoas, no dia a dia das pessoas.

Alguns observadores acham que o mundo popular, do povo, é um mundo que cultiva boas relações com o sentido da vida. Mas esse mundo do povo, que é tão romantizado, hoje é onde avança a fúria consumista de uma humanidade predatória e que despreza a própria vida. A gente não pode continuar romantizando a miséria, seja com a nossa literatura, seja com a nossa produção cultural, que sempre acrescenta um certo charme na miséria. Miséria não tem charme, miséria é miséria. Então nós temos que parar de produzir uma ideia romântica sobre a complexidade da relação entre os povos e saber que estamos nos tornando todos refugiados da vida aqui na Terra. Enquanto nós produzimos bilhões de refugiados aqui na Terra, alguns desses milionários, que sabem muito bem para que serve a ciência, estão botando um pequeno robô para passear em Marte e já estão vendendo possíveis viagens a Marte para alguns ficarem num spa fazendo academia, curtindo num bar, jogando e dançando. Essa distopia de a gente imaginar a corja de milionários fazendo um *réveillon* em Marte enquanto a Terra fica em chamas, ela é bem possível, ela não é uma fantasia de horror. Se alguém achar que é uma fantasia de horror, é bom acordar e olhar ao nosso redor.

A realidade que nós estamos vivendo no Brasil é uma amostra grátis do que temos pela frente no mundo inteiro. Eu não estou diminuindo a gravidade da situação que a gente vive no Brasil, ela é uma afronta ao sentido da vida, ela ofende e seria motivo para uma boa revolta social, em que essa revolta social movida pelo conhecimento poderia ter um sentido curativo e restaurador, mas, se movida pela ira, pela ganância, pela fúria ou pela vingança, ela só pode nos transformar num campo de batalha parecido com aqueles a que nós assistimos de vez em quando instalados na América Central, na África ou na Ásia, e que a gente olha horrorizado os campos de refugiados, gente mutilada pela miséria, governos contra a sociedade atuando de maneira criminosa e descarada, nem a Organização das Nações Unidas nem nenhum organismo multilateral consegue fazer presença nesses lugares. Não quero apavorar ninguém com uma profecia sobre o fim do mundo, porque afinal de contas eu pude compartilhar uma poética sobre a existência de mundos plurais, pensando em práticas, em escolhas que pudessem adiar o fim deste mundo, como muito bem ressaltou na fala de abertura o nosso querido professor Miguel. A existência de muitos mundos, precisamos percebê-la e entender que nós temos um mundo que a gente compartilha, esse mundo produzido pelo nosso desejo e pela nossa expectativa de consumir um mundo e compartilhar um mundo, esse está indo embora. Agora a gente precisa ver quais os mundos possíveis que a gente é capaz de compartilhar e não de disputar, porque este que nós temos agora está no auge da disputa. Ele é um mundo materializado, tem sua configuração de mundo constituída pelos oceanos, pelos desertos, pelas florestas... isso tudo que forma a ecologia deste planeta e que muita gente acha que é "recurso natural". Esse recurso natural, essa ideia de que a Terra é um recurso natural está nos levando a comer os oceanos, comer os desertos, comer as florestas, comer as geleiras. Quando a gente tiver comido tudo isso, talvez a gente pare, feito uma besta babando, olhe para os lados e fale: e agora, para onde nós vamos?

O poeta Carlos Drummond de Andrade tem um poema que eu nunca esqueço e que eu sempre faço menção a ele como se fosse um escudo, é aquele que fala "do homem e as suas viagens" (Andrade, 1990). Nesse poema o Drummond fala do homem, esse ser pequeno que cansa da terra, enjoa da Terra e decide fazer suas viagens espaciais. Vai à Lua, vai a Marte, vai a Vênus, deambula pelo cosmos e finalmente vai ao Sol. E desiludido diz que o Sol também é apenas *um touro espanhol domado*, quer dizer, não é tudo isso. E esse humano, esse homem volta para um possível planeta Terra, sei lá como vai estar esse planeta Terra quando ele voltar, para então dar início à única e definitiva, "dangerosíssima viagem de si para si mesmo" – interessante o poeta falar dessa viagem como a mais perigosa que o homem vai ter que fazer, para dentro de si mesmo, para se conhecer. Nós estamos querendo abrir uma colônia em Marte, mas definitivamente os homens não sabem nem o que vieram fazer aqui na Terra. Então andam como zumbis, assaltam o planeta, predam o planeta, e não são capazes de saber o que estão fazendo aqui.

Uma comunicação que é dirigida à comunidade de profissionais que trabalham com sofrimento mental, profissionais que atuam no cuidado com a vida, fazer um comentário de um lugar como este de onde eu me pronuncio pode parecer uma afronta até, à ciência, ao edifício da ciência, mas eu queria que vocês considerassem que nós estamos mesmo diante de uma manifestação do planeta Terra, que não é matéria-prima, estamos diante de uma manifestação de Gaia que não suporta mais a bagunça que os humanos fazem para continuar reproduzindo a si mesmos aqui na Terra. É uma mensagem que eu entrego a vocês de coração. E lembrando que essas constelações de pequenas comunidades espalhadas pelo mundo, talvez elas sejam a cura da Terra exatamente por nunca terem desprezado a mensagem que a Mãe Terra, a Pachamama, que Gaia, que esse organismo maravilhoso que é a nossa mãe Terra nos ensina. Enquanto formos capazes de guardar essa memória da Terra, nós vamos ter alguma coisa a dizer quando voltarmos para casa.

Aqui no Brasil eu sei que tem muita gente que já está exasperada, pelo total isolamento, pela crise da pandemia, tendo que suportar as ofensas políticas do governo em constante ataque contra a sociedade, tem deixado muita gente no ponto de bala. Mas a gente tem que ter sabedoria, tem que respirar, inspirar, cantar, dançar, como nos lembraram nossos parentes paiter suruí e como muito bem falou nossa querida Magda Pucci, que tem esse trabalho lindo de lembrar que canto é cura. Cantar é respirar. Vamos nos encantar com a vida na Terra. Valorizar a experiência da vida na Terra. Depois de tantas tentativas de fazer o nosso ritual, ele foi transformado quase que só numa comunicação telepática. Eu sou muito grato pelo valor desse encontro, pela relevância que vocês dirigiram à minha fala, e agradeço muito.

Referência

Andrade, C. D. de. (1990). *As impurezas do branco*. Record.

18. Ideias e sonhos para adiar o fim do mundo subjetivo

Sergio Lewkowicz

> *Se uma pessoa não fantasia nem sonha ela não tem meios para resolver seus problemas.*
>
> Bion (citado por Grotstein, 2011, p. 175)

Gostaria de agradecer a Cybelli Morello Labate em nome de todos os colegas da comissão organizadora da V Bienal e também à diretoria da Sociedade Brasileira de Psicanálise de Ribeirão Preto (SBPRP) pelo convite, que me deixou muito satisfeito e honrado por participar deste evento tão importante e já tradicional no nosso meio. Os temas da Bienal e dessa mesa se tornaram extremamente oportunos e significativos nesse momento terrível que estamos vivendo em nosso país e no mundo. Aproveito para lembrar e homenagear todos os mortos que já tivemos e os inúmeros que infelizmente ainda vamos ter.

Também gostaria de agradecer a oportunidade de compartilhar esse espaço com Ailton Krenak, a quem muito admiro. Lembro que já estivemos juntos em novembro de 2020, numa atividade da Feira do Livro de Porto Alegre que versou sobre ecologia e psicanálise. Gostaria de lembrar que Ailton foi considerado o intelectual do ano de 2020 pela União Brasileira de Escritores ao vencer o prêmio Juca Pato, é doutor *honoris causa* pela Universidade Federal de Juiz de Fora e é uma das principais vozes de resistência contra o fim do mundo.

Para iniciar, preciso confessar que até cerca de dez anos atrás os indígenas brasileiros representavam para mim povos em extinção com os quais eu nunca tivera nada em comum. Foi apenas após o ingresso de minhas filhas na universidade pública, uma no curso de Ciências Sociais e a outra no de Psicologia, que pude perceber o quanto minha percepção da realidade brasileira estava limitada e empobrecida por um enfoque eurocêntrico em que a contribuição desses povos restringia-se a um olhar de excentricidade ultrapassada pelos avanços da cultura dita civilizada ocidental.

O contato de minhas filhas com os mbiá guarani (etnia indígena predominante no Rio Grande do Sul na contemporaneidade, além da etnia kaingang) foi transformando, aos poucos, a minha percepção do impacto desta presença, apesar de minha invisibilização da sua existência. Através do olhar das minhas filhas fui sofrendo uma transformação que me encorajou a "ver com outros olhos" o que significava a presença dessas culturas entre nós.

Por meio de fotos, publicações e alguns encontros esporádicos com um jovem cacique, Vherá Potã, pude me defrontar com a força de minha capacidade intrínseca de desviar, de me evadir de grande parte daquilo que me constitui como brasileiro e gaúcho. Ao contrário, minhas raízes europeias e judaicas sempre estiveram presentes e foram motivo de orgulho para mim.

Trago essas considerações pessoais numa tentativa de promover um diálogo possível com Ailton Krenak, no qual as diferenças possam ser evidenciadas, não desmentidas, já que a capacidade de encontrar sonhos que sustentem subjetividades passa necessariamente pela nossa disposição a tolerar o confronto com essas diferenças.

Acercar-me da maneira como algumas das diferentes etnias indígenas encaram os sonhos, elemento essencial da vida psíquica para a psicanálise, pode ser um ponto em comum neste diálogo. Não somente para encontrar semelhanças, mas também para ampliar as possibilidades evidenciadas pelas diferenças.

Encantei-me com a relação dos indígenas com os sonhos, particularmente entre os achuar (povo que vive no Equador), o que foi aos poucos criando em mim interesse e respeito por uma visão diferente e nova sobre a atividade de sonhar numa perspectiva cultural diferente da minha. Os achuar têm um sistema complexo de valorização e compreensão dos sonhos. Eles usam os sonhos com muita imaginação, particularmente para augúrios em relação às atividades que têm que ser executadas, como a caça e a pesca (Descola, 1986/2006).

Nesse processo, costumam encarar os humanos como animais, por exemplo, sonhar com um homem gordo esbravejando pode significar um bom agouro para a caça do porco do mato que se comporta dessa maneira. Também se utilizam muito da inversão ao interpretar os sonhos: sonhar que se está caçando pássaros pode significar que é propício pescar e vice-versa. De maneira criativa, os sonhos são vistos como dotados de uma função premonitória. Os sonhos de mau presságio também aparecem muitas vezes por meio de imagens de animais, como envenenamentos, ataques, sufocações, mas os achuar os interpretam como ameaças de outros humanos. A natureza é menos assustadora para eles do que os poderes dos inimigos, particularmente dos xamãs maus.

Já os sonhos chamados de "verdadeiros" pelos achuar são aqueles em que se sonha com os familiares, particularmente os falecidos, e se conversa com eles, principalmente para tentar diminuir o sentimento de falta e de saudades deles. Aqui talvez encontremos uma visão em comum entre a cultura achuar e a psicanálise. Os sonhos verdadeiros são os únicos interpretados literalmente (conteúdo manifesto), sendo que os sonhos de bons ou maus presságios são sempre interpretados metaforicamente, de maneira aberta, levando em conta o contexto do momento.

Para esses indígenas, quando dormimos nossa alma se transporta a um mundo paralelo, de onde traz informações. É importante, portanto, logo ao despertar, conversar com os familiares sobre os sonhos da noite e procurar identificar essas comunicações. Em casos mais importantes e duvidosos, os sonhos devem ser discutidos com os "conselheiros" em sonho da aldeia, em uma atividade mais coletiva. Foi assim que recusaram uma proposta financeira muito alta das companhias petrolíferas para a prospecção de suas terras, baseados nos sonhos com seus antepassados.

Na visão do psicanalista, se o indivíduo é incapaz de transformar as impressões sensoriais brutas em elementos inconscientes de experiência, que possam se vincular, ele não consegue gerar pensamentos oníricos inconscientes e, consequentemente, não pode sonhar (Ogden, 2006). Por não sonhar, sofre. Não transforma a experiência emocional em crescimento psicológico. Não muda porque não elabora. Logo, não consegue pensar e apresenta um funcionamento operacional, automatizado.

Dessa maneira, a análise busca capacitar o paciente a sonhar, dando forma a sentimentos até então inominados. De modo gradativo vai ocorrendo uma maior integração do psiquismo. A forma simbólica plástica potencializa a forma simbólica linguística (Cruz, 1995). Nesse sentido, estamos juntos com Krenak quando fala de sonhos para adiar o fim do mundo.

Voltando aos indígenas, posteriormente, na Flip 2019 pude escutar Ailton falando sobre seu livro *Ideias para adiar o fim do mundo* (Krenak, 2019) e Aparecida Vilaça (2018), antropóloga carioca que viveu em muitos momentos com o povo wari, descrevendo sua relação com Paletó em seu livro *Paletó e eu*, no qual descreve seu processo de luto pela perda desse intelectual indígena (como ela mesma se refere a ele) com quem estabeleceu uma relação de parentesco afetivo; ele ficou sendo seu pai durante mais de trinta anos.

Considero que Raoni, Krenak e Kopenawa, entre outros, são importantes líderes e pensadores indígenas que estão conseguindo uma façanha desafiadora: unir e integrar os diferentes povos indígenas do Brasil, apesar de suas diferenças étnicas e culturais, em sua luta para tentar salvar a natureza.

Se colocamos o Google Maps sobre o mapa do Brasil, constatamos que as únicas áreas onde as florestas estão conservadas coincidem com os territórios indígenas. Áreas estas que representam espaços de sobrevivência de subjetividades regidas por lógicas diferentes daquelas que têm regido a sobrevivência subjetiva no ocidente, principalmente no que diz respeito às relações entre os humanos e a natureza.

Se colocarmos o Google Maps nas áreas das grandes cidades brasileiras, penso que "nossas florestas" estariam naquelas áreas onde a arte, a psicanálise e a educação ainda resistem como possibilidade de pensamento crítico. Penso que essas mesmas áreas também são áreas de preservação da subjetividade e dos sonhos. Espaços que neste momento no Brasil estão tentando heroicamente sobreviver à política vigente no país. Cada vez encontramos menos espaços que cultivem a capacidade simbólica, onde os sonhos e a poesia possam ter seu lugar garantido, mesmo nas instituições psicanalíticas. Num certo sentido, já estamos vivendo o fim do mundo.

Como lutar por espaços criativos que tolerem nossas incongruências e ambivalências sem reduzir esses espaços às "leis de mercado"?

Sabemos da complexidade dos problemas enfrentados nessas instituições. Assim como sabemos dos complexos problemas das relações entre as diferentes etnias indígenas que se mantêm lutando por sua sobrevivência ao longo de mais de quinhentos anos de massacre e desconsideração. Não pretendemos idealizar espaços onde os conflitos, as disputas, a destrutividade e a ganância não estariam contemplados. De novo, do ponto de vista das teorias psicanalíticas, a destrutividade anda de mãos dadas com a criatividade.

Para a psicanálise, sabemos que o desenvolvimento da capacidade de um pensamento livre e criativo depende da capacidade de tolerar as incertezas decorrentes das complexas interações entre os diferentes sujeitos imersos em seus ambientes socioculturais. Ailton Krenak (2019) descreve bem essa situação:

> *Definitivamente não somos iguais, e é maravilhoso saber que cada um de nós que está aqui é diferente do outro, como constelações. O fato de podermos compartilhar esse espaço, de estarmos juntos viajando não significa que somos iguais; significa exatamente que somos capazes de atrair uns aos outros pelas nossas diferenças, que deveriam guiar o nosso roteiro de vida. Ter diversidade, não isso de uma humanidade com o mesmo protocolo. Porque isso até agora foi só uma maneira de homogeneizar e tirar nossa alegria de estar vivos. (p. 33)*

Há poucos meses, numa conferência intitulada "Em defesa da impureza", Mia Couto (2020) declarou que somos todos mestiços. Explicou sob o ponto de vista biológico como nosso corpo é constituído por grande quantidade de bactérias e vírus. Além disso, explicou que se acredita que a espécie humana, como a conhecemos hoje em dia, se iniciou pela invasão de uma bactéria para dentro de uma célula que fugia de uma mudança ambiental quando nosso planeta passou de um ambiente anaeróbico para outro aeróbico, formando o que conhecemos como mitocôndrias. Essa relação foi benéfica para a bactéria invasora e para a célula hospedeira, chegando até a espécie humana. Esse exemplo da biologia e de nossa origem pode ser usado como uma metáfora de como a impureza, a mestiçagem, pode ser benéfica para o crescimento dos participantes dessa relação de diferentes. De fato, somos todos mestiços e os seres humanos na verdade são constituídos por uma mescla de animais. A ciência foi descobrindo que a maior parte de nossas células não são, realmente, humanas. "Quer dizer que são bactérias, vírus, fungos e todas essas criaturas que não fazem parte do nosso corpo porque são, simplesmente, habitantes. Elas são o nosso corpo. Elas e nós somos essas pessoas, essas criaturas. Isso quer dizer que é, sobretudo, um não humano que nos ajuda a sermos humanos."

A ideia da homogeneização da população parte da idealização e da dominação efetuadas pelos brancos em relação às outras raças, que são desvalorizadas e inferiorizadas em uma complexa trama dentro do projeto capitalista que está nos levando ao fim do mundo em nome de uma humanidade única, uma humanidade de consumidores como diz Krenak. Judith Butler (2019) descreve bem essa situação quando salienta que certos humanos são reconhecidos como menos humanos e isso torna suas vidas inviáveis; certos humanos não são reconhecidos como humanos e isso torna suas vidas invivíveis.

Todos nós oscilamos entre estados mentais de sonho/poesia/pensamento e estados de não conseguir sonhar/estados automatizados/desmentalizados/pensamento fanático. O projeto patriarcal, colonialista e capitalista que já levou a duas guerras mundiais e agora está nos levando para o fim do mundo tenta destruir o pensamento, a fantasia e o sonho e aumentar o pensamento fanático desmentalizado. Isso vai aumentando o número de dominados, de zumbis, de consumidores.

A destruição da natureza e dos seus guardiões indígenas, além de implicar o fim do mundo físico com a falta de alimentos – "dinheiro não se come" (Krenak, 2020) –, a asfixia, a falta de oxigênio como salienta Raoni, a queda do céu com todas as consequências das mudanças climáticas conforme Kopenawa, implica também a destruição desse importante espaço de subjetividade, de sonho e de fantasia. Seria o equivalente à destruição da universidade pública, um local que promove pensamento crítico e criativo e é tão atacado pelo governo atual.

Voltando a Mia Couto (2020):

> *Para grande parte da humanidade, da maioria da humanidade, nós temos que reinventar o humano, sim, mas é preciso antes que saibamos fazer isso juntos. Realmente juntos. Precisamos que as nossas diferenças nos ajudem a*

> *criar não só maior proximidade, mas a criar esta simbiose que a vida foi capaz de fazer, de maneira que possamos não apenas viver mais próximos, mas vivermos com os outros.*

Em minha singular trajetória, a universidade pública contribuiu para que diferentes gerações se encontrassem e desencontrassem, criando novos mundos possíveis, articulando culturas apartadas e permitindo assim, talvez, que possamos juntos ouvir a voz das montanhas, dos rios e das florestas.

Referências

Butler, J. (2019). *Vida precária: os poderes do luto e da violência.* (A. Lieber, Trad.). Autêntica.

Couto, M. (2020). As *fronteiras culturais e a união humana.* Conferência proferida no Ciclo Fronteiras do Pensamento. Plataforma digital.

Cruz, J. G. (1995). Sonho e percepção estética. *Revista Brasileira de Psicanálise*, *29*(1), 35-53.

Descola, P. (2006). As *lanças do crepúsculo*. Cosac Naify. (Trabalho original publicado em 1986)

Grotstein, J. S. (2011). Sonhar como cortina de ilusão. *Livro Anual de Psicanálise*, *25*, 167-184.

Krenak, A. (2019). *Ideias para adiar o fim do mundo*. Companhia das Letras.

Krenak, A. (2020). *A vida não é útil*. Companhia das Letras.

Ogden, T. H. (2006). Sonhando sonhos não sonhados e choros interrompidos. *Livro Anual de Psicanálise*, *20*, 173-189.

Vilaça, A. (2018). *Paletó e eu: memórias do meu pai indígena*. Todavia.

PARTE IV

Diálogos poéticos nas fronteiras: a potência da arte

19. Apresentação – Diálogos poéticos nas fronteiras: a potência da arte

Alessandra Paula Teobaldo Stocche

Ana Cláudia Gonçalves Ribeiro de Almeida

Marina Zema

Figura 19.1 CAPS Artes – Grajaú – São Paulo (SP).

Crédito: Marina Zema.

Figura 19.2 Casa Ecoativa – Ilha do Bororé – São Paulo (SP).

Crédito: Marina Zema.

Figura 19.3 Casa Ecoativa – Ilha do Bororé – São Paulo (SP).

Crédito: Marina Zema.

A V Bienal, "(im)permeáveis fronteiras", contou, para a abertura de sua última parte, com as convidadas Maria Vilani e Jacira Roque de Oliveira, num encontro estimulado pelo tema "Diálogos poéticos nas fronteiras: a potência da arte".

A mesa nasceu como proposta de uma experiência estética em que, a partir das tensões, contradições e desafios presentes no trânsito nas e das fronteiras, fosse possível, mais do que observar e estudar "o fenômeno", estar e vivenciar o diálogo nas fronteiras. Nossas convidadas nos foram "apresentadas" pela arte que produzem e pelas músicas de seus filhos famosos, Criolo[1] e Emicida.[2] Em especial, os impactantes versos da música "Mãe":[3]

---

1 Kleber Cavalcante dos Santos, mais conhecido pelo nome artístico de Criolo, é um reconhecido cantor, rapper, compositor e ator brasileiro, filho de Maria Vilani.

2 Leandro Roque de Oliveira, mais conhecido pelo nome artístico de Emicida, é um artista reconhecido no cenário nacional, rapper, cantor, compositor, apresentador, considerado uma das grandes revelações do hip-hop no Brasil na década de 2000.

3 Trecho da música "Mãe", do álbum *Sobre crianças, quadris, pesadelos e lições de casa*, de 2015. Compositores – Dona Jacira, Leandro Roque de Oliveira, Renan Inquérito, DJ Duh. Produção – MusixMatch, Laboratório Fantasma, Inquérito Produções.

Pra nós punk é quem amamenta, enquanto enfrenta guerra, os tanque
As roupa suja, vida sem amaciante
Bomba a todo instante, num quadro ao léu
Que é só enquadro e banco dos réu, sem flagrante
Até meu jeito é o dela
Amor cego escutando com o coração a luz do peito dela...
Desafia, vai dar maió treta
Quando disser que vi Deus
Ele era uma mulher preta
(Emicida)

Vilani e Jacira parecem ser a encarnação da potência da arte e da cultura nas áreas fronteiriças onde habitam, de onde vêm e por onde vão. Expressões e representantes da força de vida que se impõe e transcende os limites da privação material, econômica e do preconceito estrutural em relação às mulheres, aos negros, aos nordestinos, entre tantos outros. Transcende sem nunca superar, como nos ensinam, pois os sofrimentos, as violências e as privações não são superados, mas transformados, conhecimento este que está em perfeita sintonia com nosso conhecimento psicanalítico.

Maria Vilani é filósofa, professora, poeta e ativista cultural. Jacira Roque de Oliveira é detentora de tecnologias ancestrais, escritora, filha de Iansã e artista plástica. Ambas trabalham em seus espaços, em São Paulo, promovendo inclusão social por meio da experiência estética. Maria Vilani é mãe de Clayton, Kleber, Maria Aparecida, Cleane (falecida poucos meses depois da realização da Bienal) e Cleon Júnior. Dona Jacira é mãe de Katia, Katiane, Leandro e Evandro (artista e produtor musical, conhecido como Fióti), além de Jaqueline, já falecida.

Em contato anterior ao evento, no momento que um grupo de psicanalistas da Sociedade Brasileira de Psicanálise de Ribeirão Preto (SBPRP) esteve presencialmente em São Paulo para reafirmar o convite às palestrantes, Maria Vilani, diante da apresentação do tema "Diálogos poéticos nas fronteiras: a potência da arte", nos disse que "o estado de sofrimento permeia toda a existência, principalmente para quem convive em um espaço onde as fronteiras são proibidas, mas o fato de poder criar é uma resistência que leva à transformação". Segundo ela, "criar é 25% inspiração e 75% transpiração... Criar é choro, é ranger de dentes; o sofrimento nunca se esgota, pois depende dele ou da lembrança dele para continuar em movimento".

Nessa mesma linha de reflexão, Jacira afirma que, quando olha para sua história e para a história das pessoas de sua origem, enxerga que os caminhos foram diferentes. Sua mãe achava que livro era perda de tempo; Jacira nunca tivera livros, somente alguns gibis, mas não tinha luz para leitura. O primeiro propósito que encontrou para mudar seu caminho foi por meio das plantas, em que viu a fragilidade e a força que precisaria ter. Foi aprendendo a lidar com as próprias limitações. Ela tem uma voz interior que a acompanha e que diz assim: "Ponha fé e caminha. Toda vez que você não souber para onde ir, ponha os dois pés no chão e é dali que você parte", como ela nos conta numa forte narrativa poética em sua autobiografia, com o título de *Café* (Dona Jacira, 2018), publicada pela editora LiteraRua em parceria com o Laboratório Fantasma.

O depoimento a seguir, pela voz de Marina Zema, produtora de vídeos, retrata os momentos vividos entre as primeiras interações com as palestrantes Vilani e Jacira, em São Paulo, em fase anterior ao evento. Preâmbulos para a construção do material audiovisual apresentado como estímulo para a mesa de abertura da Parte IV da V Bienal de Psicanálise de Ribeirão Preto, no dia 9 de abril de 2021. Meses antes do evento, Marina foi ao encontro de nossas convidadas, suas lentes fotográficas e filmagens sendo nossos olhos e atravessando literalmente as fronteiras, e sua sensibilidade nos apresentando a delicada preciosidade do encontro gerador de imagens e experiências. A produção da mesa não poderia se transformar em um trabalho meramente intelectual do campo do conhecer: já era um trabalho do campo do ser, onde se encarna a experiência, e transformou-se numa narrativa emocionada da potência da arte experienciada em realidade.

A produção audiovisual

Enquanto aguardávamos a primeira conversa que teríamos com Dona Jacira e Maria Vilani para alinharmos os temas a serem abordados na mesa das "mães", fiquei imaginando que elas iriam relatar com orgulho a vida e a carreira de seus filhos. Porém, tive uma grata surpresa ao deparar com mulheres que, além de desempenharem muito bem seu papel enquanto mães, expandiram seus universos e seus papéis para além dos limites e dos obstáculos que enfrentariam ao longo de suas vidas. A cada minuto de conversa, algo surpreendente e sensível se evidenciava para mim: poetas, escritoras, artistas, enfim, excelentes profissionais, exalavam sua intelectualidade, seu conhecimento e sua sensibilidade em cada fala, leitura ou música cantada. Saímos da conversa, a comissão e eu, animados com a alta probabilidade de uma mesa rica em conteúdo, experiências e conhecimentos.

Recebi com alegria a resposta de que elas topariam gravar o vídeo e a notícia de que este serviria como abertura da mesa. A infelicidade da pandemia, porém, forçou o adiamento do evento e também a gravação do vídeo. Precavidas em relação ao risco de morte associado ao coronavírus, optaram por realizar a gravação com pessoas próximas, atenuando, assim, os riscos de contraírem a covid. Diante desse cenário, orientei a distância parte da captação para o vídeo e tive a oportunidade de realizar uma gravação no Grajaú, bairro em que Maria Vilani realizou e vem realizando diversas transformações positivas e inspiradoras envolvendo os moradores da região.

Era um dia ensolarado. Fui recebida por Adriano, amigo de longa data da família de Vilani. Ele foi extremamente atencioso ao longo da minha visita, mostrando-me não só os grafites que relatavam com profundidade os sentimentos e os sonhos dos moradores, mas também o espaço cultural idealizado por Maria Vilani. Era por meio dele que ela buscava oferecer aos moradores do bairro, fossem jovens, adultos ou idosos, acesso ao conhecimento e ampliação de horizontes para além do território do Grajaú.

Segundo Adriano, Maria Vilani é uma pessoa muito respeitada e admirada na região. A cada passo que eu dava com ele, sentia que o bairro era pura poesia, arte que provavelmente nascia de mãos dadas com algumas das dificuldades e precariedades que me foram relatadas e percebidas. As pessoas com as quais brevemente conversamos invocavam criatividade, principalmente na Ilha do Bororé. A Ilha do Bororé é um bairro localizado no extremo sul de São Paulo cujo acesso se dá por uma balsa que tem o Grajaú como ponto de partida. É saindo de lá que se atravessa a represa Billings para finalmente chegar à península.

Aguardamos quase uma hora para conseguirmos chegar à ilha, mas foi uma espera que valeu a pena. Logo de início, a ilha me surpreendeu por estar em uma Área de Proteção Ambiental (APA) que preserva parte relevante da mata atlântica. O pequeno bar e restaurante que tivemos a oportunidade de conhecer era regado de conversas interessantes e alimentos colhidos do quintal do proprietário. Isso sem falar na Capela de São Sebastião, construída em 1904, grande referência no bairro.

Após essa breve passagem pela Ilha, seguimos para a Casa Ecoativa, um centro ecocultural que promove atividades culturais e socioambientais por meio de práticas sustentáveis. Diversos artistas reconhecidos do bairro fazem parte da casa e promovem ações que visam dar oportunidade e voz para os moradores da região por meio da arte. Ao chegar na Casa Ecoativa, deparei com arte em todo o ambiente, fosse nos pratos preparados no restaurante com alimentos produzidos na própria ilha, na árvore centenária que enfeita o quintal ou nas produções visuais dos moradores do Grajaú que estavam expostas na parede. Assim que chegamos, pedi licença para gravar e fotografar. Em resposta, o proprietário logo disse: "se for para a Vilani, pode gravar o que você quiser".

Foram uma visita e um projeto muito especiais. Na semana seguinte, recebi os vídeos gravados por Jacira e Maria Vilani para edição. A ideia, então, foi compor o vídeo com as falas profundas e transformadoras das convidadas, ilustrando suas reflexões com imagens e grafites dos artistas da região.

A voz autoral das palestrantes

Em sequência à apresentação inicial e seu impacto ao criar a atmosfera para ouvir as convidadas, a construção das falas trouxe uma diversidade de formas de expressão. Leitura de poemas autorais, canto, depoimentos de vivências e reflexões sobre trajetórias convergiram para um texto múltiplo, movido à sensibilização trazida ao momento presente. As imagens disponíveis ao público, vindas por meio dos recursos audiovisuais, materializam a sequência da apresentação em que serão captados os diversos vértices que vieram por meio da oralidade. Esta transliteração para uma apresentação escrita, neste artigo, por meio das psicanalistas Ana Cláudia Almeida e Alessandra Stocche, objetiva resgatar e imprimir, em permanência, o registro neste livro:

Eu mulher
continente submerso e esquecido
através dos séculos de subserviência
e presença esmaecida
na imensidão do não dito
sob o peso do silêncio

e minha história por outros contada
nas fronteiras proibidas da criação e do saber.
(Vilani, 2019, p. 14)

> *Nascer uma menina negra num lugar castigado pelo racismo, machismo e o paternalismo é nascer condenada antes de nascer. E crescer desta forma, numa comunidade que não se compreende, é uma caminhada que quem conseguiu sobreviver precisa contar. E RECONTAR. (Dona Jacira, 2018, p. 18)*

Evidencia-se, por meio das falas das palestrantes, uma trajetória de luta para ter o sentido de existência. Esta foi sendo construída, progressivamente, com muito trabalho, cuja produção poética contribui sobremaneira para firmar a identidade de cada uma. O convite a incluí-las em "(im)permeáveis fronteiras" era exatamente trazer as mais variadas formas para refletir sobre o tema. A arte, intrínseca a esse processo, tornava fundamental acolher as experiências de vida de pessoas que rompem barreiras e são reconhecidas por um trabalho de construção social. Houve, como já enunciado, espaço e tempo para Vilani e Jacira serem mães e promoverem seus filhos, Criolo, Emicida e Fióti, hoje também figuras públicas, no caminho da arte, sem perder de vista a história pessoal de cada uma delas.

Ao longo da apresentação, outros aspectos foram apresentados no sentido de expor o trabalho social das palestrantes. Há uma proposta, cada uma em seu espaço, de incluir o ser humano, por meio da arte, em um aprendizado que valha para a vida cotidiana.

Como espectadores, naquela sala de projeção, fomos convidados a adentrar a casa onde as atividades de cunho social se desenvolviam. Na porta de entrada do Capes Artes, convites a sonhar: "Você é muito bem-vindo(a) em nossa casa. Sozinho a gente sonha. Em comunidade, a gente sonha e realiza" (Vilani).

Ao desumanizar-se o homem perde
a sua participação no processo
da construção de si mesmo
E entrega-se à malvadez de uma ética
Que tolhe todas as suas esperanças
E o atira para fora da história.
(Vilani, 2019, p. 91)

Construindo ponte
esticando atalho
clareando caminhos
fechando becos
calando calúnias
fechando feridas
cantando canções de vitória
velando teu sono
acalmando soluço
e agora comemorando contigo
Cheguei a este ponto tão prometido, nunca acreditado.
Então agora o que posso eu fazer?
Fazer uma breve escrita da minha trajetória e compartilhar
para quem sabe até servir de apoio a alguém.
(Dona Jacira, 2018, p. 20)

No desdobramento da apresentação, continuava-se a ouvir um duo em que eram partilhadas as reflexões das duas palestrantes, como uma costura entre a vida pessoal de cada uma delas e a disposição para um trabalho de inclusão social. Enquanto Jacira lembra a ancestralidade, a escravidão, a diáspora do povo africano trazido ao país, e a certeza de que este sempre esteve ligado à natureza, Vilani fala também de viagem e travessia. Vinda do Ceará, com marido e cinco filhos, trouxe nas malas poucas roupas, para dar mais espaço aos livros. A busca do conhecimento parece uma obstinação da família.

Nessa interlocução, diante da voz da mãe de Jacira, que pretendia interromper o trabalho dela criança com o plantio, porque chegara a hora do almoço, a menina contesta dizendo que, se fosse para a mesa e voltasse do almoço, "encontraria o belo e folgado do cachorro, deitado em cima da pesquisa da gente". Esse aprendizado da vida foi, para ela, muito maior do que o que vivera na escola convencional, conforme conta em primeira pessoa ao longo de toda narrativa em *Café* (Dona Jacira, 2018).

Essas mulheres, em seu relato, a exemplo de Vilani, ressignificam sua leitura de mundo. "Precisa-se de poetas" esteve na porta da casa do Grajaú, no início da década de 1980, convocando potenciais artistas para trabalhar com crianças, fazendo arte. Sair em "carreata poética" nasce do desejo de inventar a expansão da poesia em céu aberto. De Vilani, traduzimos o que se fez oralidade: "A arte é uma luz colocada no altar do Universo. E quando ela faz sombra, é para nosso descanso. A sombra também é necessária".

Ao longo da travessia, refletindo sobre tantas questões válidas para a existência individual, independentemente da área profissional de atuação, tivemos o privilégio de ouvir, para além do discurso analítico, uma das falas em que Jacira traduz o que é intrínseco a cada um de nós: "Era por isso que eu não queria escrever. Mas escrever é como navegar, é preciso. Navegar mares alheios é fácil, cuidar das próprias águas é coisa pra gente valente. Eu sou. Senão como teria eu rompido esta barreira pra estar aqui agora de peito aberto?" (2018, p. 431).

A beleza da linguagem são os recursos em diferentes construções, para buscar a essência das fronteiras permeáveis. Para a psicanálise e sua interlocução com outros campos do conhecimento, é fundamental a vida fértil, sobrevivendo à precariedade, sem perder a "fé" em transformações.

"Tomemos logo consciência da brevidade da vida. Cada momento deve ser vivido com sabedoria": esse recorte da música composta por Maria Vilani, com arranjo de Vitor Sampaio e Fernando Donizete

Genari, está contido no vídeo a que o público pôde assistir. Em termos de envolvimento, a atmosfera nos fazia passar de espectadores para expectadores, convalidando a feliz escolha da SBPRP de trazer duas mulheres para se sentarem à mesa com um público sensível a captar o que está para além das palavras.

A psicanálise e a arte têm vivido, em diferentes encontros, em permanente interlocução de fronteiras permeáveis. A arte e seus artesãos são fundamentais, conjugando áreas em um trabalho de diálogo fértil que se afirma também como essencial no contexto contemporâneo.

Alguns meses depois do evento, já com o projeto para a publicação do livro da Bienal, Vilani nos brindou de forma generosa com seu "Todas as vozes ecoam em nós", expressando em poesia as propostas colocadas pela V Bienal e celebrando o encontro psicanálise e arte.

Referências

Dona Jacira. (2018). *Café*. Laboratório Fantasma, literaRUA.

Vilani, M. (2019). *Abscesso*. Capsianos.

20. Todas as vozes ecoam em nós

Maria Vilani

As vozes dos séculos sobre a minha cabeça, impregnando o meu corpo, a minha alma, e tudo que há em mim; em tudo que compõe a minha existência estão as vozes de todos os tempos, esse peso que eu carrego, e ainda em vida leguei a outros transeuntes desse caminho, essa responsabilidade, e o dever de perscrutar as vozes das rochas fincadas no Planeta, o coral dos ventos, dos mares, dos rios, dos lagos, das chuvas, das erosões e do tempo. O registro das vozes dos animais que por ali caminharam, arrastaram-se, nadaram, voaram... A voz represada nas pinturas rupestres, cada traço naquelas rochas, a voz da intencionalidade de cada autor, dos seus pensamentos, dos seus sentimentos, dos seus movimentos, vozes adormecidas no tempo e despertadas pela Memória do Mundo.

Deve haver um enorme gravador em algum lugar do Planeta, onde um dia num futuro próximo ou distante se fará presente, então acessaremos todas as vozes que ecoam em nós. Essas vozes gritam em nós, gritam por nós e gritam para nós, chamando a nossa atenção, e nós nos guardamos no silêncio da nossa ínfima compreensão, e as vozes dos pensamentos imprensadas em caixas cranianas e derramadas em todo o corpo, esse silêncio barulhento foge e se esparge no ar, e se amalgama às vozes do coral de todos os tempos e formam a sinfonia do Universo – o encontro dos corais de todas as vozes e de todos os sons de todos os tempos, regidos pelas batutas dos deuses ao promover a harmonia num mundo desarmônico, talvez por causa da nossa compreensão dessas vozes que é falha. Falha também é a nossa capacidade de entender as vozes dos cadáveres insepultos que ecoam as suas pregressas histórias nas sombras do tempo, que se esmaecem frente à luminosidade da História, esse eterno raio de luz, garimpeira das vozes de todos os tempos. É no presente que existem as vozes a ecoar o passado e o futuro, num eterno esperar em mórbidas lembranças que afligem a alma, e um esperar de cálidas esperanças num ilusório destino que nunca se efetivará, tais quais as vozes das ruas: dos camelôs, feirantes, vagabundos, bêbados, poetas, boêmios, menestréis, cantadores... E das crianças a correr e a infringir as leis impostas pelas vozes do tempo, congeladas e relegadas ao passado, e sempre ressuscitadas no presente para além de um futuro que não se estabelecerá, vozes perdidas no tempo, ou armazenadas em ocultas caixas soterradas nos becos da memória.

E as vozes dos mortos insurgem-se enrouquecidas de tanto gritar as injustiças e as dores da alma, e seus cadáveres a desdizer a sorte e a lamentar a vã existência, que se perdeu em meio às sombras que cerraram seus lábios e emudeceram as suas vozes, mas essas vozes gritam em cada revolta, em cada gesto de não aceitação ao que está posto, ao que pode abalar e depreciar a vida, e suas garantias. E as oníricas vozes guardadas no porão da memória aguardam o acesso das lembranças que abrem fenda nessa fortaleza. A fortaleza ferida deixa escapar os vozeirões a conclamar as ilusões que inundam pântanos de esperanças inúteis, vislumbres de alegrias fictícias, contentamento dos tolos a peneirar lembranças, e a guardar resíduos de sonhos para continuar sonhando, guardando-se da realidade que os desvestem das ilusões, e assim seguem os sonhadores catando sonhos em vozes borrifadas no seu próprio exílio.

As vozes dos refugiados refugiam-se nas vozes do mar: nas suas ondas, sua brisa, seus habitantes, suas embarcações e suas tripulações, seus banhistas, seus caminhantes, seus grãos de areia, suas estrelas, sua lua, seu sol, seus guardiães, seus defensores, seus amantes, seus admiradores – um coral e suas vozes que se harmonizam, e embalam na rede dos sonhos os viventes que só veem ilusões para pescar, e pescam tudo que cabe em seus desejos, desejos que nascem e morrem sucessivamente sem nunca estagnar-se, estagnando o seu possuidor, e os desejos cansados de desejar buscam esperança nas vozes dos ventos, essas vozes, elas trazem das esferas superiores as inspirações dos poemas e das canções que se alojam nas mentes dos compositores, e os fazem cantar com o corpo e a alma, multiplicando as vozes e amalgamando o físico ao metafísico, compondo uma sinfonia à parte na Natureza. Essas vozes também trazem inspiração para todos os demais artistas, e o grande sonho das vozes é que todos os artistas se coloquem a serviço da Arte, e que todos os inspirados juntos se transformem numa constelação. As vozes dos ventos que transitam em todas as esferas nos dizem que todos os viventes são estrelas preferidas da Arte, porém os artistas são as estradas pelas quais a arte viaja para chegar ao destino dessas estrelas – a humanidade.

As estrelas da abóbada celeste irmanam-se às estrelas da terra, e refletem no espelho do Universo as folhagens embaladas pelo ritmo da batuta do maestro da orquestra trazida pelos ventos, oriunda das esferas etéreas que ao encontrar-se sonoramente e ritmicamente com a dança dos grãos de areia, embalada pelo ritmo da batuta do maestro da orquestra trazida pelo sopro venoso das entranhas da terra, formam um círculo de vibrações múltiplas que robustece todo o Planeta. As folhagens bailam sobre os grãos de areia, os grãos de areia, por sua vez, banham o limbo das folhas com líquida doçura, e numa linda coreografia os grãos de areia e as folhagens se confundem, mas em seguida, no ritmo das vozes dos séculos eles se separam. As folhagens bailam em direção ao firmamento, enquanto os grãos de areia retornam ao seu estado natural, à solidez, mas mantêm a conexão para assegurar que esse ritual se perpetuará. Sempre que a orquestra das esferas etéreas e a orquestra do sopro venoso das entranhas da terra estejam sob a batuta de seus maestros, as vozes se multiplicam no Planeta.

Todas essas vozes juntam-se às minhas vozes, internas e etéreas, essas vozes conversam entre si ignorando a minha existência, inutilmente tento abafá-las falando mais alto, cantando, gritando... As vozes da minha sensibilidade, do meu intelecto, da minha razão, num burburinho animado, e eu implorando silêncio; as vozes da minha ancestralidade, as vozes de todas as minhas idades e de todos os seus episódios, numa algazarra sem trégua, soando por meio da caixa acústica da memória invadem a minha sanidade e a debilitam, deixando-me à mercê dos ruídos que me arranham os neurônios, criando fronteiras aos seus impulsos, atarantando os meus pensamentos,

pensamentos que num esforço inaudito gritam ainda mais alto, e suas ondas sonoras viajam em externas ondas voláteis na busca de amparo, e encontram o socorro dos ventos, que trazem batutas, orquestras e maestros das mais longínquas esferas, e com a suavidade de suas vozes instauram o silêncio, silêncio que se faz habitação da minha alma esvaziada de todas as vozes, então adentro às profundezas do vazio onde me transformo em artesã da PAZ. Ao confeccionar esse artesanato escuto o eco das vozes da cadência do meu coração, da minha respiração e inspiração, as vozes do ritmo do meu caminhar, do bailado do sangue em minhas veias, do meu olhar, do meu gesticular, e vejo que essas vozes contrastam com o eco das vozes da dominação do meu ser, as vozes dos opressores, controladores dos desejos e de todas as vontades do curso das vozes da Natureza. E assim eu sigo na afirmação das vozes da minha vontade, fazendo uso de ferramentas a mim confiadas pelas vozes da Arte. Graças à Arte eu consigo impor a minha voz contra todas as vozes que querem silenciar-me, esmaecer-me no tempo enquanto sujeito da história, cidadã do mundo. É a Arte com todas as suas vozes um caminho para a salvação, só ela pode romper as fronteiras das cidades proibidas. Só a Arte pode nos levar para o além de todas as investidas do caminho, e nos conduzir a nós mesmos.

O psicanalista nas (im)permeáveis fronteiras sociais, culturais e políticas

21. Apresentação – Documentário *Pipas, meninos e muros*

Maruzza T. Cerchi Borges Fonseca

E me fale de coisas bonitas
Que eu acredito que não deixarão de existir
Amizade, palavra, respeito, caráter, bondade, alegria e amor
"Bola de Meia, Bola de Gude", canção de Milton Nascimento

Embalados pela música de Milton Nascimento, com o estímulo do impactante vídeo *Pipas, meninos e muros*, do psicólogo Sérgio Alécio Filho, e de um espaço de conversa com ele sobre a sua experiência advinda do projeto de cunho social desenvolvido com garotos em medidas socioeducativas da Fundação CASA na cidade de Ribeirão Preto/SP, sentimos a presença da criança, simbolizada pela força do novo e da esperança, ocupar seu espaço na mesa de encerramento da V Bienal.

Com seu olhar sensível, Sérgio buscou captar em imagens fragmentos dos vigorosos momentos do trabalho realizado nas oficinas de confecção de pipas nessa instituição. É como se, de repente, o árido, cinzento e impessoal ambiente do pátio onde os adolescentes viviam fosse invadido pelas cores, leveza, alegria e singularidade dos papéis de seda, dos carretéis e das linhas. Cheguei a escutá-los entoando em alto e bom-tom:

Há um menino, há um moleque

morando sempre no meu coração . . .

Toda vez que a bruxa me assombra o menino me dá a mão

Sérgio acreditou que o menino e o moleque dentro daqueles garotos não haviam morrido. Estavam aguardando serem despertados e "alimentados" em suas almas. Mas como transpor as (im)permeáveis fronteiras que lacram o coração de quem parou de acreditar na beleza da vida? Como tentar se aproximar das bruxas que amedrontam os universos internos desses garotos? Nada mais eficiente para tal do que lançar mão de um instrumento básico poderoso: a capacidade lúdica.

O projeto realizado por Sérgio Luiz Alécio Filho acompanhou, basicamente, dois momentos: o primeiro, a confecção das pipas, em que era conferida aos adolescentes a liberdade para se escutarem no que havia de mais soterrado em suas vidas mentais: o direito a escolhas, desejos e criatividade. O segundo, a soltura das pipas, quando os garotos empinaram suas pipas em direção ao azul do infinito do céu. Momento permeado por uma intensa emoção coletiva, em que não apenas as pipas iam voando, mas voavam também os pensamentos e os sonhos. Segundo Sérgio: "As pipas podem ser um símbolo representativo desses adolescentes institucionalizados, em sua maioria negros, que enfrentam muros e concertinas – as (im)permeáveis fronteiras do preconceito e da exclusão social – para tentarem voar".

Novamente, escuto as vozes dos garotos em coro afinado:

Bola de meia

Bola de gude

Um solidário não quer solidão

Toda vez que a tristeza me alcança um menino me dá a mão

De mãos dadas com a utopia de acreditar no resgate do humano, Sérgio soube dar linha à vida e, assim, conseguiu expandir as fronteiras entre a psicanálise e a arte, por meio do uso da capacidade de um "brincar" sério, com todas as suas potencialidades próprias. De forma intuitiva, realizou o que Winnicott (1971) nos alertou: "A psicoterapia se efetua na sobreposição de duas áreas do brincar, a do paciente e a do terapeuta. A psicoterapia trata de duas pessoas que brincam juntas. Em consequência, onde o brincar não é possível, o trabalho efetuado pelo terapeuta é dirigido no sentido de trazer o paciente de um estado em que não é capaz de brincar para um estado em que o é" (p. 59).

Pois não posso, não devo

Não quero viver como toda essa gente insiste em viver

E não posso aceitar sossegado qualquer sacanagem

Ser coisa normal

Sérgio desassossegou-se! E desassossegou-nos!

Figura 21.1 Documentário *Pipas, meninos e muros* – Fundação Casa.

Crédito: Sérgio Luiz Alécio Filho.

Figura 21.2 Documentário *Pipas, meninos e muros* – Fundação Casa.

Crédito: Sérgio Luiz Alécio Filho.

Referências

Nascimento, M., & Brant, F. (1988). *Bola de meia, bola de gude*. Miltons [Álbum].

Winnicott, W. D. (1971). O Brincar: uma exposição teórica. In *O Brincar e a realidade* (p. 59). Imago.

22. Gesto político e clínica psicanalítica

Magda Guimarães Khouri

Nesses tempos tão difíceis de pandemia, somados à situação desagregadora que estamos vivendo em nosso país, é um prazer poder conversar com Guiomar Papa de Morais, Silvana Rea, Sergio Eduardo Nick, Sérgio Luiz Alécio Filho e todos os colegas presentes nesse encontro. Agradeço muito o convite para participar da Bienal da Sociedade Brasileira de Psicanálise de Ribeirão Preto (SBPRP), que tem promovido, há muitos anos, um importante debate sobre temas da psicanálise em suas fronteiras sociais e culturais.

Fronteiras institucionais

O trabalho de extensão da psicanálise faz parte do movimento psicanalítico desde a sua fundação. Porém, como sabemos, sempre se desenvolveu de forma mais periférica ou até mesmo ausente nas sociedades de psicanálise pertencentes à Associação Psicanalítica Internacional (IPA). Os aspectos históricos envolvidos nessa questão não foram desenvolvidos especificamente no texto, pois a ideia foi explorar processos clínicos que contribuam para uma psicanálise pautada no compromisso social, que, além de necessária, é urgente.

Nos últimos anos, o tema psicanálise e comunidade tem ocupado um lugar crescente nos debates promovidos pela IPA e pela Federação Psicanalítica da América Latina (FEPAL). Isso colabora para o surgimento de esboços de projetos que apontam a importância de incluir, na formação dos institutos de psicanálise, o estudo das práticas clínicas dirigidas às necessidades sociais de cada região. E, com a pandemia que estamos vivendo, fomos convocados a trabalhar de diferentes maneiras para acolher o sofrimento psíquico gerado pela atual crise. O que demanda refletir, cada vez mais, sobre *settings* psicanalíticos e seus vínculos com o momento histórico e cultural.

A partir da experiência que tivemos na Diretoria de Atendimento à Comunidade (DAC) entre 2017 e 2020, em projetos desenvolvidos para atendimento a pessoas que, provavelmente, nunca tiveram acesso a uma escuta psicanalítica em instituições que atendem à população em situação de alta vulnerabilidade em diversos cantos da cidade de São Paulo, a proposta foi pensar nas muitas moradas que abrigam o campo psicanalítico. E, tanto no centro clínico como no setor de parcerias e convênios, um dos objetivos centrais foi criar modelos de intervenções psicanalíticas que pudessem ser incorporados de forma permanente na Sociedade Brasileira de Psicanálise de São Paulo (SBPSP).[1]

Vale ressaltar que nas gestões anteriores, coordenadas por Oswaldo Ferreira Leite Neto e Regina Elizabeth Coimbra, inúmeras iniciativas ocorreram no campo da extensão da psicanálise, preparando o terreno para as realizações atuais.

Grupos de escuta psicanalítica

As *ações institucionais* do setor de parcerias e convênios, coordenado por Silvia Maia Bracco, tiveram como principal diretriz oferecer espaços

1 A trajetória do trabalho realizado no período que coordenamos a DAC, assim como suas bases conceituais, podem ser encontradas em Khouri (2020).

de escuta e reflexão para os agentes multiplicadores, com o intuito de identificar pontos de impasse ou dificuldades no âmbito do trabalho e/ou das relações interpessoais/institucionais, a fim de ampliar as possibilidades de pensamento.

As instituições têm procurado a SBPSP com questões relacionadas à saúde mental das equipes que atendem à população assistida por elas. A intensa sobrecarga emocional e o grande sofrimento psíquico dos trabalhadores, que estão em contato direto com situações de vida muito precárias, têm sido a principal demanda dessas organizações sociais.[1]

Entre todas as ações desenvolvidas durante esse período, serão apresentados dois exemplos de processos institucionais destacando significantes que apareceram nos grupos de escuta, em um dos casos com a função de tirar os agentes da opressão e na outra de tirá-los da precariedade vivida.

Rolo compressor

Durante três anos foi desenvolvido um intenso trabalho em parceria com a Guarda Civil Metropolitana da cidade de São Paulo, dirigido aos servidores que atuam na segurança pública da cidade, mantendo a frequência de dois grupos por semestre com encontros semanais. Coordenados por Susana Muszkat, Iliana Horta Warchavchik, Maria Augusta Gomes e Flávio José Gosling, por esses grupos passaram cerca de 170 guardas, especialmente dos cargos de comando dessa instituição.

Dentro de toda a complexidade dessa experiência, os psicanalistas destacaram o mecanismo que os agentes denominavam *rolo compressor*, que se referia ao apagamento da individualidade dos membros da instituição. Como se manifestou um dos participantes dos grupos: "Se a pessoa tenta ser diferente, defender sua posição, o rolo passa de

1 Todas as dez parcerias realizadas durante esse período estão descritas na parte final deste artigo.

novo. Uma solução é ficar no canto para o rolo não passar" (Muszkat, Warchavchik & Gomes, 2019, p. 4).

De acordo com os guardas, qualquer tentativa de dar expressão a ideias diferentes daquelas já estabelecidas na instituição tinha como resposta alguma espécie de punição. Medidas estas que, somadas ao risco permanente que eles vivem em suas funções diárias, acabavam por provocar um significativo número de pedidos de afastamento, de atestados de licença médica, e até de adoecimento físico ou psicológico como depressão, alcoolismo, drogadição, violência e alguns casos de suicídio.

A situação dentro de tal organização marcadamente engessada, onde as dinâmicas do sistema fazem adoecer, demandou dos psicanalistas o cuidado constante para não submergir na vivência do *rolo compressor*. Ao mesmo tempo que funcionaram como testemunhas das fortes imposições a que os guardas estavam submetidos, acolhendo as angústias comunicadas nos encontros, os coordenadores, junto com os participantes, procuravam abrir brechas para novas narrativas, assinalando as aberturas que surgiam nos próprios discursos dos guardas. Movidos pela dinâmica transferencial, surgem depoimentos que esboçam o possível contato com diferentes formas de laços grupais: "Aqui podemos falar o que pensamos, e não falar o que as pessoas querem ouvir. Não precisamos falar para agradar, podemos nos expor sem medo" (Muszkat, Warchavchik & Gomes, 2019, p. 5).[2]

O processo de três anos, do competente trabalho dos psicanalistas junto com os grupos de guardas, teve o acompanhamento das coordenações de ambas as instituições, em que toda a equipe esteve atenta aos atravessamentos institucionais daquilo que insiste como violência, como vulnerabilidade. E, claro, deparamos com os limites de uma estrutura que envolve pactos marcadamente rígidos e defensivos.

2 O trabalho foi apresentado também na Jornada da Diretoria de Atendimento à Comunidade da SBPSP: "Movimentos na Fronteira", na mesa "Trabalho a céu aberto", em 5 de outubro de 2019.

Em algum momento do processo, um dos comandantes, a partir da experiência vivida, disse que gostaria de levar tal modelo de conversa à sua equipe. O *rolo compressor* aparece como um representante simbólico que surge nas frestas do inconsciente do grupo, e, ao fazê-lo circular, cria-se a possibilidade, mesmo que ainda limitada, de construir diferentes narrativas, na tentativa de melhorar as condições existenciais daqueles envolvidos nesse processo.

Frontose

Carolina de Paula Pinto declara em um dos grupos de escuta: "No começo eu chorava, vomitava; agora, sofro de *frontose*: vou para o front e faço" (Caligiuri & Reino, 2018, p. 3).[3] Gestora de um dos centros de crianças e adolescentes da União de Núcleos e Associações de Moradores de Heliópolis e Região (UNAS), Carolina cria uma forma de lidar com a enorme precariedade de seus alunos em vários setores de suas vidas: moradia, nutrição, escola, além de alcoolismo e drogadição na família, abuso sexual e outras ordens de violência. Como observam os coordenadores dessa parceria com a UNAS, Eliana Caligiuri e Luiz Moreno, os educadores se sentem responsáveis por todas essas frentes e se veem chamados a cumprir as funções de pai, mãe, assistente social, educador e daquilo em que o Estado não se mostra presente.

Como um exemplo de subjetividade, *frontose* surge no grupo como um significante que, de acordo com os psicanalistas, os retira da condição de serem invadidos pelo desamparo e pelo perigo de sua região. Por aquilo que se manifesta em choro e vômito, aquilo que escapa, pede representação. Ao circular no grupo, a ideia de *frontose* promove uma série de relatos de cenas vividas pelos educadores e suas

3 O trabalho foi apresentado também na Jornada da Diretoria de Atendimento à Comunidade da SBPSP: "Movimentos na Fronteira", na mesa "Cidade partida", em 5 de outubro de 2019.

formas criativas de enfrentar as situações adversas, passando a ser algo possível de elaboração.

O sensível trabalho dos psicanalistas junto ao grupo foi criando um espaço de escuta do traumático, das angústias, onde foi possível destacar o significante, revelador da essência do trabalho de fronteira que vivem esses profissionais. A gestora Solange Agda Cruz,[4] por meio de um acontecimento, descreve com precisão o jogo entre palavra e ato que esse significante carrega: uma vez, quando caminhava nas margens de um rio próximo à instituição, surgem alguns de seus alunos na água, correndo perigo na correnteza. Imediatamente diz à sua colega: "Vá salvando os meninos aí, que vou ver quem está jogando as crianças na outra ponta!". A potência do ato para salvar as crianças pode ser simbolizada ao atribuir o significado ao campo da frontose. O grupo tem a chance de se fortalecer ao construir narrativas, em que a palavra ganha corpo e espessura.

Observamos que os desdobramentos das parcerias também contribuíram para fazer fluir a potência do trabalho dos profissionais dessas comunidades, ao serem convidados a se apresentar nos debates, nas jornadas, para trocar suas experiências com psicanalistas e colegas de outras áreas de conhecimento. Isso engaja o sujeito por meio de sua fala e torna visível sua inscrição na cultura.

Para nós, psicanalistas, o encontro de diferentes realidades gerou uma viva produção de conhecimento da clínica psicanalítica no campo individual e coletivo. Quando há disponibilidade para se surpreender nas experiências vinculares, o outro pode ser vivido como uma perturbação criativa. Trata-se de um antídoto a palavras vazias e desvitalizadas, pois somente se houver abertura para um fazer compartilhado é que teremos oportunidade de reinventar, revisar e atualizar o campo psicanalítico.

4 O trabalho de Solange Agda Cruz foi apresentado na Jornada da Diretoria de Atendimento à Comunidade da SBPSP: "Movimentos na Fronteira", na mesa "Cidade partida", 5 de outubro de 2019.

Inconsciente, psicanálise e política

Repensar o sujeito da psicanálise na esfera pública tem sido um desafio no movimento psicanalítico no sentido de recuperar a complexa relação entre o sujeito e o mundo, anunciada e desenvolvida na obra freudiana, que é o ponto central de qualquer ação política.

Lacan (1966-1967/2008), no *Seminário 14: a lógica do fantasma*, escreveu: "O inconsciente é a política" (p. 350). Uma das formas como tal frase enigmática do autor pode ser entendida, de acordo com Maria Rita Kehl, é a seguinte: "O inconsciente 'é a política' porque guarda (também) os restos não escritos/não elaborados dos traumas históricos. Ou: inconsciente capta e guarda o não dito e o interdito, tanto na esfera familiar quanto na esfera pública. O recalcado se transmite e produz efeitos que só depois serão nomeados e inscritos na cultura que os produziu" (citada por Rosa, 2016, pp. 7-8).

Dentro dessa mesma perspectiva, ao pensar como as histórias de violência não processadas acabam por ser transmitidas transgeracionalmente, Rosana Onocko Campos (2012) salienta o traumatismo como herança, provocando silêncio e humilhação. Propõe como base de um projeto que cuide das gerações atuais e futuras a restauração de um espaço de dignidade: dos lugares, dos corpos, dos nomes, que apenas seria viável num sistema de cuidado plural – ação psicoterápica, sócio-comunitária e jurídica. Uma ideia na qual o trabalho clínico visa impedir a transmissão do trauma, do sofrimento psíquico às gerações futuras.

Dessa forma, o trabalho da *clínica extensa*, como nomeou Fabio Herrmann (Barone, 2005, pp. 17-31), inclui investigação, produção de conhecimento e intervenções clínicas que gerem transformações. Os significantes surgidos nos grupos aqui citados operam no sentido de criar condições para uma permanente disposição de recriar sentidos. Pensando na *frontose*, o trabalho dos psicanalistas foi fazer circular esse significante, que surgiu como saída do adoecimento, representado pelo vomitar, e da tentativa de salvar todos a qualquer custo.

Tal possibilidade de simbolização, de criar novas narrativas, opera, é claro, tanto dentro como fora dos consultórios. Como destaca Ricardo Goldenberg (2006) sobre o fazer psicanalítico: "Assim como com a ação política, da psicanalítica espera-se não apenas uma constatação, mas uma incidência sobre os fatos em pauta, uma mudança" (p. 24). E o autor segue no seu texto com uma formulação fundamental, que expande a compreensão dos efeitos dos trabalhos realizados nos grupos diante da impotência vivida em diferentes territórios: "A análise não é *da* conduta, mas é *na* conduta que o inconsciente se verifica. Nenhuma explicação sobre as razões inconscientes levantará jamais uma impotência" (p. 24).

Não se trata de interpretar qualquer fenômeno do sujeito ou do mundo, mas de manter a condição de ser surpreendido pela vida, pelo outro, ao sustentar de alguma forma o estranho, o inquietante, o não sabido. A escuta psicanalítica, ao trabalhar nas bordas, dá brecha às manifestações inconscientes, oferecendo ao sujeito possibilidades se comprometer com seu desejo.

Gesto político

Desde a década de 1990, Melanie Farkas, pioneira no trabalho de extensão da clínica na SBPSP, sempre acentuou que cidadania e subjetividade são inseparáveis:

> *Ao atender a essa demanda, legitimá-la, ou mesmo ao nos darmos conta da impossibilidade desse atendimento, estamos realizando um trabalho de conscientização e de cidadania.*
>
> *Não será o nosso objetivo transformar o nosso cliente num cidadão pleno e a instituição ou grupo, ou serviço ou entidade, em algo mais positivo, eficiente e multiplicador num país de sociedade com tantas carências e necessidades e com poucos recursos, e ainda assim não totalmente aproveitados? (citada por Pastore & Soares, 2012, pp. 104-105)*

Um dos maiores gestos políticos da psicanálise é recuperar a dimensão poética na narrativa do sujeito e dar lugar à mobilidade psíquica.

Ações psicanalíticas da SBPSP (2017-2020)

- *Guarda Civil Metropolitana da cidade de São Paulo:* trabalho desenvolvido com grupos de servidores que atuam na segurança pública da população da cidade de São Paulo. Coordenação: Susana Muszkat, Iliana Horta Warchavchik, Maria Augusta Gomes e Flávio José Gosling. Início: setembro de 2016.
- *Instituto Anchieta Grajaú:* trabalho dirigido aos profissionais que participam de um serviço na região do Grajaú que visa à proteção social básica (saúde, educação e benefícios) a mil famílias em situação de risco e extrema vulnerabilidade social por mês. Coordenação: Sonia Terepins, Eliane Saslavsky Muszkat, Ana Maria Rosenzvaig e Silvia Maia Bracco. Início: abril de 2017.
- *Centro Estadual de Educação Tecnológica Paula Souza – ETECs e FATECs:* o Grupo de Reflexão Educação e Psicanálise atua junto aos educadores pertencentes ao Centro Paula Souza, que atende em média 220 mil alunos em nível técnico secundário e universitário. Coordenação ETEC: Heloisa Helena Sitrângulo Ditolvo, Raul Gorayeb e Silvia Martinelli Deroualle. Início: março de 2018. Coordenação FATEC: Any Trajber Waisbich, Ludmila Yajgunovitch Mafra Frateschi e Marina Kon Bilenky. Início: agosto de 2018.
- *Tribunal de Justiça de São Paulo (TJSP) e Centro de Visitação Assistida (CEVAT):* trabalho dirigido à equipe que atua em casos altamente litigiosos que envolvem graves denúncias de violência. Coordenação: Mônica Dias Vianna Braga de Sá e Francisca Vieitas Vergueiro. Início: julho de 2018.
- *Lar das Crianças (CIP):* atendimento psicológico dirigido às crianças que frequentam o Lar e supervisionado pelos professores

do Curso Introdutório ao Atendimento Psicanalítico da Infância e Adolescência (CINAPSIA). Coordenação: Tania Mara Zalcberg. Início: abril de 2014.

- *União de Núcleos e Associações de Moradores de Heliópolis e Região (UNAS):* grupos de discussão, escuta e reflexão a respeito das questões que vêm sendo observadas e vivenciadas pelos educadores no trabalho com crianças e adolescentes da comunidade. Coordenação: Eliana da Silveira Cruz Caligiuri e Luiz Moreno Guimarães Reino. Início: outubro de 2018.
- *Defensoria Pública do Estado de São Paulo – Santos/SP:* grupos de escuta com técnicos que atuam no atendimento jurídico à população. Coordenação: Magda Guimarães Khouri, Maria Cecília Borges Casas, Marília Alves e Regina Helena Levy. Parceria com a diretoria regional: Selma Terezinha Jorge, Benedita de Lourdes Carvalho Rodrigues. Início: maio de 2018. Término: dezembro de 2018.
- *Grupo Hora da Conversa, com participantes da educação de jovens e adultos (EJA) e dos cursos técnicos do Colégio Santa Cruz:* espaço de escuta e reflexão auxiliando os alunos dos cursos e a equipe técnica a enfrentarem as dificuldades vivenciadas na retomada dos estudos, que contribuem em grande medida para a evasão escolar. Coordenação: Lula Maria Abrahão e Maria Cristina Mantovanini. Início: março de 2019.
- *Instituto Criar de TV, Cinema e Novas Mídias:* grupos de escuta e reflexão junto à equipe de educadores e gestores da instituição, que se configura como um espaço de educação, que promove o desenvolvimento profissional, sociocultural e pessoal de jovens por meio do audiovisual. Coordenação: Mônica Dias Vianna Braga de Sá e Cristiana Tiradentes Boaventura.
- *Associação Santo Agostinho (ASA):* a ASA é uma organização da sociedade civil que trabalha com educação e cuidados dirigidos a aproximadamente 1,4 mil crianças, adolescentes e idosos em

situação de vulnerabilidade social em onze unidades na cidade de São Paulo. Durante a pandemia da covid-19, fomos procurados para oferecer suporte às equipes de educadores. Coordenação: Heloisa Ditolvo, Maria Tereza Mantovanini, Any Waisbich, Silvia Deroualle, Raquel Ajzenberg e Sylvia Pupo. Início: julho de 2020.

Referências

Barone, L. e outros (Orgs.) (2005). *A Psicanálise e a Clínica Extensa.* Casa do Psicólogo.

Caligiuri, E. da S. C., & Reino, L. (2018). *O que fazer quando encontramos a bondade?* Trabalho apresentado no 32° Congresso Latino-Americano de Psicanálise, Lima, Peru.

Campos, R. O. (2012). *Psicanálise e saúde coletiva: interfaces.* Hucitec.

Goldenberg, R. (2006). *Política e psicanálise.* Zahar.

Khouri, M. G. (2020). Desejo de mundo. *Revista Brasileira de Psicanálise, 4*(3), 209-224.

Lacan, J. (2008). *Seminário 14: a lógica do fantasma.* Publicação não comercial do Centro de Estudos Freudianos de Recife. (Trabalho original publicado em 1966-1967)

Muszkat, S., Warchavchik, I. H., & Gomes, M. A. (2019). Como receber o outro: a escuta psicanalítica na clínica extramuros. *I Simpósio Bienal SBPSP – O mesmo, o outro, 1*(5).

Pastore, J. A. D., & Soares, S. S. G. de S. (Orgs.). (2012). *O psicanalista na comunidade.* SBPSP.

Rosa, M. D. (2016). *A clínica psicanalítica em face da dimensão sociopolítica do sofrimento.* Escuta, Fapesp.

23. Além das fronteiras: territórios erodidos

Silvana Rea

Gostaria de agradecer a presença de todos, agradecer à Sociedade Brasileira de Psicanálise de Ribeirão Preto (SBPRP) pelo convite e pelos cuidados da Guiomar. Muito bom estar compartilhando essa mesa com a Magda e o Sergio. Fico muito feliz porque o tema das fronteiras me é muito caro; foi a nossa escolha para o último biênio na Diretoria Científica da Sociedade Brasileira de Psicanálise de São Paulo (SBPSP). Estamos consonantes com o espírito do tempo; esse tema é urgente.

E, no espírito do tempo, é inevitável mencionarmos o triste momento que vivemos, com um vírus que atravessa todas as fronteiras territoriais e pessoais e que coloca em xeque o nosso limite de suportabilidade para os desmandos éticos e sanitários dessa situação calamitosa.

As fronteiras demarcam territórios, protegendo o que está dentro e definindo o que está fora. Elas constroem separações que formam as identidades e as alteridades. E se por um lado a noção de fronteira incorpora a ideia de limite, ela também convoca à sua ultrapassagem, à travessia em direção ao outro. E neste ponto as regiões fronteiriças são lugares de encontro entre dois mundos, de uma abertura para conhecer o outro. Portanto, a noção de fronteira é fundamental porque coloca a questão da alteridade.

Sabemos que a psicanálise constitui um saber autônomo com característica multiterritorial. Uma disciplina que foi – e continua – constituindo-se pela permeabilidade com outros campos do conhecimento. Foi por meio da frequentação em territórios alheios que Freud construiu seu pensamento clínico. Pensamento sustentado pela inseparabilidade sujeito e cultura, uma vez que cultura não diz respeito apenas ao social, mas está intrinsecamente ligada à clínica do sujeito. Foi nessa fronteira que se deu o nosso trabalho na diretoria científica, costurando relações entre questões clínicas e fenômenos socioculturais, como vemos em "Psicologia de grupo e análise do eu" (Freud, 1921/2011) – que em seus cem anos de publicação permanece atual.

Mas a psicanálise não apenas se constitui como campo do saber pela alteridade. Ela também supõe que as bases da vida humana e seu processo de subjetivação se dão a partir da presença fundante do outro, o que Freud (1914/2010) mostra já em 1914, com "Introdução ao narcisismo".

Portanto, a psicanálise funda-se na vocação de permeabilidade e não podemos pensar psicanaliticamente sem considerar as fronteiras entre o sujeito e o mundo, entre as soluções individuais e o contexto histórico-cultural.

Podemos pensar que, se na modernidade o sentido identitário se tornou problemático, na pós-modernidade quem se problematiza é a alteridade. Gostaria então de pensar aqui com vocês sobre o estatuto do outro nos dias de hoje. E, como o tempo é curto, vou selecionar apenas alguns elementos.

A escritora italiana de origem senegalesa Igiaba Scego (2019) conta que desde 1988 a Itália tem no Mediterrâneo o palco da morte de somalis que fogem da pobreza e da guerra em seu país. Em 2003, quando treze jovens morreram no Canal da Sicília, o prefeito de Roma organizou um enterro leigo, unindo-se ao luto da comunidade. No entanto, "agora é tudo diferente", afirma ela. "Poderia dizer que existe só indiferença em volta. Mas receio que exista algo mais atroz que nos devorou a alma" (p. 85). O que teria nos devorado a alma?

Em seu livro *Comunidades imaginadas*, Benedict Anderson (2008) afirma que toda nação é imaginada e que, independentemente de suas mazelas e suas desigualdades, ela se concebe de forma idealizada como estruturas de camaradagem.

Atualmente somos sustentados pelo medo do outro, naquilo que Žižek (2008) chama de "multidão de paranoicos", regida pela busca de inimigos para descarregar a hostilidade. Sabemos que a moldura mental da paranoia opera uma simplificação maniqueísta de situações complexas. Mas uma das consequências desse sistema paranoico é o surgimento de uma "nostalgia de comunidade", que Bauman (2017) chama de retrotopia. No lugar de uma utopia, que nos dirige esperançosos ao futuro, temos a nostalgia de um passado perdido, higienizado e valorizado por suas supostas estabilidade e confiabilidade, e que surge como um modelo ideal de harmonia familiar e de identidade étnica ou religiosa. Aqui mora o perigo, pois, nessa versão restauradora, as comunidades imaginadas se organizam em um tipo específico de camaradagem nas revivificações nacionalistas, que desembocaram no fascismo de Mussolini, no nazismo e no stalinismo. Isso a história nos ensina.

O medo alimenta o ódio e o ódio alimenta o medo. Mas o medo interessa, pois está no registro da falta de proteção e, assim, se torna mercadoria política; uma moeda usada na condução do jogo de poder. É essa a ideia do filósofo e cientista político Leonidas Donskis, que completa: o sentimento de vulnerabilidade e de desamparo é o alicerce de todo poder político (Bauman & Donskis, 2014). Implantando um clima de incertezas e de suspeitas, produz-se uma obsessão pela segurança – o outro é uma ameaça. Com a falta de confiança, traçam-se fronteiras. Com a suspeita, elas são fortificadas.

A humanidade sempre precisou de inimigos, basta olharmos para a história. O que é novo é a simultânea fabricação e destruição de inimigos nas redes sociais pelos *trolls*, que rapidamente mobilizam partes da população em torno de narrativas mentirosas, desqualificadoras e ofensivas, usando contas falsas. Uma novidade que também abala a confiança de haver um terreno social bem assentado e que cria uma horda violenta, algo que Freud (1921/2011) já apresentara ao tratar das relações da massa com o líder, em "Psicologia das massas e análise do eu".

A profícua produção de narrativas falsas e caos informativo que negam a história é resultado e ao mesmo tempo fomenta o que chamei de crise epistemológica, ou a erosão do conhecimento, que se relaciona com a erosão da experiência de alteridade. O surgimento da internet democratizou a informação, mas no decorrer dos anos criou uma "sabedoria das multidões", que toma o lugar do conhecimento legítimo, deixando perigosamente permeáveis as fronteiras entre fato e opinião.

A jornalista americana Michiko Kakutani (2018) diz que a presa ideal do governo totalitário não é a pessoa de extrema esquerda ou de extrema direita, mas aquela para quem já não existe a diferença entre fato e ficção, entre verdadeiro e falso. Ou seja, aquela que recusa a realidade da experiência e rejeita os critérios do pensamento.

Portanto, quando não há diferenciação entre fato e *fake*, a sustentação da realidade histórico-social é substituída por uma pseudorrealidade, construída a partir de campanhas de desinformação, negacionismo e teorias de conspiração delirantes. Aqui temos, segundo Bollas (2020), os elementos para um processo social psicótico e sociopático, que simultaneamente estimula e é resultado de um novo tipo de mente psicótica e sociopata.

Bollas (2011) descreve processos de tal pobreza simbólica, quando as palavras perdem a mobilidade para a livre ligação e sua função de significante. Isso pode nos ajudar a entender certas adesões a modelos dogmáticos e unilaterais, com fronteiras impermeáveis. Determinadas por pseudoligações vazias e não simbólicas, as palavras viram puros signos que propiciam um funcionamento mental de compreensão extremamente simplificada e muito violento. Ou seja, com as possibilidades de representação prejudicadas, resta a passagem ao ato.

Observamos esse fenômeno nos consultórios, nas diversas formas dos distúrbios narcísicos.

Mas, voltando à questão colocada por Igiaba Scego, podemos pensar que tanto na experiência do outro como aquele que desperta solidariedade e empatia, quanto na consideração do outro na qualidade de inimigo ou de estrangeiro, mantém-se o estatuto de alteridade. Ainda que como inimigo seja uma alteridade temida e difamada, ainda que funcionando como uma prótese para unir as pessoas pela hipervalorização do que é entendido como "nosso".

O que resulta agora da alma devorada é que o outro já está destruído, perdeu o seu estatuto de humanidade. Está tão desqualificado que o outro é ninguém, só serve para uso, não desperta nada. Sua morte é negada, nada significa: o luto pelos mortos é reduzido a "mimimi" e a "frescura".

E os psicanalistas sabem que, quando não há luto, não há novas identificações, não há movimento; só há impulsão em direção à morte. Quando o luto é negado ficamos cegos diante de um muro, somos presas de um ideal narcísico que leva a enxergar apenas o que gratifica esse ideal. Estou falando de relações intersubjetivas e interpessoais movidas por falhas narcísicas, que também promovem laços sociais de falta de empatia, que impedem o desenvolvimento de responsabilidade social.

Chegamos ao limite da cultura do hiperconsumo e do entretenimento fácil e, portanto, sem reflexão. Criamos sujeitos intolerantes à frustração, que buscam a imediatez e a excitação do gozo – muitos deles em festas clandestinas em meio à pandemia. Importa o prazer individual, sustentado por uma ética permissiva e narcísica; mortífera. Quando o que eu desejo vale porque é o que eu quero, estamos falando que o princípio de realidade, como alteridade e como fronteira limitadora, também é desconsiderado.

Assim, confirma-se a afirmação Donskis: hoje, o mal não está restrito às guerras ou a situações extremas, ele se revela na insensibilidade diária diante do sofrimento do outro, na incapacidade de reagir, na recusa de compreendê-lo. A maldade e a miopia ética se ocultam nas banalidades da vida cotidiana (Bauman & Donskis, 2014).

Quando milhares de corpos são obstáculos ao "vamos andar para a frente", quando a experiência de dor é banalizada no "vão chorar até quando?", concordo com Byung-Chul Han (2017), que, ao apresentar a sede de poder da sociedade do desempenho marcada pelo neoliberalismo selvagem, onde só importa o resultado, afirma que estamos em tempos de agonia do Eros. O Eros como fronteira suficientemente permeável para o encontro com a alteridade, tanto intrapsíquica quanto intersubjetiva, está erodido pela desmentida e pela alucinação negativa, que transforma a violência em nosso sintoma social.

E a psicanálise, o que tem a ver com tudo isso? Justamente por não haver separação entre o indivíduo e o contexto histórico-social, a psicanálise é uma ferramenta para cuidar destas questões que comparecem nos consultórios, e uma ferramenta importante para pensar o mundo.

Em sua ética centrada na abertura para o outro, a psicanálise assume sua vocação de oferecer um lugar de liberdade e de transformação. Porque não podemos esquecer que o desamparo também promove o movimento que urge por mudança. O processo psicanalítico, por suas características e pela natureza de seu objeto, é um lugar de resistência, de um movimento contrário tão urgente nestes tempos distópicos que vivemos. E como pensar psicanaliticamente implica considerar o outro, nos leva também a repensar os laços sociais e o desenvolvimento de responsabilidade social.

Referências

Anderson, B. (2008). *Comunidades imaginadas*. Companhia das Letras.

Bauman, Z. (2017). *Retrotopia*. Zahar.

Bauman, Z., & Donskis, L. (2014). *Cegueira moral: a perda da sensibilidade na modernidade líquida*. Zahar.

Bollas, C. (2011). The structure of evil. In C. Bollas, *The Christopher Bollas Reader* (pp. 155-177). Routledge.

Bollas, C. (2020). Civilization and the Discontented: A Presentation by Christopher Bollas. *Community West* [canal no YouTube].

Freud, S. (2010). Introdução ao narcisismo. In S. Freud, *Obras completas* (Vol. 12, pp. 13-50). Companhia das Letras. (Trabalho original publicado em 1914)

Freud, S. (2011). Psicologia das massas e análise do eu. In S. Freud, *Obras completas* (Vol. 15, pp. 13-113). Companhia das Letras. (Trabalho original publicado em 1921)

Han, B.-C. (2017). *Agonia do Eros*. Vozes.

Kakutani, M. (2018). *A morte da verdade*. Intrínseca.

Scego, I. (2019). Viajantes. In P. C. Mello et al., *Fronteiras: territórios da literatura e da geopolítica*. Litercultura.

Žižek, S. (2008). *Violência: seis reflexões laterais*. Boitempo.

24. Soltando pipas nas fronteiras entre as comunidades e o infantil

Sergio Eduardo Nick

A loucura é vizinha da mais cruel sensatez.

Aprendendo a viver, Clarice Lispector (1967-1973/2004)

Quando pensamos nas fronteiras que se apresentam para o psicanalista, é possível entrelaçar aquelas ligadas ao trabalho clínico individual e comunitário àquelas do infantil. Clarice Lispector, na epígrafe, apresenta tais fronteiras de forma direta e singela, ao explicitar a vizinhança entre a loucura e a sensatez. Clarice, para mim, é uma guia de vida, de compreensão da complexidade da alma de cada um. Ela está falando, a meu ver, de coisas que Silvana Rea nos comunicou em sua fala, assim como de coisas tão vivas que Sérgio Luiz Alécio Filho mencionou em sua apresentação sobre os meninos em custódia e suas pipas. Se de um lado pode parecer sensato ao sistema penal pensar: "vamos colocar esses meninos em um lugar onde eles não possam fazer mal à sociedade", por outro, temos essa consequência louca de colocar meninos tão jovens entre muros frios e situações de despersonalização, que retiram a alteridade de cada um deles.

Sérgio Luiz Alécio Filho me fez lembrar do meu tempo de menino, soltando pipa (também fazíamos as nossas próprias pipas naquele tempo). A pipa tem esse significado de elevação, de criação, com um sentido masturbatório e de sublimação da pulsão erótica, e é engraçado que eu não vejo mais tanta pipa pelos céus de minha cidade. Terão as pipas sido substituídas pelos consoles de videogames? Por outro lado, soltar uma pipa que você mesmo construiu, com a marca da sua própria alteridade, me parece um dos movimentos que nos causou tanta emoção no relato de Sérgio Luiz Alécio Filho. Penso que dar um espaço onde cada um possa se expressar é uma das tônicas do processo analítico. Nesse sentido, levar essa possibilidade ao espaço comunitário, como fez Sérgio Luiz Alécio Filho, faz com que um outro *setting* analítico se crie, para além do divã.

E o que isso tem a ver com o que nós, na Associação Psicanalítica Internacional (IPA), estamos tentando fazer? A gente fez uma virada muito grande na IPA, pensando que iríamos receber muitas críticas. Vocês devem saber que, quando somos eleitos *Officers* da IPA, passamos dois anos acompanhando o Conselho Diretor, preparando os projetos que pretendemos levar à frente em nossa administração. Diante disso, nós fizemos uma mudança na estrutura da Associação. Como se sabe, a IPA é internacional e, por isso, possui fronteiras de difíceis articulações, pois se trata de culturas muito diferentes (latino-americana, norte-americana, europeia, e agora estamos abrindo uma nova fronteira que é a quarta região – Ásia-Pacífico, a qual também conta com culturas bastantes diferentes não só entre si, mas em relação ao Ocidente). Por conta disso, criamos a área IPA na Comunidade, que é uma área em que estudamos cultura, saúde, educação, as organizações não governamentais (ONGs), questões como violência e migração, a parte jurídica, e temíamos que nem todos os psicanalistas estariam prontos para isso.

A IPA é considerada, por muitos, uma instituição muito conservadora e a psicanálise, aquele campo conservador, de fronteiras muito restritas ao consultório, e isso terminou por se mostrar bem diferente. Descobrimos, em todos os cantos do mundo, pessoas fazendo trabalhos nas comunidades. Sei disso porque trabalhei nessa área aqui no Rio de Janeiro, depois no Brasil e na América Latina, e pensávamos que isso seria circunscrito às nossas necessidades e cultura, e não é assim.

Por exemplo, um dos trabalhos que ganhou o prêmio da IPA nas Comunidades deste ano, dentro do campo das organizações humanitárias, chama-se "Ububele Baby Mat Intervention". Nele, psicanalistas da IPA que trabalhavam na África do Sul em espaços comunitários com uma população muito carente faziam o que chamamos de intervenção precoce, ou a clínica de 0-3. Quanto mais projetos fomos recebendo, mais conseguimos observar outras pessoas que estão trabalhando na Itália, no Reino Unido, nos Estados Unidos etc. Em cada um desses projetos se observava esse trabalho psicanalítico nas fronteiras, com *settings* adaptados. Por exemplo, eu conversei com uma estadunidense que trabalhava com escolas (e eu mesmo trabalho com escolas), e tinha os mesmos problemas e *approaches* parecidos com os que tínhamos aqui na Sociedade Brasileira de Psicanálise do Rio de Janeiro (SBPRJ), por exemplo, a dificuldade de chegar perto das escolas e termos o nosso estilo de intervenção aceito no meio educacional.

Com isso, penso que abrimos fronteiras na medida em que a gente leva o pensamento e o "fazer" psicanalítico para fora dos consultórios. E qual é o valor e a importância disso? Acho que a Silvana falou um pouco sobre isso, que é a forma que nós temos de pensar o ser humano, o agir humano e, principalmente, a questão de construção de *settings*. Nós precisamos ter um *setting* para trabalhar, e ele é muito específico. Então, quando o Sérgio propõe que se instrua de forma diversa os instrutores que trabalham naquela instituição para adolescentes, que eles tirem as algemas dos internos, e que os meninos possam falar do que quiserem, ele está construindo um *setting* muito diferente dentro da instituição, onde é possível que cada um seja um pouco mais "si mesmo", para que esses meninos possam falar um pouco a partir desse si mesmo. E, nesse sentido, por mais que não se esteja fazendo psicanálise, como alguns ainda preferem dizer, eu acredito que se esteja fazendo psicanálise na medida em que se está conectando cada um com o que é seu, com o próprio de cada um.

Fazendo uma ponte com o próximo Congresso da IPA, estamos mais ou menos há um ano e meio discutindo o infantil. O infantil foi um tema que a gente quase não escolheu. Por quê? Porque o infantil tem três sentidos diferentes. Você pode pensar o infantil como infância, em termos adjetivos ("isso é infantil!") ou como substantivo (aquilo que remete ao infantil). Nosso receio era que se tomasse o termo no sentido pejorativo, pois a palavra *infantile*, em inglês, remete ao sentido de "coisa de criança", menor, sem a devida "civilidade do mundo adulto". Mas, para nós, o infantil que queríamos abordar era exatamente aquilo que se transfere. Cito Freud (1909/2010), que nos primórdios já falava sobre isso:

> *Acho que ele teria descoberto aí, incidentalmente, uma característica-mor do inconsciente, a relação com o infantil.* O inconsciente seria o infantil, *mais exatamente, aquela parte da pessoa que então se separou dela, não acompanhou o desenvolvimento posterior e por isso foi reprimida. Os derivados desse inconsciente reprimido seriam os elementos responsáveis pelo pensar involuntário em que consiste o seu sofrimento. (p. 27, grifos meus)*

Vejam como é bonito, na medida em que Freud, desde então, já consegue perceber e enunciar que aquilo que vai ser transferido, em qualquer *setting*, é o infantil; é aquilo que não consegue se expressar, a não ser pelos seus derivativos inconscientes. Isso é parte e condição necessária da construção do *setting* psicanalítico, não só no consultório ou no nosso *setting* interno, mas em quaisquer das fronteiras em que a gente venha a trabalhar.

Foi justamente isso que nos fez pensar em abrir a IPA nas Comunidades: abrir espaços onde esse *setting*, esse pensar psicanalítico, pudesse *ser ação*, pudesse estar presente nas enormes fronteiras que todos nós temos na vida. Em conversas informais com Virginia Ungar, concluímos que ali onde nos apresentamos com os nossos dispositivos analíticos é que vamos poder melhor apresentar a psicanálise àqueles que não a conhecem.

Hoje, vivemos em um país onde a fronteira entre o que é verdade e o que é manipulação, a chamada era da pós-verdade, faz com que muitas vezes se obstrua o pensamento mais complexo. Temos falado sobre isso no Observatório Psicanalítico da Federação Brasileira de Psicanálise (Febrapsi) – uma lista de e-mails em que discutimos as questões do Brasil –, sobre o que pensamos e estamos vivendo. Justamente porque, se não tivermos um lugar de fala, se esse lugar de fala esbarrar naquilo que Silvana Rea trouxe em relação à obstrução do pensamento, isto é, essa ideia de que o que cada um quiser falar vai encontrar um "isso não é verdade!" ou qualquer coisa que prove o contrário, baseado em manipulações da mídia etc., nós temos que ter a paciência de compreender, pensar e estudar como essas mentes e esse estado de coisas foram se construindo. Por exemplo, pensar a questão do fascismo e como a propaganda fascista vai ampliando as suas fronteiras no mundo atual.

Uma forma de abordar o tema vem do saber sobre o funcionamento da mente no desamparo. A busca por soluções fáceis ou ideias que tentem facilitar a vida no desamparo. A busca por um líder onipotente e protetor, mesmo que use a força e a violência para impor essas soluções. O que estamos vivendo com a pandemia da covid-19, e já antes, com toda a questão do capitalismo avançado, é que cada um, dentro da sua vida de excessos e faltas, vivencia muito amplamente esse desamparo. E se não tiver quem os escute, alguém que de alguma forma se aproxime deles, poderão buscar o negacionismo, evitar a incerteza, calar o diferente.

Voltando um pouco ao tema da questão psicanalítica, gostaria de voltar ao tema do infantil, a partir de uma citação de Stein (2011):

> *Leda Bernardino . . . afirma que o conceito de infantil na obra freudiana refere-se a esse tempo entre o recalque originário e o recalque propriamente dito do Édipo. Esse tempo vai desde a inscrição dos significantes primordiais, a constituição do fantasma fundamental e do encontro com um mito – o de Édipo, constituindo o inconsciente como sede do sujeito. Assim, o conceito de infantil recobre o que seria neurose infantil, para Freud, e o que Lacan define como a estrutura psíquica. (p. 10)*

Trago isso, pois, se nos lembrarmos do que Birman (1997) nos diz,

> *nos primórdios da investigação psicanalítica até os anos de 1915 e 1920, o infantil se identificava com o registro da sexualidade, isto é, com o campo do desejo e com o que era regulado pelo princípio do prazer. Após os anos 1920, em contrapartida, o infantil passa a ser circunscrito como o que não pode ser erotizado e como o que é regulado por um além do princípio do prazer. Vale dizer, o infantil passa a ser identificado com o real da angústia e com trauma, com aquilo capaz de lançar o sujeito no desamparo e de promover seu esfacelamento. (p. 24)*

Ao trazer essas duas citações, quero destacar que, ao estudar o infantil, não estamos falando apenas da necessidade de permitir que nós, enquanto psicanalistas, o estudemos, mas que também possamos pensá-lo a partir de uma estrutura mais ampla, no sentido daquilo que é permeável e impermeável a cada um de nós. Logo, para que essa fronteira entre o infantil e o adulto seja mais permeável, é preciso um encontro psicanalítico, no meu ponto de vista, em que haja um acolhimento da transferência e do infantil. Baseando-me em Freud, isso diz respeito a uma possibilidade de trazê-lo à consciência, de fazer com que esses elementos pulsionais sejam trazidos à tona, permitindo novos caminhos, trilhamentos, onde tenha havido algum impedimento.

Nesse sentido, creio que por nós, psicanalistas nas fronteiras – sejam estas do consultório ou do nosso próprio dispositivo interno analítico, seja nas fronteiras das comunidades –, haverá que ser feita uma ponte com o infantil para que ocorra a emergência do sujeito, e não o seu borramento.

Com o fito de concluir este ensaio, seguimos Florence Guignard (1997), quando diz:

> *Deste modo, podemos pensar o infantil como um solo fundante, arcaico e originário, produtor da fratura necessária, que impulsiona o sujeito a inventar uma ficção para si mesmo, uma história que se faz no próprio movimento de narrar-se, "contar-se" sujeito. Uma liga de pulsional e estrutural "flexível", que faz com que a gente seja o que é e não um outro. (p. 17)*

Por meio da bela foto dos meninos com as pipas, deduzimos que, quando se coloca uma criança ou um adolescente em uma forma, ele buscará encontrar uma maneira de sair dela, de fazer com que a sua alteridade apareça. É isso que tentamos hoje na IPA: permitir que cada uma dessas visões de mundo, da psicanálise, das diferentes fronteiras, possa ser dita, vivida e utilizada na prática psicanalítica. É onde o projeto IPA nas Comunidades se enlaça ao infantil, pois esperamos que por meio do dispositivo psicanalítico possamos ensejar a emergência do sujeito mesmo nas fronteiras mais opacas.

Referências

Birman, J. (1997). Além daquele beijo!?: sobre o infantil e o originário em psicanálise. In E. Santa Roza, & E. S. Reis, *Da análise na infância ao infantil na análise*. Contracapa.

Freud, S. (2010). Observações sobre um caso de neurose obsessiva. In S. Freud, *Obras completas* (Vol. 9). Companhia das Letras. (Trabalho original publicado em 1909)

Guignard, F. (1997). *O infantil ao vivo: reflexões sobre a situação analítica*. Imago.

Lispector, C. (2004). *Aprendendo a viver*. Rocco. (Trabalho original publicado em 1967-1973)

Stein, M. L. (2011). Infantil, Eu? *Revista da Associação Psicanalítica de Porto Alegre*, (40), 9-17.

Apresentação dos participantes

Ailton Alves Lacerda Krenak

Ativista indígena da etnia krenak, fundou em 1988 a União das Nações Indígenas e, em 1989, o movimento Aliança dos Povos da Floresta. Dirige o Núcleo de Cultura Indígena, na Serra do Cipó (MG). Professor doutor *honoris causa* (2016) pela Universidade Federal de Juiz de Fora (UFJF). Jornalista, roteirista e escritor, com livros e artigos publicados em diversas línguas, além do português.

Alessandra Paula Teobaldo Stocche

Psicanalista, membro associado da Sociedade Brasileira de Psicanálise de Ribeirão Preto (SBPRP) e psicóloga de grupos com formação na Sociedade de Psicoterapias Analíticas Grupais do Estado de São Paulo (SPAGESP). Psicóloga responsável, por anos, pelo atendimento de grupos no Ambulatório de Dor da Faculdade de Medicina de Ribeirão Preto da Universidade de São Paulo (FMRP/USP).

Ana Claudia Gonçalves Ribeiro de Almeida

Psicóloga, psicanalista e membro efetivo da Sociedade Brasileira de Psicanálise de Ribeirão Preto (SBPRP). Editora da revista *Berggasse 19* e ganhadora do prêmio Cyro Martins no 28º Congresso Brasileiro de Psicanálise em 2022. Membro da Comissão Científica da V Bienal de Psicanálise e Cultura da SBPRP, realizada em 2020/2021, e coordenadora da Comissão Científica da VI Bienal de Psicanálise e Cultura da SBPRP, realizada em maio de 2023.

Ana Regina Morandini Caldeira

Psicanalista e membro efetivo da Sociedade Brasileira de Psicanálise de Ribeirão Preto (SBPRP). Graduada em Psicologia pela Universidade de São Paulo (USP), *campus* Ribeirão Preto. Cofundadora e integrante do Cinema e Psicanálise de Franca e do Polo de Estudos Psicanalíticos de Franca (Poepsi). Membro da Comissão Cultural da V Bienal de Psicanálise e Cultura da SBPRP, realizada em 2020/2021, e membro da Comissão Curadora das Bienais da SBPRP desde 2021.

André Pingo

Diretor criativo e cinematográfico, membro da equipe de produção do documentário *O som das palafitas*, de 2016. Graduado em Design pela Escola Superior de Propaganda e Marketing (ESPM) em 2017. Sócio e *head* de criação da produtora Amostra 55 em 2018-2021. Responsável por todo o desenvolvimento criativo do projeto Inspira em 2019, resultando em cinco documentários sociais na cidade de São Paulo, em uma parceria iniciada com a CINE Cinematografia.

Carlinhos Antunes

Músico formado pela Fundação das Artes de São Caetano do Sul (FASCS) e historiador formado pela Pontifícia Universidade Católica de São Paulo (PUC-SP). Diretor da Orquestra Mundana, que, em 2017, completou 15 anos de existência e passou a chamar-se Orquestra Mundana Refugi, com 22 músicos do Brasil e de várias partes do mundo a partir do Projeto Refugi. Foi secretário de Cultura da Prefeitura de Diadema (1982), coordenador, criador e diretor artístico de vários projetos culturais no Brasil, e professor de música e cultura brasileira em Casablanca (Marrocos) e Madri (Espanha) em 1990-1994.

Cybelli Morello Labate

Médica psiquiatra e membro filiado da Sociedade Brasileira de Psicanálise de Ribeirão Preto (SBPRP). Membro da Comissão de Imagem e Som da IV Bienal de Psicanálise e Cultura da SBPRP, realizada em maio de 2016. Cocoordenadora da Comissão Científica da V Bienal de Psicanálise e Cultura da SBPRP, realizada em 2020/2021. Membro da Comissão Curadora das Bienais da SBPRP desde 2017. Integrante da Comissão do Programa Sankofa para equidade racial na SBPRP. Cocoordenadora da comissão organizadora desta publicação.

Diego Amaral Penha

Psicanalista, doutor em Psicologia Clínica pela Universidade de São Paulo (USP) e mestre em Psicologia Social pela Pontifícia Universidade Católica de São Paulo (PUC-SP). Membro do Laboratório Psicanálise Política e Sociedade

(PSOPOL-USP) e da Rede Interamericana de Pesquisa em Psicanálise e Política (REDPOL). Autor do livro *Psicanálise e cinema: filmes curam?* (Zagodoni, 2018) e coorganizador dos livros *Ensaios sobre mortos-vivos: The Walking Dead e outras metáforas* (Aller, 2018) e *Ensaios sobre vampiros e zumbis: psicanálise, filosofia e arte* (Luva, 2021). Editor da revista digital *Lacuna – Uma revista de psicanálise*. Cocriador do podcast Findasessao.

Douglas Garcia Alves Júnior
Doutor em Filosofia pela Universidade Federal de Minas Gerais (UFMG) e professor do Departamento de Filosofia da Universidade Federal de Ouro Preto (UFOP). Autor dos livros *Depois de Auschwitz: a questão do anti-semitismo em Theodor W. Adorno* (Annablume, 2003), *Dialética da vertigem: Adorno e a filosofia moral* (Escuta, 2005) e *Adorno material: ensaios da teoria crítica* (Editora UFOP, 2015), além de organizador de outras obras literárias.

Guiomar Papa de Morais
Psicóloga, psicanalista e membro efetivo com funções didáticas da Sociedade Brasileira de Psicanálise de Ribeirão Preto (SBPRP). Analista de criança e adolescente pelo Comitê de Psicanálise da Criança e do Adolescente da Associação Psicanalítica Internacional (COCAP-IPA). Coordenadora da Comissão Científica da V Bienal de Psicanálise e Cultura da SBPRP, realizada em 2020-2021. Membro da Comissão Curadora das Bienais desde 2021. Membro da comissão organizadora desta publicação.

Ignácio Alves Paim Filho
Médico, psicanalista, membro titular e didata da Sociedade Brasileira de Psicanálise de Porto Alegre (SBPdePA). Diretor científico da Federação Brasileira de Psicanálise (Febrapsi) em 2017-2019. Autor dos livros *Metapsicologia: um olhar à luz da pulsão de morte* (Movimento, 2014) e *Inconfidências metapsicológicas: Das Unheimliche* (Sulina, 2019). Coautor de *Novos tempos, velhas recomendações* (Sulina, 2012) e *Sobre o filicídio: uma introdução* (Sulina, 2017).

Josiane Barbosa Oliveira
Psicóloga e membro associado da Sociedade Brasileira de Psicanálise de Ribeirão Preto (SBPRP). Membro da Comissão Científica da V Bienal de Psicanálise e Cultura da SBPRP, integrante da Comissão do Programa Sankofa para equidade racial na SBPRP.

Josimara Magro Fernandez de Souza
Psicóloga, psicanalista e membro efetivo da Sociedade Brasileira de Psicanálise de Ribeirão Preto (SBPRP). Coordenadora-geral da V Bienal de Psicanálise e

Cultura da SBPRP, realizada em 2020-2021. Coordenadora do Programa Sankofa para equidade racial na SBPRP. Coordenadora da Comissão Curadora das Bienais. Membro da comissão organizadora desta publicação.

Julio Cesar Tadeu Chavasco Labate

Médico psiquiatra e membro filiado da Sociedade Brasileira de Psicanálise de Ribeirão Preto (SBPRP). Membro da Comissão de Imagem e Som da IV Bienal de Psicanálise e Cultura da SBPRP, realizada em maio de 2016. Cocoordenador da Comissão Cultural da V Bienal de Psicanálise e Cultura da SBPRP, realizada em 2020/2021. Membro da Comissão Curadora das Bienais da SBPRP desde 2017. Membro da comissão organizadora desta publicação.

Lia Fátima Christovão Falsarella

Médica psiquiatra, psicanalista, membro efetivo da Sociedade Brasileira de Psicanálise de Ribeirão Preto (SBPRP) e membro associado da Sociedade Brasileira de Psicanálise de São Paulo (SBPSP). Coordenadora-geral da III Bienal de Psicanálise e Cultura da SBPRP. Coordenadora da Comissão Curadora das Bienais da SBPRP em 2017-2021. Coordenadora da comissão organizadora desta publicação.

Lia Vainer Schucman

Psicóloga, professora do Departamento de Psicologia da Universidade Federal de Santa Catarina (UFSC) e doutora em Psicologia Social pela Universidade de São Paulo (USP). Autora dos livros *Famílias inter-raciais: tensões entre cor e amor* (Fósforo, 2018) e *Entre o encardido, o branco e o branquíssimo: branquitude, hierarquia e poder na cidade de São Paulo* (Veneta, 2014) e de diversos artigos.

Lilian Tosi de Melo

Psicóloga, psicoterapeuta e diretora da Plêiade Companhia de Dança.

Magda Guimarães Khouri

Psicanalista da Sociedade Brasileira de Psicanálise de São Paulo (SBPSP). Diretora de Comunidade e Cultura da Federação Psicanalítica da América Latina (FEPAL) em 2015-2016. Diretora de Atendimento à Comunidade da SBPSP em 2017-2020. Coorganizadora do livro *A psicanálise nas tramas das cidades* (Casa do Psicólogo, 2009).

Magda Pucci

Musicista brasileira (arranjadora, compositora e cantora) e pesquisadora de cantos do mundo e das musicalidades indígenas brasileiras. Sua principal atuação é a direção artística do grupo Mawaca, que celebra 25 anos de carreira e tem viajado pelo Brasil e pelo mundo com um repertório pluricultural. Trabalhou com projetos que envolvem intercâmbios com músicos indígenas brasileiros, refugiados e educadores musicais. É autora de diversos livros para crianças e professores. Formada em Música (Regência) pela Universidade de São Paulo (USP), é mestre em Antropologia pela Pontifícia Universidade Católica de São Paulo (PUC-SP) e doutora em Pesquisa Artística pela Universidade de Leiden, na Holanda.

Maria Aparecida Garcia Galiote Brossi Pelissari
Psicóloga, psicanalista e membro efetivo com funções didáticas da Sociedade Brasileira de Psicanálise de Ribeirão Preto (SBPRP). Psicanalista de crianças e adolescentes pela Associação Psicanalítica Internacional (IPA). Membro do Conselho Editorial da *Bergasse 19* – Revista de Psicanálise da SBPRP desde 2022. Secretária do Núcleo de Infância e Adolescência (NIA) do Instituto de Psicanálise da SBPRP desde abril de 2023. Cocoordenadora da Comissão de Secretaria da II Bienal de Psicanálise e Cultura da SBPRP e coordenadora da Comissão de Secretaria das I, III, IV e V Bienais de Psicanálise e Cultura da SBPRP. Membro da Comissão Curadora das Bienais da SBPRP desde 2017, sendo cocoordenadora dessa comissão desde 2021. Membro da comissão organizadora desta publicação.

Maria Bernadete Figueiró de Oliveira
Psicóloga, psicanalista e membro associado da Sociedade Brasileira de Psicanálise de Ribeirão Preto (SBPRP). Cocoordenadora da VI Bienal de Psicanálise e Cultura da SBPRP, realizada em 2023. Coordenadora do Cinema e Psicanálise da SBPRP no biênio 2017-2018. Membro da comissão organizadora desta publicação.

Maria Vilani
Escritora, filósofa, ativista cultural e fundadora do Centro de Arte e Promoção Social (CAPS), no Grajaú, extremo zona sul de São Paulo. Autora dos livros *Varal* (Editora da Gente, 2012), *Penteando a Vida* (Capsianos, 2016) e *Abscesso* (Capsianos, 2019).

Marina Zema
Formada em Psicologia na Pontifícia Universidade Católica de São Paulo (PUC-SP), com MBM pela Fundação Getulio Vargas (FGV). Decidiu seguir sua paixão pelo mundo das artes realizando cursos pontuais de cinema e de fotografia, na Academia Internacional de Cinema e no Museu de Imagem e Som. Desenvolve projetos de marketing digital, fotografia e produção de vídeos na Nuvemovie, fundada há cinco anos.

Marta Dominguez Sotelino
Médica psiquiatra, psicanalista e membro associado da Sociedade Brasileira de Psicanálise de Ribeirão Preto (SBPRP). Membro da Comissão Cultural da V Bienal de Psicanálise e Cultura da SBPRP, realizada em 2020-2021. Coordenadora da Comissão Cultural da VI Bienal de Psicanálise e Cultura da SBPRP, realizada em 2023.

Maruzza T. Cerchi Borges Fonseca
Psicóloga, psicanalista e membro associado da Sociedade Brasileira de Psicanálise de Ribeirão Preto (SBPRP). Membro da Comissão Científica/Cultural da VI Bienal de Psicanálise e Cultura da SBPRP. Membro da Comissão Cultural da V Bienal de Psicanálise e Cultura da SBPRP. Membro da Comissão de Imagem e Som da IV Bienal de Psicanálise e Cultura da SBPRP. Membro da Comissão da Secretaria Regional da SBPRP. Membro do Núcleo de Psicanálise de Uberlândia e Região (NPU). Membro e diretora do Centro Clínico do Centro de Estudos e Eventos Psicanalíticos de Uberlândia (CEEPU).

Miguel Marques
Médico com formação em psicanálise pela Sociedade Brasileira de Psicanálise de São Paulo (SBPSP). Membro efetivo da SBPSP e membro efetivo com funções didáticas da Sociedade Brasileira de Psicanálise de Ribeirão Preto (SBPRP).

Miriam Debieux Rosa
Psicanalista e professora titular do Instituto de Psicologia Clínica da Universidade de São Paulo (USP), onde coordena o Laboratório Psicanálise, Sociedade e Política (PSOPOL) e o Grupo Veredas: Psicanálise e Imigração. Membro da Rede Interamericana de Pesquisa em Psicanálise e Política (REDPOL). Pró-reitora adjunta de Inclusão e Pertencimento da USP. Autora dos livros *Histórias que não se contam: psicanálise com crianças e adolescentes* (Casa do Psicólogo, 2010) e *A clínica psicanalítica em face da dimensão sociopolítica do sofrimento* (Escuta, 2016, Prêmio Jabuti 2017).

Mônica Guimarães Teixeira do Amaral
Psicanalista, membro efetivo da Sociedade Brasileira de Psicanálise de São Paulo (SBPSP) e professora livre-docente da Faculdade de Educação da Universidade de São Paulo (USP). Tem se dedicado à articulação entre a teoria crítica, a psicanálise e a interseccionalidade de raça e gênero. Publicou *O espectro de Narciso na modernidade: de Freud a Adorno* (Estação Liberdade, 1997) e, mais recentemente, o livro *O que o rap diz e a escola contradiz: um estudo sobre a arte de rua e a formação da juventude na periferia de São Paulo* (Alameda/Fapesp, 2016).

Rogério Miranda
Ator, diretor, músico e educador. Formado em Pedagogia pela Universidade de Uberaba, com formação técnica em Arte Dramática pelo Senac/Franca. Fundador do Núcleo 1ª Viagem de Teatro, ator no grupo Corpo Negro e músico fundador do grupo SambaZL. Leciona teatro em escolas e projetos. Dirigiu o documentário *A gente faz da vida o que ela é*, sobre a prática do teatro na terceira idade. No cinema, destaca-se sua participação no elenco do longa *Ecos do Teatro Experimental do Negro*, com direção de Daniel Santiago.

Sergio Eduardo Nick
Médico, psiquiatra, psicanalista e membro titular da Sociedade Brasileira de Psicanálise do Rio de Janeiro (SBPRJ). Psicanalista de criança e de adolescente pelo Comitê de Psicanálise da Criança e do Adolescente da Associação Psicanalítica Internacional (COCAP-IPA). Pós-graduado em Psiquiatria e Psicoterapia da Criança e do Adolescente pela Clínica de Orientação à Criança da Universidade Federal do Rio de Janeiro (UFRJ) e em Direito Especial da Criança e do Adolescente pela Faculdade de Direito da Universidade do Estado do Rio de Janeiro (UERJ). Vice-presidente da Associação Psicanalítica Internacional (IPA) em 2017-2021.

Sergio Lewkowicz
Psicanalista, membro efetivo e analista didata da Sociedade Psicanalítica de Porto Alegre (SPPA). Representante latino-americano no Board da Associação Psicanalítica Internacional (IPA) em 2015-2019. Membro do conselho editorial do *International Journal of Psychoanalysis* (2020-2024). Coordenador científico da Federação Psicanalítica da América Latina (FEPAL) e do XXX Congresso Latino-Americano de Psicanálise (2014). Membro do Comitê de Programa do 43° Congresso Internacional de Psicanálise da IPA (2004). Membro do comitê de publicações da IPA (2001-2009).

Sérgio Luiz Alécio Filho
Psicólogo, analista junguiano e membro do Instituto de Psicologia Analítica de Campinas (IPAC), da Associação Junguiana do Brasil (AJB) e da Associação Internacional de Psicologia Analítica (IAAP).

Silvana Mara Lopes Andrade
Médica psiquiatra, psicanalista e membro associado da Sociedade Brasileira de Psicanálise de Ribeirão Preto (SBPRP). Membro da Comissão Cultural da V Bienal de Psicanálise e Cultura da SBPRP, realizada em 2020-2021. Cocoordenadora da Comissão Científica da VI Bienal de Psicanálise e Cultura da SBPRP, a ser realizada em 2023.

Silvana Nuti

Jornalista, cineasta e diretora da produtora Sol Filmes, em São Paulo. Trabalhou como repórter e editora na *Folha de S.Paulo*, entre outros veículos, colaborou como roteirista *freelancer* para emissoras de TV em Roma e Paris e especializou-se em roteiro na universidade The New School, em Nova York. Nos últimos dez anos, aprofundou-se no movimento do neorrealismo no audiovisual, dirigiu curtas de ficção e documentários, entre eles *A linguagem do coração*, filmado em 2016 e exibido em salas de centros culturais e em mostras nacionais e internacionais promovidas pela Agência da ONU para Refugiados (ACNUR) no Brasil, entre outras. Em 2020, o roteiro do documentário *A linguagem do coração* foi premiado em edital de audiovisual da Lei Aldir Blanc.

Silvana Rea

Membro efetivo da Sociedade Brasileira de Psicanálise de São Paulo (SBPSP) e diretora científica da mesma instituição em 2017-2020. Editora da *Revista Brasileira de Psicanálise* em 2016-2017. Graduada em Cinema e Psicologia, mestre e doutora em Psicologia da Arte pelo Instituto de Psicologia da Universidade de São Paulo (IPUSP). Autora dos livros *Transformatividade – aproximações entre psicanálise e artes plásticas: Renina Katz, Carlos Fajardo, Flávia Ribeiro* (Annablume/Fapesp, 2000) e *Pelos poros do mundo: uma leitura psicanalítica da poética de Flávia Ribeiro* (Edusp/Fapesp) e de diversos artigos.

Silvia Maia Bracco

Psicanalista, membro associado da Sociedade Brasileira de Psicanálise de São Paulo (SBPSP), mestre em Psicologia pela Pontifícia Universidade Católica de São Paulo (PUC-SP) e coordenadora da área de saúde do Ateliescola Acaia. Em 2016-2018, atuou junto à Diretoria de Atendimento à Comunidade da SBPSP, no setor de parcerias e convênios.

Wania Maria Coelho Ferreira Cidade

Psicanalista, membro efetivo e ex-presidente (2017-2018) da Sociedade Brasileira de Psicanálise do Rio de Janeiro (SBPRJ). Diretora de Comunidade e Cultura da Federação Brasileira de Psicanálise (Febrapsi) em 2020-2022, onde criou a Comissão de Estudos Psicanalíticos sobre Racismo e Práticas Antirracistas. Membro da comissão executiva e da equipe editorial da seção "Vórtice" da revista *Calibán*, da Federação Psicanalítica da América Latina (FEPAL) em 2013-2022 e do conselho editorial da revista *Trieb*, da SBPRJ, desde 2018. Membro do coletivo Psicanalistas Unidos pela Democracia (PUD) desde a sua fundação, em 2018. Atual presidente da Federação de Psicanálise da América Latina (FEPAL), no biênio 2022-2024.

Nota de reconhecimento

Nosso reconhecimento aos Conselhos Diretores da Sociedade Brasileira de Psicanálise de Ribeirão Preto (SBPRP) e à Comissão Geral da V Bienal de Psicanálise e Cultura.

Conselho Diretor 2018-2020

Presidente: Silvana Maria Bonini Vassimon

Diretora administrativa: Silvana Mara Lopes Andrade

Diretora financeira: Monica Bitar Santamarina Araújo

Diretor científico: Alexandre Martins de Melo

Diretora de cultura e comunidade: Andrea Ciciarelli P. de Lima

Diretora regional: Déborah Angel Mellem

Diretora do Instituto: Maria Bernadete Amêndola Contart de Assis

Diretora secretária do Instituto: Beatriz Troncon Busatto

Conselho Diretor 2020-2022

Presidente: Miguel Marques

Diretora secretária: Claudia Fernanda Bianchi

Diretora financeira: Adriana Vilela Jacob Francisco

Diretora científica: Thaís Helena Thomé Marques

Diretora de cultura e comunidade: Carla Cristina Pierre Bellodi

Diretor de tecnologia: Paulo de Moraes Mendonça Ribeiro

Diretora regional: Maruzza T. Cerchi Borges Fonseca

Diretora de publicações: Denise Lopes Rosado Antônio

Diretora do Instituto: Mércia Maranhão Fagundes

Diretora secretária do Instituto: Sandra Luiza Nunes Caseiro

Comissão Geral da V Bienal

Coordenação geral

Josimara Magro Fernandez de Souza

Mauro Campos Balieiro

Comissão Científica

Guiomar Papa de Morais

Cybelli Morello Labate

Ana Cláudia Gonçalves Ribeiro de Almeida

Denise Zanin

Josiane Barbosa Oliveira

Luciano Bonfante

Luiz Celso Castro de Toledo

Maria Aparecida Sidericoudes Polacchini

Comissão Cultural

Denise Lopes Rosado Antonio

Julio Cesar Tadeu Chavasco Labate

Patrícia Rodella de Andrade Tittoto
Maruzza T. Cerchi Borges Fonseca
Silvana Mara Lopes Andrade
Angela Kaline Mazer
Luzdalma de Maio Barbosa Vieira
Alessandra Paula Teobaldo Stocche
Ana Regina Morandini Caldeira
Maria Bernadete Figueiró de Oliveira
Marta Dominguez Sotelino
Cristiana Del Guerra Prota Crippa

Comissão de Infraestrutura

Fabiana Elias Goulart de A. Moura
Marta Maria Daud

Comissão de Secretaria

Maria Aparecida Garcia Galiote Brossi Pelissari

Comissão de Divulgação

Adriana Vilela Jacob Francisco
Marystella Carvalho Esbrogeo

GRÁFICA PAYM
Tel. [11] 4392-3344
paym@graficapaym.com.br